柴油发动机高压共轨电控系统原理与故障检修

第 3 版

主　编　郭建樑　梁卫强
副主编　杨京晶　郭临飞
参　编　秦志刚　杜秀梅　乔露露
　　　　范常盛　赵　洁　彭　亮

机械工业出版社

本书采用了全新的阶梯式、系统化的编写方法，对柴油发动机高压共轨电控系统的结构、原理和故障诊断、检查方法进行了详细的讲解，使读者能尽快掌握高压共轨电控系统维修技术，并达到能够自主维修的能力。本书主要内容包括电控高压共轨柴油发动机概述、柴油发动机高压共轨燃油系统的结构和原理、高压共轨电控系统电路与检修、柴油机高压共轨电控系统故障诊断与维修。

本书条理清楚、讲解详细、由浅入深、层层引入，图片丰富、质量高，具有较强的针对性和实用性。本书适合柴油机燃油系统的维修人员和汽车电气维修人员学习，也可作为有关院校汽车专业学生的辅助教材。

图书在版编目（CIP）数据

柴油发动机高压共轨电控系统原理与故障检修/郭建樑，梁卫强主编. —3版. —北京：机械工业出版社，2023.11（2024.6重印）
ISBN 978-7-111-73559-5

Ⅰ.①柴…　Ⅱ.①郭…②梁…　Ⅲ.①柴油机-电气控制系统-故障修复
Ⅳ.①U464.172

中国国家版本馆 CIP 数据核字（2023）第 135589 号

机械工业出版社　（北京市百万庄大街 22 号　邮政编码 100037）
策划编辑：丁　锋　　　　　　　责任编辑：丁　锋　刘　煊
责任校对：张　征　贾立萍　　　封面设计：张　静
责任印制：常天培
北京机工印刷厂有限公司印刷
2024 年 6 月第 3 版第 2 次印刷
184mm×260mm · 15.5 印张 · 379 千字
标准书号：ISBN 978-7-111-73559-5
定价：59.90 元

电话服务　　　　　　　　　　网络服务
客服电话：010-88361066　　　机　工　官　网：www.cmpbook.com
　　　　　010-88379833　　　机　工　官　博：weibo.com/cmp1952
　　　　　010-68326294　　　金　书　网：www.golden-book.com
封底无防伪标均为盗版　　机工教育服务网：www.cmpedu.com

前　言

　　随着电子技术的迅猛发展和对汽车性能要求的不断提高，以及日益严格的环保要求，电子技术在汽车上的应用越来越广，特别是微型计算机技术在汽车上的应用，使现代汽车无论在动力性、经济性还是舒适安全性方面都得到了相应的提高。柴油机高压共轨电控技术以及发动机后处理相关技术在车辆上的大量采用，大大降低了柴油发动机的排放污染，提高了车辆的整体性能；但同时也给柴油机燃油系统的维修人员特别是校泵人员带来了空前的困难，因为传统的柴油机燃油系统基本上没有"电"的参与，长期以来导致了从业人员对电气知识、电气技术的忽视甚至是恐惧。柴油发动机电子控制的时代已经来临，而且高压共轨电子控制作为引领技术，正以不可阻挡的趋势向前发展，柴油机燃油系统从业人员的知识体系急待更新。

　　作者长期在汽车维修一线工作，对故障维修深有体会。作为维修技工面对车辆故障时，在听取客户反映的同时，要进行故障诊断和电路分析，这就要求从业人员必须具备扎实的理论知识，对柴油发动机电控技术有深刻的理解和认识，对高压共轨燃油系统结构原理非常清楚。尽管现在的诊断仪器和检测设备很多，但是，没有很好的理论基础和扎实的基本功，是无法顺利、高标准地排除故障的。

　　本书正是基于这些主导思想而编写的，旨在让汽车维修人员特别是那些曾经维修传统柴油机燃油系统的从业人员，从思想上认识到无论是电气控制还是电子控制技术，掌握基础知识、基本原理非常重要、非常关键，它是真正掌握电控技术、共轨技术、发动机维修技术的必经之路，也是迈向成功大门的第一步、攀登技术高峰的奠基石。

　　本书分为四章，各章主要内容如下。

　　第一章概括性地介绍了柴油发动机高压共轨电控系统的基本组成、工作原理以及共轨技术；系统介绍了电子控制系统相关部分的分类、工作原理；简单介绍了柴油发动机高压共轨电控系统的控制功能、主要优点、技术现状和发展趋势。

　　第二章是本书的重点，较为详细地介绍了柴油发动机高压共轨电控系统的结构和工作原理，全面介绍了电控系统常见传感器、开关结构与原理，以及电控系统执行器的控制方法；选择市场保有量较大的德国博世系统和日本电装系统，作为典型的高压共轨电控系统，对其结构和工作原理进行了详细的介绍，旨在为读者学习市场上各种车型的高压共轨电控系统和维修起到举一反三的作用。

　　第三章主要是针对高压共轨电控系统电路做了较为详细的分析与介绍，包括发动机电控单元电源电路的常见类型、工作原理和检查方法；发动机电控系统中的传感器以及开关电路的工作原理和检查方法；发动机电控系统中执行器的控制电路和检查方法。作为学习高压共轨电控系统原理和故障维修的基本电路，具有重要的指导意义和实用价值。

第四章主要是介绍高压共轨电控系统故障的诊断思路、诊断方法、诊断流程；维修常用的检测工具、仪表、仪器及其在检修故障时的作用和使用方法；以及高压共轨电控系统常见故障案例分析。本章内容无论对发动机电器修理还是电控修理，都非常实用。

尽快提高柴油机燃油系统从业人员的维修素质，为柴油机电控技术，特别是高压共轨技术的普及与推广做出贡献是本书编写的宗旨。在编写和出版过程中，得到了许多前辈、同事和朋友多方面的帮助与支持，在此一并表示感谢。

本书在编写过程中，参阅了大量的文献资料，在此向原作者表示衷心的感谢。

由于作者水平有限，书中难免有错误之处，望业界权威、同行以及广大读者提出宝贵意见。

目 录

前言

第一章 电控高压共轨柴油发动机
概述 ………………………………… 1
第一节 高压共轨系统的组成 ……………… 1
一、控制系统 ………………………… 2
二、燃料供给系统 …………………… 11
第二节 高压共轨系统的工作原理 ……… 19
一、柴油机基本知识 ………………… 19
二、高压共轨电控柴油喷射系统 …… 19
三、喷油器工作原理 ………………… 21
第三节 高压共轨系统的控制功能与优点 … 25
一、电控高压共轨系统的控制功能 … 25
二、电控高压共轨柴油喷射系统的优点 … 27
三、电控高压共轨技术的现状与未来 … 28

第二章 柴油发动机高压共轨燃油系统的
结构和原理 ………………………… 31
第一节 高压共轨电子控制系统的组成与
工作原理 ……………………… 31
一、信号传输装置 …………………… 31
二、电子控制器 ……………………… 56
三、执行器 …………………………… 61
第二节 博世电控高压共轨燃油系统的
结构与原理 …………………… 63
一、概述 ……………………………… 63
二、高压共轨燃油系统的构造与作用 … 65
三、博世共轨电控系统典型电路图 … 84
第三节 电装电控高压共轨燃油系统的
结构与原理 …………………… 105
一、概述 ……………………………… 105
二、高压共轨燃油系统的构造与原理 … 110
三、电装共轨电控系统典型电路图 … 118

第三章 高压共轨电控系统电路与
检修 ………………………………… 137
第一节 ECU 电源电路 …………………… 137
一、无主继电器的 ECU 电源电路 … 137
二、有主继电器的 ECU 电源电路 … 138
三、电控单元 ECU 电源电路的检查 … 140
第二节 信号电路 ………………………… 144
一、电装公司传感器电路 …………… 144
二、博世公司传感器电路 …………… 146
三、传感器电路的检查 ……………… 148
四、开关电路的检查 ………………… 157
第三节 执行器电路 ……………………… 161
一、电装公司执行器电路 …………… 161
二、博世公司执行器电路 …………… 163
三、执行器电路的检查 ……………… 166

第四章 柴油机高压共轨电控系统故障
诊断与维修 ………………………… 181
第一节 发动机电控系统故障检测程序和
方法 …………………………… 181
一、故障诊断的基本原则 …………… 181
二、电喷发动机故障诊断的基本方法 … 182
三、电控发动机故障诊断的基本流程 … 183
四、故障征兆的模拟方法 …………… 184
五、基本检查 ………………………… 185
第二节 汽车自诊断系统 ………………… 186
一、自诊断原理与故障码 …………… 186
二、自诊断故障信息显示 …………… 186
三、第二代随车诊断系统（OBD-Ⅱ）… 187
四、备用系统 ………………………… 189
第三节 故障码与数据流分析 …………… 190
一、故障码分析 ……………………… 190

二、数据流分析 ································· 196

第四节　维修常用工具和仪表 ············· 203

一、诊断跨接线 ························· 203

二、测试灯 ····························· 204

三、测试针 ····························· 205

四、表笔延长线 ························· 206

五、万用表 ····························· 207

六、诊断仪 ····························· 211

第五节　故障维修案例 ····················· 215

一、起动方面故障 ····················· 215

二、熄火方面故障 ····················· 217

三、动力不足故障 ····················· 218

四、跛行回家故障 ····················· 222

五、后处理方面故障 ··················· 223

六、其他方面故障 ····················· 233

参考文献 ································· 239

第一章　电控高压共轨柴油发动机概述

第一节　高压共轨系统的组成

电控共轨式燃油系统于 20 世纪 90 年代中后期正式进入实用化阶段，作为柴油机燃油系统的第三代电控技术，现在已得到广泛应用。由发动机驱动的高压供油泵将燃油加压后供入共轨内，变成了高压的燃油，再经喷油器喷射到相应的气缸内，喷油器是由计算机单独控制的。到目前为止，已经形成了比较成熟的产品，如电装公司的 ECU-U2 系统和博世公司的 CR 系统等。其中，博世公司用压电石英晶体作为执行器代替高速电磁阀，喷射压力已经高达 180MPa，针阀运动速度达到 1.3m/s，预喷射油量可控制在 $1mm^3$ 之内；在控制策略上，以经典控制理论和现代控制理论为基础的开环控制方法和闭环控制方法，在电控高压共轨系统中得到了广泛应用。

为了改善柴油机的排放，必须灵活地改变喷油参数和喷油形态，有效控制燃油喷射，在一次工作循环中可以实现多段喷油（3 次、5 次或更多次），可以实现标定转速 4000r/min——相当于每转 4.2μs 的高速控制，将柴油机的燃烧效率、排放性能大大提高。

电控高压共轨式燃油系统的基本组成如图 1-1 所示。从功能方面分析，电控共轨系统可以分成两大部分，即电子控制系统和燃料供给系统。

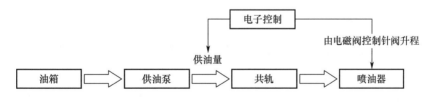

图 1-1　燃油供给系统构成框图

目前，市场上有代表性的产品包括日本电装公司和德国博世公司生产的高压共轨燃油系统。

图 1-2 所示为电装公司适用于轿车柴油机的 ECD-U2（P）型电控共轨系统。

图 1-3 所示为电装公司适用于中型和重型货车柴油机的 ECD-U2 型电控共轨系统。

图 1-4 所示为博世公司的第一代电控高压共轨式燃油系统。

图 1-5 所示是博世公司电控共轨系统在 4 缸柴油机上的安装图。

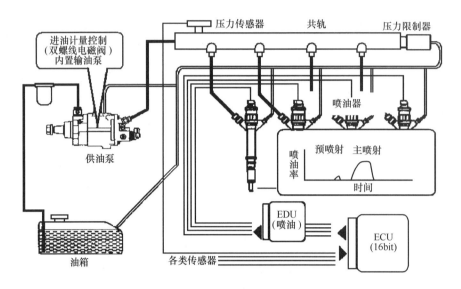

图 1-2 适用于轿车柴油机的 ECD-U2（P）型电控共轨系统

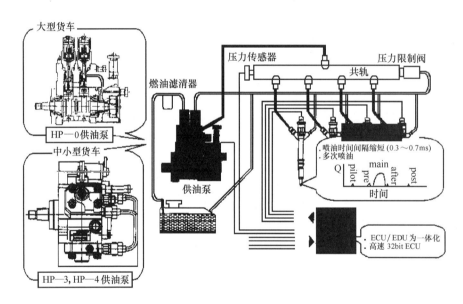

图 1-3 适用于中型和重型货车柴油机的 ECD-U2 型共轨燃油系统

博世公司电控高压共轨系统的特点如下。

1）共轨压力为 135MPa。

2）可以实现预喷射。

3）闭环控制。

4）可用于 3~8 缸轿车柴油机，可满足欧Ⅲ排放法规。

一、控制系统

高压共轨电子控制系统可以分成三大部分：信号传输装置、电子控制单元（计算机）和执行器。其中，电子控制单元是电控共轨燃油系统的核心部分。

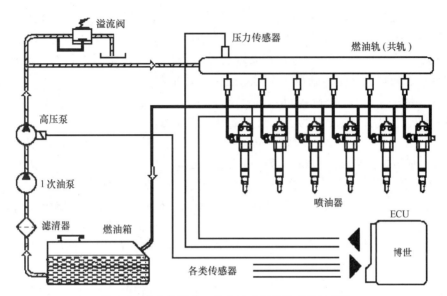

图 1-4 博世公司第一代电控高压共轨式燃油系统

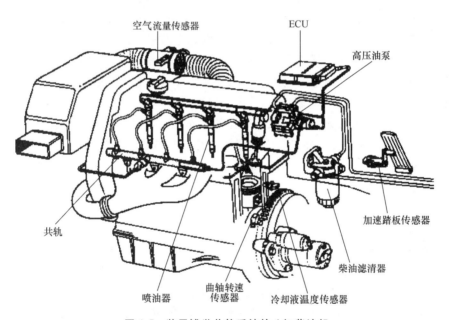

图 1-5 装用博世共轨系统的 4 缸柴油机

1. 信号传输装置

信号传输装置的功用是将发动机及车辆运行时的各种状态信息，由非电量转变为电信号输入电子控制单元，是电子控制单元对执行器进行驱动控制的主要分析、判断的依据，它对系统的精确控制起着至关重要的作用。

在电子控制系统中，信号传输装置的种类很多，按照不同的方法可以进行不同的分类。

（1）按输出信息性质分类 按输出信息性质分类，传感器可以分为开关型、模拟型和数字型。

1）开关型传感器。它在工作时就是两个状态，用数值"1"或"0"分别表示开或关、通或断。如果传感器的输入物理量达到某个值以上时，则输出为"1"（开启状态），在该值以下时，输出为"0"（关闭状态），其设定的界限值即是开、关两种状态。这种"1"和"0"的数字信息可以直接传递到微机进行处理，使用方便。

2）模拟型传感器。它工作时输出的是与输入物理量变化相对应的连续变化的电量。传感器的输入与输出关系可能是线性的，也可能是非线性的。线性输出信息可直接被采用，非线性输出信息则需要进行修正，或将其转换成线性信息。这些信息要先输入模/数（A/D）转换器，转换成数字信息以后，再输送到微机进行处理。

3）数字型传感器。数字型传感器又可分为计数型和代码型两种。

① 计数型传感器。计数型传感器又称为脉冲型，任何一种脉冲发生器所发出的脉冲数是与输入量成正比的，对输入量进行计数后，用来检测执行机构的位移量。例如，曲轴或凸轮轴上安装的光栅盘，就可检测曲轴或凸轮轴转动一定角度时所发出的脉冲信息。

② 代码型传感器。代码型传感器又称编码器，它是一种直接用数字代码表示角位移和线位移的检测器，每一输入代码相当于一个一定的输入量，如电平可用光电元件或机械接触式元件输出。例如，增量式编码器，它的码盘外围是计数码道，最内圈是一个基准，内圈中的码道称为方向码道，它与计数码道的线段是同样的，但偏移了半个线段，其相位差为90°转角。在某一旋转方向，最外码道的输出超前于内码道的输出，沿外码道的上升沿产生一个计数脉冲；当反方向旋转时，其输出就迟后于内码道的输出，并沿其下降沿产生计数脉冲，由此可以确定旋转的方向，把外码道的输出脉冲加到计数器，再根据转向而向上或向下减就可以计数。

（2）按传感器的工作原理分类　按传感器的工作原理可以将传感器分成5个类型。

1）力学传感器。力学传感器是将力学量的变化转换成电信息的元件。力学量又可分为机械量和流体量两个类型。机械量中，几何量随着时间变化的称为运动量；质量、力和力矩等都称为力学量。在汽车各个电子控制系统常用到的有：速度传感器、加速度传感器、压力传感器、空气流量传感器等。

2）电磁传感器。电磁传感器是将磁信息转换成电信息的元件。除了电磁传感器外，还有利用磁阻效应、霍尔效应开发成功的半导体磁性传感器等，如速度传感器和转角传感器。

3）温度传感器。温度传感器是将温度变化转换成电信息的元件，可分成接触式和非接触式两种。一般情况下，接触式温度传感器用得多，如热敏电阻（固体温度变化引起电阻变化的半导体）、双金属片式温度计等。非接触式温度传感器的实例有车辆中乘客数量传感器，它就是利用热电效应的红外线传感器。

4）光学传感器。光学传感器是将光量转换成电信息的元件。例如，由于光和半导体的相互作用，检测出相应电信号的半导体光学传感器。

5）电化学传感器。电化学传感器是将化学量的变化转换成电信息的传感器，例如由氧化锆陶瓷制成的，用于检测排气中氧浓度的氧传感器。

在电子控制系统中，对传感器的测量精度与可靠性要求非常关键，否则，由传感器检测带来的误差，将会导致整个控制系统的失灵或故障。另外，在电子控制系统中所用传感器的数量，理论上不受限制，只要位置许可、功能需要都可设置传感器。如果能把所有传感器的信息都转变为电信息，经过多通道输入，计算机就能进行处理，并得到高精度的控制效果。

　　在高压共轨电控系统中，除了上述常用传感器以外，还有一个特殊传感器，即共轨压力传感器。它的作用是以足够的精度，在相应较短的时间内，测定共轨中的实际压力，并向ECU 提供信息，用以对喷油压力进行控制，实现极高精确度的喷油控制。

　　发动机电子控制系统中相关传感器的结构和工作原理，将在第二章中进行详细介绍。

2. 电子控制单元

　　电子控制单元常用 ECU（Electronic Control Unit）表示。不同厂家的名称不尽一致，例如，日本电装公司称为 ECU，博世公司则称 EDC，威孚公司也称 EDC，还有公司称为 ECM。不管名称如何，其基本功能始终是一致的。

　　电子控制系统的控制框图如图 1-6 所示。

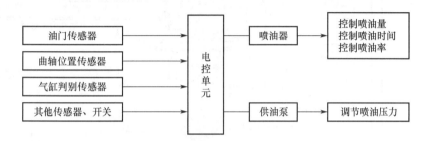

图 1-6　电子控制系统的控制框图

　　1）作用与工作原理。ECU 的核心部件是微型计算机（微处理器），即微机（电脑），所以有时简单地将 ECU 称为微机或电脑。微处理器根据输入数据和存储在 MAP 中的数据，计算喷油时间、喷油量、喷油率和喷油定时等，并将这些参数转换为与发动机运行相匹配的，随时间变化的电量。

　　ECU 的作用是接收来自各种传感器的信息，按照预先设计的程序，经过快速的处理、运算、分析和判断后，把各个参数限制在允许的电压电平上，适时地输出控制指令，控制执行器执行各种预定的控制功能，借以控制发动机。

　　图 1-7 所示是柴油机的电控共轨式燃油系统的线路图（电装公司 6HK1-TC）。它以发动机的转速、负荷为基础，经过 ECU 的计算和处理，向喷油器、供油泵等发送动作指令，使每一个气缸内都有最合适的喷油量、喷油率和喷油定时，保证每一个气缸进行最佳的燃烧过程。

　　ECU 根据发动机转速、油门开度等计算出最佳喷油量，控制喷油器的电磁阀，在指定的时间内开启和关闭喷油器的针阀，从而准确控制喷油量，每循环的喷油量和脉冲宽度近似成正比。

　　2）ECU 的处理能力。为了适应不断改进的控制功能，ECU 自身技术含量也在不断发展。ECU 中所使用的 ROM（只读存储器）和 RAM（读写存储器）的内存容量也在不断增加。

　　在控制功能、内存容量不断增加的同时，还要求 ECU 中 CPU 的处理速度不断提升。现在大量采用的是 16 位或 32 位 CPU，今后将以 32 位的 CPU 为主。而且，随着工作频率提高，高速缓冲存储器的广泛采用，浮点小数运算单元、数字信号处理器等也势必进一步扩大应用。

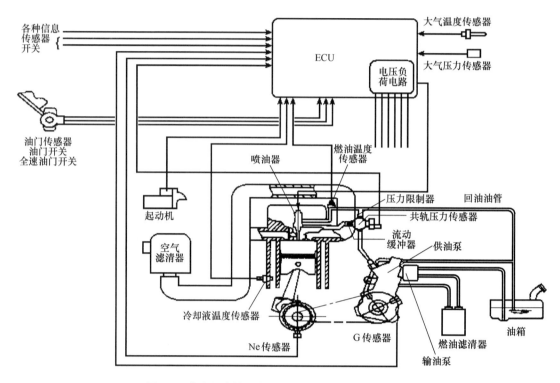

图1-7 柴油机电控共轨燃油系统线路图（6HK1-TC）

随着控制部件数量的增加，各个气缸控制项目以及故障诊断功能的追加，发动机综合控制功能增加，数据的输入、输出量也在不断增加，A/D转换器的频道数也将会不断增加。按照不同的功能随着年代的推移，输入、输出信息的变化情况见表1-1。

表1-1 微机输入、输出信息的变化

年份		1990	1995	2000	2005
CPU		8位	16位	32位	32位
内存/bit	ROM	12K	56K	512K	2M
	RAM	384	1.5K	32K	128K
输入、输出信息量	定时器	6	12	64	80
	A/D	8	10	32	32
	I/O	39	58	149	149
	SCI	1	2	5	4
	CAN	0	0	2	4
	FPU	无	无	有	有
封装		68针	84针	256针	256针

注：SCI——串行接口，FPU——浮点数字处理单元。

3）定时功能。喷射定时、多段喷射控制等都要求更高的时间精度。螺线管、电动机的电流控制、相位控制等都要求更高的频率；占空比输出、多个定时同时动作等，在时间方面的匹配都是非常严格的。为了不给 CPU 增加更多的处理负担，又要满足上述各种功能，因此要求微机配用的时间定时器更加智能化、功能化。

4）通信功能。为了实现和故障诊断工具通信、变速器控制、牵引力控制等其他控制单元之间的协调控制，实现多种设备之间的高速化和通信简易化，车内局域网方式在电子控制系统中得到了广泛的应用，控制器局域网（CAN——Controller Area Network）等必将大量使用。今后，包括其他控制单元和定时器的同步控制功能的通信方式也将会被采用。

5）存储器的多样化。微机中 ROM 在 ECU 制造之前必须将程序写进去，因此，控制程序必须提前决定下来，即使是硬件结构完全相同，仅就程序本身来说，软件的数量也会增加。现在主要是采用闪存（Flash Memory），在 ECU 装配完成之后，ROM 中的程序可以更改重写。这样，从程序定形开始到 ECU 完成的时间可以缩短，硬件可以实现标准化。

故障诊断结果的记忆、传感器、执行机构的各种特性数据的记忆、防盗装置 ID 代码的记忆等，当电源断掉以后也不会消失，而且要求可以一次又一次地改写。为了满足这样的要求，需要使用电擦除可编程只读存储器（EEPROM——Electrically Erasable PROM）。

6）ECU 的小型化。ECU 的功能不断增加，同时，车辆上电子控制设备的体积等也在不断增大，因此，要求 ECU 可以安装在不同的地方，而且必须追求 ECU 的小型化。这主要体现在电子零部件的小型化和布线高密度化。现在，一般采用的方法是将电子零部件安装在线路板的上面。提高电子零部件安装密度的基本方法是追求零部件的小型化。图 1-8 所示为小型高密度 ECU 的内部结构。

图 1-8　小型高密度 ECU 的内部结构

7）耐环境性。

① 防水性。ECU 安装在发动机室时，首先要求的性能是防水性。例如，在 ECU 内部填充硅油等，从而使侵入 ECU 内部的水分不会影响到 ECU 的性能。最近，由于追求设计轻量化和重复使用性，将 ECU 设计成全封闭型，但不加填充物质。这时，为了缓和 ECU 内外压力差，设置了通气孔。除了要防止水分从通气孔进入 ECU 内部外，还要防止水分从接头处

进入 ECU 内部。图 1-9 所示是防水型 ECU 的结构。

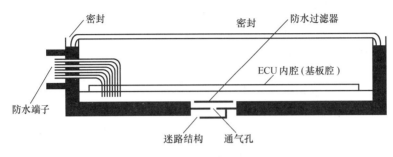

图 1-9　防水型 ECU 的结构

② 耐热性。ECU 布置在发动机舱内的另一个问题是耐热性。不仅有发动机主体的热问题，还由于采用大电流驱动的电磁阀、电动机等执行器，ECU 内部的发热也是一个大问题。提高 ECU 耐热性有以下主要措施：采用耐高温的元器件；采用低发热元件；采取必要的散热结构。

③ 耐振性。当 ECU 安装在底盘上时，传递到 ECU 上的振动加速度约为 $40 \sim 50 \mathrm{m/s}^2$；安装在发动机或进气系统上时，振动加速度可达 $100 \sim 300 \mathrm{m/s}^2$。提高 ECU 耐振性的措施有：将基板固定到金属平板上，抑制振动；安装重心低的元件；采用能承受微小摩擦的插座。

3. 执行器

发动机电子控制系统各种控制功能的实现，都是借助于各自的执行器来完成。根据发动机电子控制系统具备的控制功能强弱不同，各种车型上控制发动机的执行器亦有多有少。在柴油机高压共轨电控系统中的执行器主要有：电控喷油器和燃油压力控制阀等。

（1）**电控喷油器**　**喷油器总成是高压共轨燃油系统中最关键、最复杂的部件，在共轨系统中以电控喷油器取代了传统的机械喷油器**。在喷油过程中，共轨系统主要是在电子控制器的控制下，把电信号转变为机械信号，以实现机电一体化控制。这个转变过程在电磁阀控制的电控喷油系统中，主要由电磁阀来执行，因此电磁阀在时间控制系统中的作用至关重要。

喷油器中的指令脉冲、三通阀升程、指令压力、针阀升程和喷油率图形随时间变化的过程，如图 1-10 所示。喷油始点和喷油延续时间由指令脉冲决定，与转速、负荷无关；因此，可以自由控制喷油时间。

在主脉冲之前，有一个脉宽相当小的预喷射脉冲，可以方便地实现预喷射。根据发动机的实际需要，预喷射形状可以有多种形式。

决定预喷射形状的参数有：预喷油量大小及预喷油和主喷油之间的时间间隔。但是，实现该理想的喷油速率图形的具体

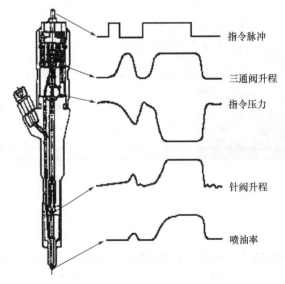

指令脉冲

三通阀升程

指令压力

针阀升程

喷油率

图 1-10　喷油器中的信号谱

方法，主要是准确而细致地调节脉冲始点、脉冲宽度和脉冲间隔。

喷油器的控制电路如图 1-11 所示。

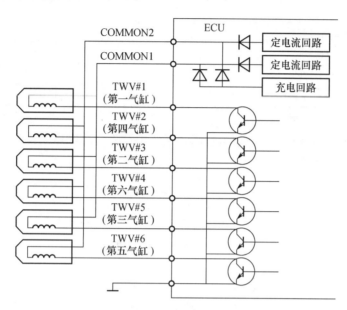

图 1-11 ECD-U2 喷油器的控制电路

根据 ECU 送来的电子控制信号，喷油器将共轨内的高压燃油以最佳的喷油时刻、最适当的喷油量、最合适的喷油率和喷雾状态喷入发动机燃烧室中。

喷油器常见故障有：

雾化不良——将导致发动机功率下降，排气冒黑烟，发动机运转声音也不正常。

针阀卡死——将导致发动机功率下降、抖动，严重的甚至无法起动。

针阀与针阀孔导向面磨损——将导致功率降低、起动困难，甚至无法起动。

喷油器滴油——将会导致当发动机温度低时，起动困难，排气管冒白烟，发动机温度上升后则变成黑烟且油耗偏高。

回油量过高——会导致喷油压力降低，喷油时间推迟，发动机功率下降，甚至造成柴油机熄火。

近来，电控燃油系统在喷油率控制方面取得了新的进展，在一次喷油循环中可以实现 5 段甚至 7 段喷油（理论上可以实现更多段喷油）。但其中只有一次是主喷射，其余均为辅助喷射。多次喷油的目的在于改善燃烧质量，改善排放。

现代柴油机在经济性、排放、噪声、稳定性、安全性、舒适性等各方面要求都在不断提高，各种高标准的法规已使电磁阀控制难以满足要求。尤其是电磁阀对必须采用多次喷射才能满足要求的喷油规律极难适应，为此，德国西门子、博世等公司相继开发了以压电晶体驱动的电控喷油器。与高速开关电磁阀相比，压电晶体控制的喷油器具有更大的优势（表 1-2），高压共轨喷油系统采用了压电晶体控制的喷油器后，能获得更快的响应速度，更灵活、更精确地进行控制，特别是能适应更多次的喷射，使柴油机获得更好的综合性能，高压共轨系统的优势更能发挥出来。

表 1-2　电磁阀喷油器与压电晶体喷油器的比较

参数	电磁阀喷油器	压电晶体喷油器
开关时间	—	+
迟滞时间	—	+
重复性	—	+
能耗	O	+
针阀升程可变的灵活性	—	+

注：+表示好，—表示差，O 表示一般。

采用压电晶体喷油器的高压共轨电控喷油系统中，除喷油器外，其他部件与采用高速电磁阀控制的喷油系统相同。

1）压电效应有下述两种不同性质的过程：

① 正压电效应。压电材料（如石英晶体等）在外力的作用下变形时，压电晶体上会产生与应变量成正比的电荷，进而在电极之间产生电压。电荷的多少和极性与所加的机械力的大小和性质（拉力或压力）有关。当外力去除后，压电晶体又重新回到不带电的状态。这种现象称为正压电效应。

② 逆压电效应。如对压电晶体施加一个电压，在外电场作用于压电晶格上时，电流流过会使晶格伸长，当断电后压电晶体又恢复到起始状态，这种现象称为逆压电效应。

上述正压电效应是机械能转变为电能的过程，逆压电效应则是电能变为机械能的过程，两种压电现象统称为压电效应。

在压电式传感器中，大多是利用压电材料的正压电效应，而压电执行器则主要利用压电材料的逆压电效应。

压电材料有压电单晶材料、压电多晶材料（压电陶瓷）、有机压电材料等。高速开关阀中用的材料，一般是压电材料中的石英晶体和各类压电陶瓷。

石英晶体是单晶体中应用最为广泛的一种压电晶体，它没有热释电效应，其主要优点是性能稳定，介电常数和压电常数的温度稳定性特别好。

压电陶瓷是一种多晶铁电体，锆钛酸铅系列压电陶瓷，目前应用较广。它拥有较高的压电常数和居里点（300℃），工作温度可达250℃。各项机电参数稳定，随温度和时间等外界因数变化很小。

2）压电晶体的主要特点如下。

① 响应速度快。作为快速开关时间约为 $10 \sim 30 \mu s$，用作压电执行器比电磁执行器要快很多倍。这是由于压电执行器的磁场建立时间，几乎可以忽略不计。

② 位移控制精度高，可达 $0.01 \mu m$，重复性好。

③ 有较大的单位输出力，可达 $3.9 kN/cm$。

④ 能耗低。由于压电晶体是一种电容元件，无电感阻力，只有在充电、放电时消耗少量能量，在维持通电过程中不消耗能量。

（2）燃油压力控制阀　燃油压力控制阀也称燃油计量单元或燃油计量阀，用以分割高压及低压端，一般安装在供油泵上，它的作用是调整共轨内的燃油压力，方法是调整供油泵供入共轨内的燃油量。因此，向控制阀通电和断电的时刻就决定了供油泵向共轨内供入的供油量。

　　调压阀的作用是根据发动机的负荷状况调整和保持共轨中的压力。当共轨压力过高时，调压阀打开，一部分燃油经集油管流回到油箱；当共轨压力过低时，调压阀关闭，高压端对低压端密封。

　　燃油压力控制阀的控制电路如图 1-12 所示。

图 1-12　燃油压力控制阀的控制电路

　　燃油计量阀常见故障有线路故障和电磁阀故障。

　　计量阀驱动线路开路或短路，阀芯卡滞、阀针磨损，根据计量阀常开型或常闭型的不同，可导致共轨管压力超高、泄压阀被强行冲开，或共轨压力过低，造成启动困难或无法启动，发动机功率不足，转速受限等故障现象；计量阀失效，可以明显感觉回油管温度很高。

二、燃料供给系统

　　燃料供给系统的主要组成部分如图 1-13 所示，可分为低压系统和高压系统两大部分。

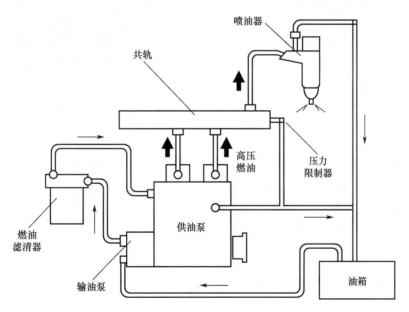

图 1-13　电控高压共轨燃料供给系统部分

1. 低压系统

　　低压系统的主要作用是向高压泵输送足够的清洁燃油，它由油箱、粗滤器、输油泵、精滤器（含油水分离器）及低压管路等组成。

　　输油泵的主要作用是使燃油产生一定的压力，以克服滤清器及低压管路的油流阻力，把

油箱内的燃油不断地输入高压泵，在柴油机的任何工况下，都能提供充足的燃油。目前常见两种典型结构：一种是电控输油泵，另一种是机械驱动的齿轮式输油泵。

2. 高压系统

高压系统除使燃油产生高压外，还对燃油进行检测、控制和分配，其中最重要的部件是高压泵、高压共轨（包括压力传感器、压力控制阀、流量限制阀）和喷油器等。

（1）供油泵　供油泵是低压和高压部分之间的接口，**它的作用是在车辆所有工作范围和整个使用寿命期间准备足够的、已被压缩了的燃油。除了供给高压燃油之外，它的作用还在于保证在快速起动过程和共轨中压力迅速上升所需要的燃油储备、持续产生高压燃油存储器（共轨）所需的系统压力。**

1）电装公司供油泵。电装公司共轨系统第一代产品是直列泵型的 HP0 型供油泵系列，有 HP0-UHD、HP0-HD 和 HP0-MD，供油压力为 120MPa，到 2000 年以后，供油压力提高到 145MPa。

第二代产品的特征是：HP0 系列供油泵的供油压力提高到 180MPa，推出了 ECD-U2（P）用的转子式供油泵——HP3 和 HP4。在转子式供油泵中全部采用进油计量，供油压力均为 180MPa。

图 1-14 所示为直列泵和转子泵的外形结构。

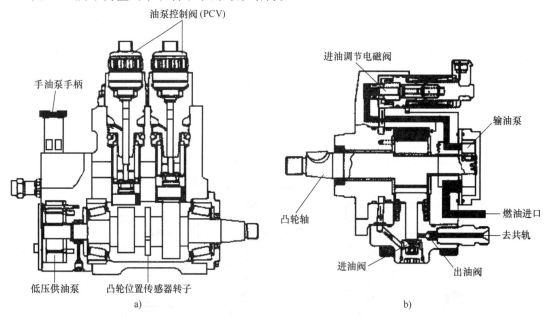

图 1-14　电装公司供油泵结构

a）HP0 型直列泵　b）HP4 型转子泵

表 1-3 是电装公司供油泵的基本参数。

不同的发动机可以选用不同的供油泵。一般情况下，大型柴油机选用类似于直列泵的供油泵，小型柴油机可以选用类似于分配泵的转子式供油泵。

供油泵产生的高压燃油经共轨分配到各个气缸的喷油器中；燃油压力由设置在共轨内的压力传感器检出，反馈到控制系统，并使实际压力值和事先设定的、与发动机转速和负荷相适应的压力值始终一致。

表 1-3　电装公司共轨系统供油泵的基本参数

参数		HD	UHD	MD
最大供油量/(mm³/行程)		420	635(16mm 升程) 525(14mm 升程)	350
耐压能力/MPa		210($P_c=180$)	210($P_c=180$)	160
最高转速/(r/min)		1995	1800	1600
柱塞直径/mm		8.5	8.5	8.5
凸轮	升程/mm	12	16(14)	9.0
	基圆直径/mm	38	40(44)	
	轴颈直径/mm	8.5	8.5	
挺柱体	形式	双滚轮	双滚轮	
	滚轮外形/mm	$\phi24$	$\phi26$	
	滚轮宽度/mm	20	22	
PCV		螺旋线圈	螺旋线圈	
输油泵		次摆线型	次摆线型	

表 1-4 是电装公司供油泵的产品系列概况。

表 1-4　电装公司供油泵产品

参数	HP0	HP-2	HP-3	HP-4	HP0-HD	HP0-UHD	HP0-MD
柱塞直径/mm	8.5	—	8.5	8.5	8.5	8.5	8.5
柱塞行程/mm	9	—	9.0	9.0	12	16(14)	9.0
供油量/(mm³/行程)	350	—	—	—	420	635	350
承压能力/MPa	160	135	—	—	210	210	—

2）博世公司供油泵。博世公司的供油泵像普通分配泵那样装在柴油机上，通过离合器、齿轮、链条或齿形带由发动机驱动，最高转速为 3000r/min，采用燃油润滑。

博世公司高压共轨系统使用的是 VP 系列电控分配式高压油泵，目前在直喷式电控柴油机上应用较多的是 VP37 和 VP44 型分配泵。其中 VP37 型电控分配泵多应用在柴油轿车上，VP44 型电控分配泵多用在大、中型柴油发动机上。

图 1-15 所示为供油泵结构。

视安装空间不同，调压阀或直接装在供油泵旁或单独布置。燃油被供油泵内三个径向柱塞压缩，柱塞相互之间错开 120°。由于每一转有三个供油行程，故驱动峰值转矩小，供油泵驱动装置受载均匀，转矩为 16N·m，仅是分配泵驱动转矩的 1/9 左右。

3）威孚公司供油泵。我国威孚公司研制开发的电控共轨系统的供油泵是一种柱塞式直列泵，目前只有 2 缸。其采用机油强制润滑，三作用型凸轮轴，图 1-16 所示为 CB10 型供油泵结构。

威孚公司 CB10 型供油泵的特点是用滑套调节供油量，因此，其对电磁阀要求较低，不必像一般供油泵的电磁阀那样每一次供油必须完成一个动作循环。CB10 型供油泵的技术参数见表 1-5。

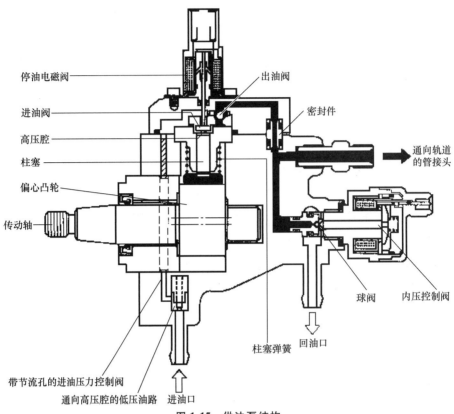

图 1-15　供油泵结构

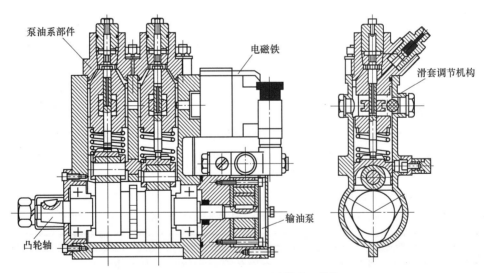

图 1-16　威孚公司 CB10 型供油泵结构

表 1-5　威孚公司 CB10 型供油泵的技术参数

柱塞直径 /mm	凸轮升程 /mm	最高压力 /MPa	最大几何供油量（容积效率 80%）/mm³	油量调节方式	输油泵
9	9	180	458	电磁铁-滑套	摆线式
10			565		

4）美国德尔福公司供油泵。美国德尔福公司生产的 LDCR 型共轨系统中采用的供油泵如图 1-17 和图 1-18 所示。其在 160MPa 压力下供油量为 $0.7\mathrm{cm^3/r}$。

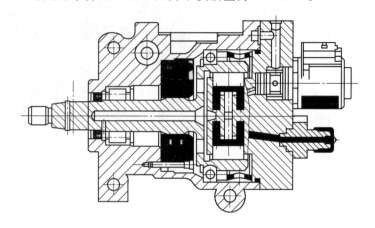

图 1-17　LDCR 型共轨系统的供油泵剖面图

该供油泵的工作原理是采用一个内凸轮环和对置柱塞。但该泵的凸轮环由供油泵轴带动旋转，两个对置柱塞位于静止不转的泵头横向孔中。这种结构使分配转子与滑套之间没有必要保证很小的间隙。凸轮环有 4 个内凸起，一对柱塞在单一的泵油腔中工作，凸轮转一转，泵油 4 次。

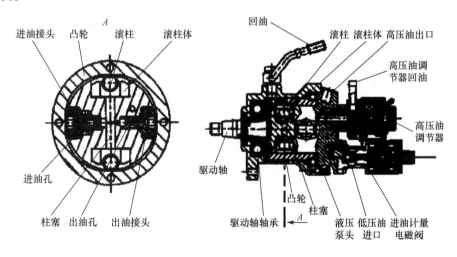

图 1-18　LDCR 型共轨系统的供油泵结构

供油泵装有进油计量阀，用于初步控制共轨压力。所需的燃油量由 ECU 计算，并且仅允许必须容量的燃油进入供油泵，所以没有燃油从共轨中溢出。

供油泵可以有一个泵油腔，也可以有 2 个泵油腔，2 个泵油腔以 45°角布置，这样，凸轮环每转一转可泵油 8 次。

5）西门子公司供油泵。西门子公司第二代共轨系统中的供油泵是径向柱塞泵，有 3 个柱塞，如图 1-19 所示。该泵是西门子与 Rexroth 公司联合开发设计的，采用模块化结构，可以实现多种组合。例如：带有供油压力调节装置的内装式输油泵；流量控制阀；压力控制阀。因此，通过组合可以很快地给用户提供各种结构的特种供油泵。

西门子公司建议：供油泵应配备所有可能的部件以得到最高的效率。共轨内的压力采用变量控制阀控制。压力控制阀使油压快速下降，并且具有安全阀的功能。全负荷供油时，在整个速度和压力范围内供油泵的总效率为70%～80%。

图1-19　西门子共轨系统的供油泵

在部分负荷供油时，此方案的优点显而易见，总效率大于50%，许多场合下甚至大于60%。这样，相对于压力控制泵来说，变量控制泵的功率损耗要减少600W。

各种电控共轨系统中采用不同的供油泵，不仅结构不同，而且特性也大不相同。图1-20

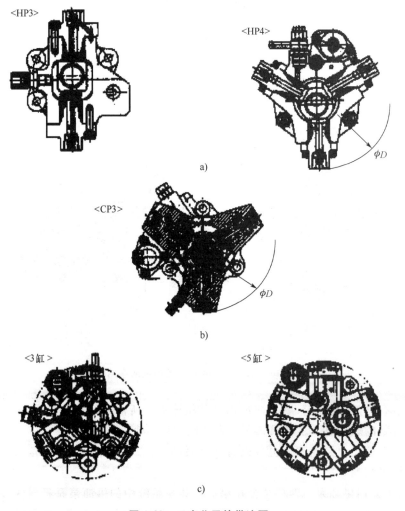

图1-20　三家公司的供油泵

a）电装公司　b）博世公司　c）Rexroth公司

中列出了电装公司、博世公司以及 Rexroth 公司的下一代电控共轨系统中的转子式供油泵的结构图。

这几种转子式供油泵的结构是相似的，但其对应的特性参数却很不一致，具体参数见表 1-6。

表 1-6　下一代电控共轨系统中的供油泵参数

公司	形式	柱塞直径 /mm	柱塞数量	凸轮升程 /mm	几何供油量 /(mm³/r)	实际供油量 /(mm³/r)	转速 /(r/min)
电装	HP3	φ8.5	2	8.8	1000	827	4000
	HP4	φ8.5	3	8.8	1500	1241	4000
博世	CP3.1	φ5.5	3	6.0	427	—	—
	CP3.2	φ6.5	3	6.8	677	460	3750
	CP3.3	φ7.5	3	8.2	1087	850	3750
	CP3.4	φ7.5	3	9.5	1259	—	—
	CP3.5	φ7.5	3	12.0	1590		
Rexroth	3缸	φ7.0	3	7.0	800	640	3000
	5缸	φ7.0	5	7.0	1350	1050	3000

（2）高压共轨（蓄压器）

1）高压共轨。高压共轨（简称轨道）又名高压蓄压器，是高压共轨系统中最具有特色的部件，整个喷油系统也以此部件名称来命名，足见其重要性。

高压共轨实质上是一个蓄压器，**功能是用来储藏高压燃油，保持油压稳定并将高压燃油分配**（通过短油管）**给各缸的电控喷油器**。由于各缸共用一个油轨，因此称其为"共轨"。工作时，共轨内的燃油虽然不断从喷油器喷出，但高压燃油却源源不断地从高压泵向轨道内补充，使蓄压器内的燃油压力基本保持不变，因而保证了喷油压力的恒定。图 1-21 所示为高压共轨的安装位置。

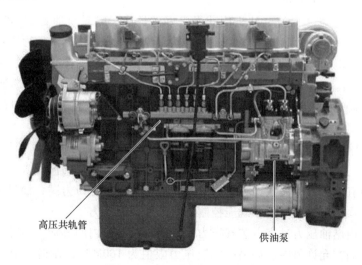

高压共轨管　　　　　　　供油泵

图 1-21　高压共轨的安装位置

　　高压共轨轨道一般都成管状，如图 1-22 所示。根据不同发动机的结构条件，外形也有一定的差异，虽然形状各异，但都要求有合适的位置安装共轨压力传感器、压力限制阀和流量限制阀等控制部件，随时检测共轨内的燃油压力，并控制共轨压力，限制喷油量。

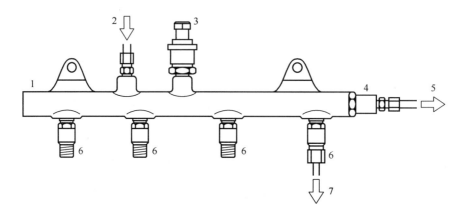

图 1-22　高压共轨部件

1—共轨（蓄压器）　2—共轨进油口（来自高压泵的高压油）　3—共轨压力传感器
4—压力限制阀　5—回油口（从共轨流回油箱）　6—流量限制阀　7—通向喷油器

　　高压共轨看似形状简单，其中燃油共轨为一个管状厚壁容器，其容积对共轨系统的性能有一定影响：为了减小喷油对共轨压力产生的波动，通常要求共轨内储油容积足够大，使每一循环的燃油占总容积的比例很小，这样可减小喷油后对压力波动的影响。为使柴油机起动时，共轨内能迅速建立高压，使柴油机尽快进入正常工作状态，又希望共轨容积尽可能小。

　　以上分析表明，共轨容积过大、过小都有弊病。为选择合适的共轨容积，通常根据不同的发动机，通过对整个高压系统的模拟计算（考虑燃油的可压缩性）和匹配试验，来确定它的尺寸和腔内容积，以保证在喷油器喷油和高压泵脉动供油时共轨内的燃油压力波动尽可能小，同时也要保证起动时，共轨内的油压能迅速建立，由此得出最佳折中方案。

　　2）高压共轨上的相关部件。

　　① 共轨压力传感器。为使柴油机能获得良好的性能，除对喷油定时、定量要求外，合适的喷油压力也是一个非常重要的参数。共轨压力传感器负责将燃油压力这个重要的信息反馈给电控单元（ECU），以便 ECU 能对油压以及整个喷油过程进行有效的控制。

　　② 流量限制阀。流量限制阀的作用是控制最大燃油流量，防止超供燃油，在非正常情况下，阻止喷油器持续喷油。为达到这一目的，当某一缸从轨道输出的油量超出规定值时，流量限制阀就关闭通往该缸喷油器的油路。

　　③ 压力限制阀。流量限制阀的作用是防止流量过多，而压力限制阀则是限制压力过高，两者虽然目的不同，但采取的措施基本一致，都是通过排出一定的流量来达到目的的。这是由于流量和压力有着密切的关系，在相同的容积内，油量多、压力高，油量少、压力低，因此，在进油通道内排出部分油量，既能控制流量又能限制压力。

　　为限制共轨内燃油压力过高，装有压力限制阀，对共轨内的燃油压力加以限制，把共轨瞬时最大压力限制在允许值内。如最高共轨压力限值为 160MPa，在运行中应把共轨内的燃油压力限制在该值范围内。

第二节　高压共轨系统的工作原理

一、柴油机基本知识

柴油发动机与汽油发动机具有基本相同的结构，都有气缸体、气缸盖、活塞、气门、曲柄、曲轴、凸轮轴、飞轮等。但前者用压燃柴油做功，后者用点燃汽油做功，一个"压燃"一个"点燃"，就是两者的根本区别点。传统汽油机的燃料是在进气行程中与空气混合后进入气缸，然后被火花塞点燃做功；柴油机的燃料则是在压缩行程接近终了时直接喷入气缸，在压缩空气中被压燃做功。这个区别造成了柴油机在燃料供给系统的结构有其自己的特点。

柴油机的燃料喷射系统是由喷油泵、喷油器、高压油管及一些附属辅助件组成。柴油机燃料输送的简单过程是：输油泵将柴油送到滤清器，过滤后进入喷油泵（为了保证充足的燃料并保持一定的压力，要求输油泵的供油量比喷油泵的需要量要大得多，多余的柴油就经低压管回到油箱，其他部分柴油被喷油泵压缩至高压），经过高压油管进入喷油器直接喷入气缸燃烧室中压燃。

二、高压共轨电控柴油喷射系统

现代汽车柴油机一般采用电控喷射、共轨、涡轮增压中冷等技术，在重量、噪声、烟度等方面已取得重大突破，达到了汽油机的水平，而且相比汽油机更环保。目前，国外轻型汽车用柴油机日益普遍，奔驰、大众、宝马、雷诺、沃尔沃等欧洲名牌车都有采用柴油发动机的车型，我国奥迪、捷达等轿车上也有使用。

在电控喷射方面，柴油机与汽油机的主要差别是汽油机的电控喷射系统只是控制空燃比，柴油机的电控喷射系统则是通过控制喷油时间来调节输出的大小，而柴油机喷油控制是由发动机的转速和加速踏板位置（油门拉杆位置）来决定的。因此，**它的基本工作原理是计算机根据转速传感器和油门位置传感器的输入信号，首先计算出基本喷油量，然后根据冷却液温度、进气温度、进气压力等传感器的信号进行修正，再与来自控制套位置传感器的信号进行反馈修正，确定最佳喷油量的。**

电控柴油喷射系统由信号传输装置、电控单元（ECU）和执行机构三部分组成，其任务是对喷油系统进行电子控制，实现对喷油量以及喷油定时随运行工况的实时控制。它采用转速、温度、压力等传感器，将实时检测的参数同步输入计算机，与已储存的参数值进行比较，经过处理计算按照最佳值对喷油泵、排气再循环阀、预热塞等执行机构进行控制，驱动喷油系统，使柴油机运转状态达到最佳。

1. 共轨技术

在汽车柴油机中，高速运转使柴油喷射过程的时间只有千分之几秒，试验证明，在喷射过程中高压油管各处的压力是随时间和位置的不同而变化的。由于柴油的可压缩性和高压油管中柴油的压力波动，使实际的喷油状态与喷油泵所规定的柱塞供油规律有较大的差异。油管内的压力波动有时还会在主喷射之后，使高压油管内的压力再次上升，达到令喷油器的针阀开启的压力，将已经关闭的针阀又重新打开产生二次喷油现象，由于二次喷油不可能完全燃烧，于是增加了烟度和碳氢化合物（HC）的排放量，也增加了油耗。此外，每次喷射循环后高压油管内的残压都会发生变化，随之引起不稳定的喷射，尤其在低转速区域容易产生上述现象，严重时不仅喷油不均匀，而且会发生间歇性不喷射现象。为了解决柴油机这个燃油压力变化的缺陷，现代柴油机采用了一种称为"共轨"的技术。

> 共轨技术是指在高压油泵、压力传感器和 ECU 组成的闭环系统中，将喷射压力的产生和喷射过程彼此完全分开的一种供油方式，由高压油泵把高压燃油输送到公共供油管（共轨管），通过对公共供油管内的油压实现精确控制，使高压油管压力大小与发动机的转速无关，可以大幅度减小柴油机供油压力随发动机转速的变化，因此也就减少了传统柴油机的缺陷。

ECU 控制喷油器的喷油量，喷油量的大小取决于公共供油管压力和电磁阀开启时间的长短。高压共轨系统可实现在传统喷油系统中无法实现的功能，其优点如下。

1） 共轨系统中的喷油压力柔性可调，对不同工况可确定所需的最佳喷射压力，从而优化柴油机综合性能。

2） 可独立地柔性控制喷油正时，配合高的喷射压力（120~200MPa），可同时控制 NO_x 和微粒（PM）在较小的数值内，以满足排放要求。

3） 柔性控制喷油速率变化，实现理想喷油规律，容易实现预喷射和多次喷射，既可降低柴油机 NO_x，又能保证优良的动力性和经济性。

4） 由电磁阀控制喷油，其控制精度较高，高压油路中不会出现气泡和残压为零的现象，因此在柴油机运转范围内，循环喷油量变动小，各缸供油不均匀可得到改善，从而减轻柴油机的振动和降低排放。

2. 高压共轨电控燃油喷射系统及基本单元

高压共轨电控燃油喷射系统主要由电控单元、高压油泵、蓄压器（共轨管）、电控喷油器以及各种传感器等组成。

低压燃油泵将燃油输入高压油泵，高压油泵将燃油加压送入高压共轨（蓄压器），高压共轨中的压力由电控单元根据油轨压力传感器测量的共轨压力以及需要进行调节。高压共轨内的燃油经过高压油管，根据发动机的运行状态，由电控单元从预设的 MAP 图中确定合适的喷油定时、喷油持续期，由电液控制的电子喷油器将燃油喷入气缸。

（1）高压油泵　高压油泵供油量的设计准则是必须保证在任何情况下满足柴油机的喷油量与控制油量之和的需求，以及起动和加速时的油量变化的需求。由于共轨系统中喷油压力的产生与燃油喷射过程无关，且喷油正时也不由高压油泵的凸轮来保证，因此高压油泵的压油凸轮可以按照峰值转矩最低、接触应力最小和最耐磨的设计原则来设计。

博世公司采用由柴油机驱动的三缸径向柱塞泵来产生高达 135MPa 的压力。该高压油泵在每个压油单元中采用了多个压油凸轮，使其峰值转矩降低为传统高压油泵的 1/9，负荷也比较均匀，降低了运行噪声。该系统中高压共轨腔中的压力控制是通过对共轨腔中燃油的放泄来实现的，为了减小功率损耗，在喷油量较小的情况下，可以关闭三缸径向柱塞泵中的一个压油单元使供油量减少。

日本电装公司的 ECD-U2 高压油泵采用了一个三作用凸轮的直列泵来产生高压。该高压油泵对油量的控制采用了控制低压燃油有效进油量的方法，该方法使高压油泵不产生额外的功率消耗，但需要确定控制脉冲的宽度和控制脉冲与高压油泵凸轮的相位关系，控制系统比较复杂。

（2）高压共轨（共轨管）　**共轨管将供油泵提供的高压燃油分配到各喷油器中，起到了蓄压器的作用。**它的容积应足以削减高压油泵的供油压力波动和每个喷油器由喷油过程引起的压力振荡，使高压共轨中的压力波动控制在 5MPa 之下。但其容积又不能太大，以保证共轨有足够的压力响应速度以快速跟踪柴油机工况的变化。ECD-U2 系统的高压泵的最大循环供油量为 600mL，共轨管容积为 94000mL。

高压共轨管上还安装了压力传感器、流量限制器和压力限制器。压力传感器向 ECU 提供高压共轨的压力信号；流量限制器保证在喷油器出现燃油漏泄故障时切断向喷油器的供油，并可减小共轨和高压油管中的压力波动；压力限制器保证高压共轨在出现压力异常时，迅速将高压共轨中的压力进行放泄。

（3）电控喷油器　电控喷油器是共轨式燃油系统中最关键和最复杂的部件，它的作用是根据 ECU 发出的控制信号，通过控制电磁阀的开启和关闭，将高压共轨中的燃油以最佳的喷油定时、喷油量和喷油率喷入柴油机的燃烧室。

由于高压共轨式燃油喷射系统具有可以对喷油定时、喷油持续期、喷油压力、喷油规律进行柔性调节的特点，该系统的采用可以使柴油机的经济性、动力性和排放性能都有进一步的提高，随着共轨技术的进一步发展和完善，柴油机的应用水平必将跨上一个新的台阶。

三、喷油器工作原理

1. 概述

在电控喷油系统中，喷油过程主要是在控制器的控制下进行的，由执行器把电信号转变为机械信号，实现机电一体化控制。这个转变过程在电磁阀控制的电控喷油器系统中，主要由电磁阀来执行，因此，电磁阀在时间控制系统中的作用至关重要。

高压共轨系统中，由于泵油与喷油功能分开，进入喷油器的燃油压力能基本保持不变，整个喷油过程中的喷油始点及喷油脉宽，几乎都是在控制器的控制下由电磁阀执行的。通过电磁阀的作用，泵油过程中的压力波动，不再干扰喷油过程。因此，电磁阀的作用尤显重要。

2. 电控喷油器结构

高压共轨系统中的电磁阀喷油器，是通过一根较短的高压油管与共轨连接的。电控喷油器与气缸盖的固定方式与传统的喷油器一样。电磁阀控制喷油器结构如图1-23 所示。它主要由电磁阀 2、压力放大系统和孔式针

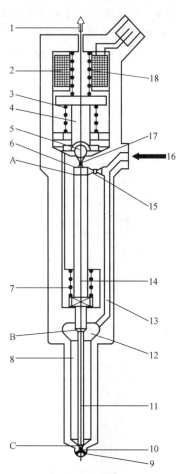

图 1-23　电磁阀控制喷油器结构

1—回油管（流回油箱）　2—电磁阀
3—衔铁弹簧　4—衔铁　5—球阀　6—压
力控制室　7—针阀弹簧　8—高压油路
9—喷孔　10—针阀压力室　11—针阀
12—盛油槽　13—针阀体进油孔　14—控
制活塞　15—进油节流孔　16—高压油
入口　17—出油节流孔　18—电磁阀弹簧
A—控制活塞顶面　B—针
阀锥面　C—针阀座面

阀偶件等几部分组成。

压力放大系统主要由压力控制室 6、控制活塞 14 及针阀体盛油槽 12、针阀 11 等部分组成。与共轨压力相等的高压燃油由高压油入口 16 进入喷油器后，分两路流动：

一路由进油节流孔 15 进入控制活塞 14 顶部的压力控制室 6 内，控制室内的燃油压力作用在控制活塞的 A 面上，直接压在针阀 11 尾部，能控制针阀升程。

另一路由针阀体上的进油孔 13 进入盛油槽 12 内，作用在针阀锥面 B 上的燃油压力，其垂直向上的分力均与共轨压力相等，但由于控制活塞承压面 A 的面积要大于针阀锥面 B 上的垂直向上的环形承压面积，作用在控制活塞 A 面上的总压力，要大于针阀环形锥面上的垂直向上的总压力，使向下的作用力能得到一定比例的放大。

3. 电控喷油器工作原理

根据柴油机运行工况和共轨轨道向喷油器提供的高压燃油，喷油器可分为三个工作状态（图 1-24）。

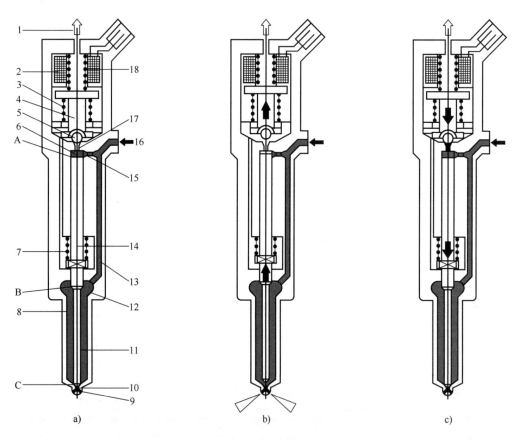

图 1-24　电磁阀控制喷油器工作原理图

a）针阀关闭状态（喷油开始前）　b）针阀升起喷油　c）喷油结束针阀关闭

1—回油管（流回油箱）　2—线圈　3—衔铁弹簧　4—衔铁　5—球阀　6—压力控制室　7—针阀
弹簧　8—高压油路　9—喷孔　10—压力室　11—针阀　12—盛油槽　13—针阀体进油孔
14—控制活塞　15—进油节流孔　16—高压油入口　17—出油节流孔　18—电磁阀弹簧

（1）针阀关闭状态　如图 1-24a 所示，电磁阀未通电时，衔铁 4 在电磁阀弹簧 18 的作用下，克服了衔铁弹簧 3 的弹力，使球阀 5 关闭了出油节流孔 17，这时压力控制室 6 内虽有很高的燃油压力，但由于出油节流孔孔径不大，作用在球阀上的压力很小，无法推开球阀，球阀因此处于关闭状态，这时针阀承受着下列几种作用力。

1）使针阀向上开启的作用力：具有轨道压力的燃油作用在针阀锥面 B 上的垂直向上分力。

2）使针阀保持在关闭状态时的向下作用力：

① 压力控制室 6 的燃油压力通过活塞作用在针阀顶面上的压力。

② 针阀弹簧 7 作用在针阀上的压力。

在电磁阀不通电的条件下，由于有压力放大作用，使针阀关闭的燃油压力大于使针阀升起的油压推力，加上针阀弹簧 7 的压力，因此，针阀处于喷油前的关闭状态。

（2）针阀开始升起（喷油始点）　如图 1-24b 所示，针阀处于喷油前的静止状态时，由控制器发出指令，为提高电磁阀的响应速度，以高电压、大电流对电磁阀线圈通电，线圈 2 迅速产生强大的电磁吸力，使衔铁 4 克服了电磁阀弹簧 18 的预紧力，快速上移，球阀 5 被打开，出油节流孔 17 开通，压力控制室 6 内的燃油从出油节流孔流向其上方空腔，并从该空腔经回油管 1 流回油箱。出油节流孔打开后，压力控制室 6 内的燃油立即卸压。压力控制室内作用在控制活塞 14 上的燃油压力会迅速降低，而这时作用在针阀锥面 B 上的向上作用力，依然保持为轨道压力未变，因此，会产生压差，使针阀能克服针阀弹簧 7 的预紧力快速升起，并打开针阀座面，使具有轨道压力的高压燃油，从阀芯座面通道经压力室 10 的喷孔 9 喷入燃烧室，如采用无压力室针阀偶件，则针阀升起后，高压燃油会直接从喷孔喷入气缸。与此同时，由于衔铁上升，磁路中气隙减小，起动时的大电流可以及时降低到电磁铁所需的维持电流。

针阀升起与喷油开始几乎是同时发生，因此，把针阀升起的瞬间称为喷油始点。

（3）针阀最大升程　针阀从静止状态的升程为零，开始升起到最大升程，需要一个升起过程，在这区间喷油一直在进行。

针阀升程由零到最大的过程中，针阀座面开度由全关到全开。流经座面的燃油节流阻力由最大到最小，不同的开度会产生不同的节流规律，对喷油量产生不同的影响。

针阀在升起过程中，控制活塞 14 同时上移，使压力控制室 6 内的容积逐渐减小，这时如果控制室内无燃油流出，则其内部压力会不断升高，并将阻挡针阀升程的加大。因此，在针阀上移的过程中，压力控制室内必须继续有部分燃油从出油节流孔 17 流出，保持一定的压降才行。

由于与压力控制室相通的不仅有出油节流孔 17，还有进油节流孔 15，当压力控制室内因部分燃油流出后，产生一定压降的同时，具有轨道压力的高压燃油，从进油节流孔 15 经节流后不断向压力控制室内补充，又使控制室内压力回升。由此可见，针阀在升起过程中，压力控制室内燃油有出、有进，为了保证针阀升起能连续进行，要求出得快、进得慢，因此，出油节流孔的直径一般要大于进油节流孔的直径。

上述分析表明，出油节流孔 17 直径大于进油节流孔 15 时，会使针阀具有一定的上升速度，但如果出油节流孔直径与进油节流孔直径差距过大，则会使针阀上升速度过快，造成初始喷油速率过高，从而影响柴油机的噪声及排放；如果出油孔与进油孔直径相差过小，则针阀上升速度会过慢，造成初始喷油速率过低，同样会影响柴油机性能。

控制活塞 14 随针阀升起而上移，当针阀达到最大升程时，控制活塞移到最高位置，压力控制室 6 内的燃油在控制活塞上移过程中，其顶部形成一层作用近似于垫片的油垫，限止了控制活塞的继续上移。控制活塞到达上止点，如无油垫存在，则属机械限位，控制活塞每次上移时，必受一次机械撞击，容易磨损。而有油垫存在后，控制活塞到达上止点时属于液压限位，只有柔性撞击，零件寿命可以延长。

从针阀开始升起的喷油始点到喷油终点，喷油压力始终保持与共轨压力相等的高压状态。

（4）针阀关闭（喷油结束） 如图 1-24c 所示，当喷油脉宽满足要求后，电磁阀在控制器指令下，切断线圈 2 的电流，电磁力消退，电磁阀弹簧 18 开始压衔铁 4，使球阀 5 又处于关闭状态，出油节流孔 17 被堵塞。

出油节流孔关闭，高压燃油从进油节流孔 15 进入压力控制室 6 内后，控制室内的燃油只有进，没有出，因此，压力会很快升高，达到相等的高压。这种高压作用在控制活塞顶部的 A 面上，所形成的压力与针阀弹簧力的合力，很快超过了针阀锥面上向上的燃油压力，针阀就会快速关闭，喷油因此结束。

针阀的关闭速度取决于通过进油节流孔的流量，针阀从下移开始直至座面落座，才把喷孔通道关闭，喷油停止。

由于共轨中的压力一直存在，所以任何时刻喷油器都可以在电磁阀的控制下喷油、停油，这为柴油机在每个工作循环内实现多次喷射创造了有利条件，这也是脉动时间控制系统无法与之比拟的。

4. 电控喷油器的控制

电磁阀的控制可以分为五个区（图 1-25）进行分析。

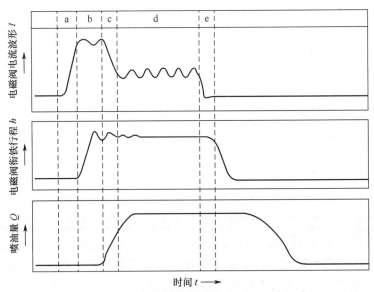

图 1-25　电磁阀喷油器电流波形图

a—大电流起动　b—大电流吸合　c—最大电流到维持电流过渡　d—维持电流　e—电流断开

（1）电流陡峭上升区 为了使静止的电磁阀衔铁能迅速起动，由控制器对电磁阀施加约 50V 的高压，电流会快速上升到约 20A 的大电流，所产生的电磁力能使电磁阀克服静态惯性迅速起动，图 1-25 中的 a 区即电流波形的陡峭上升区。

（2）大电流吸合区 起动电流上升到约 20A，由电流调节系统限制不再上升，此时，电磁阀衔铁开始移动。为保证衔铁能连续移动，大电流维持片刻不变，如图 1-25 中的 b 区所示，衔铁在 b 区内快速移动，行程 h 迅速加大。

（3）电流由最大到维持过渡区 当电磁阀衔铁行程 h 移到最大位置，衔铁与铁心间的气隙最小，关闭出油节流孔的球阀已全开，喷油已开始，这时把电流降到较低的维持电流，所产生的电磁吸力就足够把衔铁吸合在最小气隙位置，球阀保持在开启状态。球阀开启，针阀上升。图 1-25 中的 c 区即由最大电流向维持电流的过渡区。

（4）维持电流区 为降低能耗，防止烧坏线圈，将最大电流降低到维持电流，如图 1-25 中的 d 区所示。在 d 区内，电流为约 13A 的维持电流，电磁阀衔铁与球阀也处于开启状态，针阀升程保持在最高位置。

（5）电流断开区 喷油结束后，切断电磁阀电流，电磁阀衔铁在弹簧的作用下，关闭球阀，针阀落座。

第三节 高压共轨系统的控制功能与优点

一、电控高压共轨系统的控制功能

1. 控制喷油量

发动机电控单元根据发动机转速和油门开度信号以及温度、压力等辅助信号，计算发动机实际运转工况下的最佳喷油量。ECU 通过控制电磁阀通、断电时刻及通、断电持续时间直接控制喷油量，使发动机在最佳状态下运转。

2. 控制喷油压力

蓄压器（共轨）压力传感器用来测量共轨内的燃油压力，从而调整高压油泵的供油量，控制蓄压器（共轨）中的燃油压力。蓄压器中的压力大小决定了喷油器喷油压力的大小。ECU 还根据发动机的转速、喷油量大小与预置的最佳值相比较进行反馈控制。

3. 控制喷油速率

ECU 根据发动机实际运行工况设置并控制预喷、主喷和后喷。

4. 控制喷油时间

ECU 根据发动机转速和负荷等参数，准确计算出最佳喷油时间，并控制电磁喷油器的开启时刻、关闭时刻，准确控制喷油时间。

5. 控制喷射方式

高压共轨系统多采用多次喷射。多次喷射是将每一个工作循环中的喷油过程分成几段进行，每段喷油都是相互独立的，目的是控制燃烧速率。在共轨系统中采用的多次喷射包括先导喷射、预喷射、主喷射、后喷射和次后喷射等。在多次喷射过程中，电磁阀执行着开启和关闭动作，可以实现喷油规律的优化。在主喷之前的预喷射可以降低燃烧噪声，为降低可吸入颗粒物（PM）排放量，可以使预喷射要靠近主喷射。而后喷射过程，少量燃油随废气排放、再燃烧会使有害颗粒物进一步燃烧掉，更为有效地降低 PM 的排放量。图 1-26 所示为喷油器针阀升程与曲轴转角的关系，表 1-7 为多次喷射的效果。

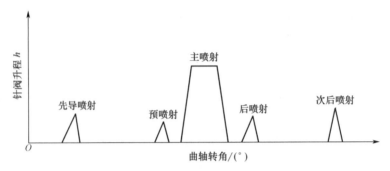

图 1-26　针阀升程与曲轴转角的关系

表 1-7　多次喷射的效果

喷射方式	效果
先导喷射	进行预混合燃烧,可减少吸入颗粒物
预喷射	缩短主喷射的着火延迟,减少 NO_x、降低燃烧噪声
后喷射	促进扩散燃烧,减少颗粒物
次后喷射	进气温度升高,通过供给还原剂进行后处理,减少 NO_x 和颗粒物

在电控共轨系统中,通过发动机转速传感器、油门开度传感器、温度传感器以及其他传感器实时检测出发动机的实际运行状态,由电控单元根据预先设计的计算程序进行计算后,确定该运行状态最佳的喷油量、喷油时间、喷油率等参数,使发动机始终都能在最佳状态下工作。

博世和电装公司的研究结果已经表明:在直喷式柴油机中,采用电控共轨式燃油系统与采用普通凸轮驱动的泵喷嘴系统相比,电控共轨系统与发动机匹配时更加方便灵活,其突出优点可以归纳如下。

1) 广阔的引用领域(用于轿车和轻型载货车,每缸功率可达 30kW;用于重型载货车以及机车和船舶用柴油机,每缸功率可达 200kW 左右)。

2) 更高的喷油压力,目前可达 140MPa,将来计划达到 180MPa 或更高的压力。

3) 喷油始点、喷油终点可以方便地改变。

4) 可以实现预喷射、主喷射和后喷射,可以根据排放等要求实现多段喷射。

5) 喷油压力与实际使用工况相适应。在电控共轨式燃油系统中,喷油压力的建立与燃油喷射之间无相互依存关系,喷油压力不取决于发动机转速和喷油量。在高压燃油存储器(即共轨管)中始终充满喷射用的具有一定压力的燃油。喷油量由电控单元计算决定,受到的其他制约条件很少。

6) 喷油正时和喷油压力在电控单元(ECU)中由存储的特性曲线谱(MAP)算出,然后通过控制安装在各气缸上的喷油器电磁阀予以实现。

电控共轨系统中,电控单元(ECU)接收和处理由各传感器检测到的信号,对发动机以及车辆其他系统进行控制和调节。

曲轴转速传感器检测发动机转速,凸轮轴转速传感器确定发火顺序(相位)。加速踏板位置传感器是反映驾驶人的驾驶意图以及对转矩要求的传感器,是由驾驶人直接操控的传感器,能够反映发动机的实时负荷状况。空气质量流量传感器检测空气质量流量。在涡轮增压并带增压压力调节的发动机中，增压压力传感器检测增压压力。在低温和发动机处于冷态时，电控单元可根据冷却液温度传感器和空气温度传感器的数值对喷油始点、预喷油及其他参数进行最佳匹配。根据车辆的不同，还可以将其他传感器和数据传输线接到 ECU 上，以适应日益增长的安全性和舒适性要求。

电控共轨系统中计算机具有自我诊断功能，对系统或主要传感器、执行器进行实时监测，一旦发现工作参数偏离最佳运行状态，诊断系统会通过点亮仪表板上的故障指示灯向驾驶人发出警报，并根据故障情况自动做出处理：或使发动机立即停止运行；或切换控制模式，启动应急功能，使发动机和车辆继续维持工作，勉强行驶到安全的地方。

在电控高压共轨系统中，供油压力与发动机转速、负荷无关，是可以独立控制的。 由共轨压力传感器检测出燃油压力，并与设定的目标喷油压力比较后进行反馈控制。高压共轨系统的基本特点见表 1-8。

表 1-8　高压共轨系统的基本特点

对燃油系统的要求		高压共轨系统的优点
喷油压力	最高喷油压力	无二次喷油等的约束，可以实现高压喷射，因为压油和喷油分别进行，所以，喷油压力可以控制（喷油压力和转速无关）
	喷油压力控制	
喷油速率控制		系统直接控制针阀运动，这对控制喷油率非常有利（如靴型喷油率、预喷射、多段喷射等）
喷油量控制		电磁阀的通/断电时刻可以自由控制（无约束）
喷油时间控制		
系统的构筑 （合理性、生产性）		可以自由设定喷油参数（喷油压力、喷油量和喷油时间等），各个参数可以独立地满足相应的要求。在满足要求方面没有约束，自由度高

二、电控高压共轨柴油喷射系统的优点

1）燃油经济性好，降低了噪声，提高了尾气排放标准。高压柴油喷射系统喷油压力高，喷射过程分预喷、主喷和二次喷射使燃油雾化好、燃烧充分，可降低燃烧噪声和燃油消耗，并可降低 NO_x 排放量。

2）电控柴油机运转平稳。高压共轨系统，其喷油压力与转速无关，只取决于蓄压器中的燃油压力，喷油压力由压力传感器监测。使喷油压力保持一致，解决了传统喷油泵高、低速时压差过大问题，也解决了柴油机运转不稳的问题。

3）电控柴油机工作可靠。电控柴油机控制系统中，ECU 随时监测传感器输入的工作参数是否正确。当某些参数超过设定值时，ECU 立即报警，同时控制执行器进行调节和修正，直到发动机工作正常为止。如果 ECU 监测到一些重要参数不正确并将会影响到柴油机工作可靠性时，ECU 会使燃油喷射高速电磁阀切断燃油通路，使发动机运行进入自我保护，避免造成损失。

4）具有故障诊断功能，减少了维修工作量。ECU 对发动机电控系统中的传感器、执行器和连接线路进行监测，当传感器及其连接电路出现故障时，ECU 会确认故障，并以故障码的形式存储，为排除故障带来方便。

5）对柴油机的调速可精确控制。在电控柴油机喷射系统中，机械离心式调速器被电子

调速器代替，燃油喷射量只与发动机负荷和转速有关，与调速器中机械部件的调节无关，所以电控柴油机调速控制精度高。

6）响应速度快，控制更为精确。在新型高压共轨喷射系统中，采用压电式喷油器，响应速度快，解决了电磁阀时间滞后问题，使喷油迅速、断油时间准确，控制精度高。

7）电控柴油机应用广泛。电控高压喷射柴油机由于采用直喷、涡轮增压、每缸四气门，使排放的颗粒物大大减少，因而广泛应用在小客车、轻型客车、大型城市客车及中、重型载货汽车上。

三、电控高压共轨技术的现状与未来

1. 国内外研究现状

电控燃油共轨技术现在是主要发展趋势，但是在新技术的使用过程中，根据不同发动机的使用特点，使得电控燃油共轨技术在不同的使用条件下，与发动机系统的匹配上还有很大的发展空间，尤其是在共轨技术的研究与开发方向上。目前该项新技术已经在国内外以柴油提供动力的汽车上广泛使用。

国外经过多年的发展，已经形成了比较成熟的产品，如菲亚特集团的 Unijet 系统、电装公司的 ECD-U2 系统和博世公司的 CR 系统等。其中，博世公司用压电石英作为执行器代替高速电磁阀，喷射压力已经高达 180MPa，针阀运动速度达到 1.3m/s，预喷射油量可控制在 $1mm^3$ 之内。在控制策略上，以经典控制理论和现代控制理论为基础的开环控制和闭环控制技术，在电控高压共轨系统中得到广泛应用。

日趋严重的能源危机，成为全世界内燃机行业关注的焦点，也使柴油机越来越受到用户的青睐。与汽油机相比，柴油机有很多优势：能减少 20%~25% 的 CO_2 废气排放，车速较低时的加速性能更有优势，平均燃油消耗低 25%~30%，能提供更多的驾驶乐趣。但是，与汽油机相比，柴油机的排放控制又是一个难点。

为满足排放标准，柴油机先进的燃油喷射系统——高压共轨技术可以做到自由控制喷油压力，可在 20~200MPa 范围间变化，使燃油雾化得更好，更充分地燃烧。共轨燃油喷射系统，可以方便地实现多次喷油，每个循环最多可以实现 9 次喷油，可以实现预喷射、主喷射、后喷射以及对气缸内燃烧状况的控制。因为共轨内有持续的高压燃油，加之可以精准控制开、关时刻的高速喷油器，很容易实现对喷油时间的控制，并且可以根据发动机工况改变喷油的起始与结束，达到了现阶段对柴油发动机的环保要求和节能要求。随着工艺技术的提高，电控高压共轨柴油发动机更容易能满足未来环保的要求。电控高压共轨燃油系统，将成为柴油机下一时代的主流。

我国已经于 2019 年 7 月 1 日实施了重型燃油车国六标准，2020 年 7 月 1 日实施了轻型车和公交、环卫、邮政等重型城市车辆国六标准。

2021 年 7 月 1 日，重型柴油车国六排放标准的实施，标志着我国汽车标准全面进入国六时代，基本实现与欧美发达国家接轨。

国内在电控柴油机高压共轨系统方面还面临很多挑战，如制造工艺不成熟，批量规模较小；燃油品质难以保证；柴油机后处理技术水平不高等。但这些会随着时间的推移，逐步得到解决。

2. 发展趋势

就燃油喷射控制原理而言，各种共轨喷射系统近期不会有大的变化。现在柴油机的电控，主要控制的只是喷油。未来的发展就是要对柴油机全方位进行控制，像汽油机那样，进行怠速控制、排放控制、进气控制、增压控制、巡航控制、故障自诊断和失效保护。虽然现在只有少量的高端柴油机采用了这些控制技术，但是，未来的柴油车上一定是综合控制的电控系统。

柴油机的开发焦点已由传统的优先考虑经济性、可靠性和耐久性，逐步转为目前的优先考虑环保的要求，即以优先保护好人类赖以生存的地球环境为出发点去考虑采用何种技术，去评价其先进性。

优先考虑柴油机排放、噪声对环境的影响问题，与过去相比也有不同，就是在满足目前对排气污染物、颗粒排放及噪声的限制要求时，不再以牺牲经济性、动力性和比质量等为代价，而是在达到上述目标的同时，使产品具有可竞争的商业价格。欧洲一些公司近年或稍后将继续推出能满足环境要求的百公里油耗为3L的柴油机。

当前和未来一个时期，车用柴油机技术的发展趋势将突出表现在以下几个方面。

1) 进一步优化燃烧系统，特别重视开发和选择喷射系统。Perkins 公司的 Ouadram 燃烧室、日野公司的 HMMS 燃烧室、小松公司的 MTEC 燃烧室及五十铃公司的四角形燃烧室等，都在试验开发阶段，其基本特点是实现一个中央涡流及四周的微涡流使空气/燃料快速而充分地混合，并配合以合适的燃油喷射系统，电控系统配合 HCCI 技术等，实现更完美的燃烧。

目前，喷射系统已进入一个较快的发展时期，现正在研究开发 1ms 内完成一次喷射，并在有限时间内正确控制喷射量的方法。喷射压力已提高到 160~180MPa，实验室内已到200MPa。如共轨式喷射系统及分段预喷射系统等，可根据发动机的负荷与转速，自动控制合理的喷射规律和喷油压力。

2) 增压及可变气门配气定时。当今柴油机增压和增压中冷已成为标准特点，随着发动机的轻量化与小型化，为了降低车辆油耗，提高车辆装载效率，必须继续提高增压比及增压器效率。在进一步提高大负荷区的过量空气系数时可以减少颗粒排放，同时通过稀燃化，减少热损失，提高循环效率，进而同时降低油耗，随着高增压和高过量空气系数化，组装有多个增压器的复合系统已成为可能。另外，增压器固定的涡轮几何形状也将由可用于多用途的电控可变几何形状所取代。目前，其在小缸径柴油机上 4 气门和喷油器垂直中置技术得到广泛的应用，为了减少换气损失，使混合气的形成进一步优化，现正在研究采用可变气门配气定时，从而使发动机在整个转速范围内的气门升程和定时得到最佳优化。

3) 全电子优化控制。目前对燃油喷射时间、喷射量、惯性增压、增压器、进气涡流及排气再循环（EGR）等都能实现电子优化的可变控制，从而对降低排放、减少油耗、提高输出功率和起动性能等有很大作用；但是，这些控制中的多半内容，如 EGR、自动诊断等，还有很多技术不够完善，有待进一步研究和开发，今后还将继续开发其他电子控制机构，尤其是与整车相协调统一的综合化的全电子控制系统。

4) 电控排气后处理技术。柴油机能否像汽油机那样使用催化剂大幅度减少排放，尤其是 NO_x 排放，这是柴油机研制者一直追求的目标。日本有关大学、研究所和厂家针对沸石镁及氧化铝的催化剂，用还原剂进行 NO_x 还原试验；美国福特等公司也正在对催化还原系统（SCR）及 $DeNO_x$（脱硝）两种催化器 NO_x 还原系统进行研究。

　　SCR 技术是利用氮氧化物有选择地与存在于废气中的或喷入的反应剂反应，利用一个催化器降低 NO_x 排放，排出生成的氧气。还原反应剂可以是在柴油机废气中的 HC 化合物，或是由附加油箱直接喷入废气流中的物质，如氨等。

　　与 SCR 技术相比，$DeNO_x$（脱硝）催化技术系统简单，无有害生成物，目前被认为最具发展潜力。$DeNO_x$ 催化技术主要是将 NO_x 催化热裂变为 N_2 和 O_2，目前的问题是废气在催化器中停留时，催化器效率不高，因此转化还原效率也受到很大限制。

　　为减少颗粒排放而研制的各种"柴油机颗粒收集器或称过滤器（DEF）"，虽然不少产品已在柴油机上装车使用，但由于 DEF 的耐久性差，且过滤器的再生问题也没有彻底解决，因此，该项技术也正在进一步改进和发展中。

第二章　柴油发动机高压共轨燃油系统的结构和原理

第一节　高压共轨电子控制系统的组成与工作原理

电子控制系统主要由信号传输装置、电子控制单元和执行器等组成；电子控制单元是电子控制系统的核心部分。电子控制系统的框图如图 2-1 所示。

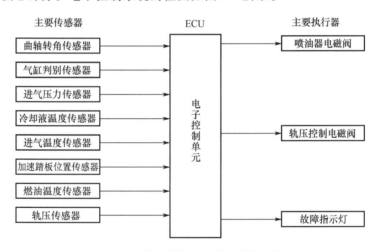

图 2-1　高压共轨电子控制系统框图

一、信号传输装置

信号传输装置可分为传感器和开关两部分。

1. 传感器

所谓传感器，就是一种能测量各种机械运动状态的物理量，并把它们转变成电量的装置。传感器相当于人的感觉器官，通过传感器的感知来正确地检测出各种条件下的物理量。传感器技术就像是人的眼睛一样重要，且远不止是眼睛，这是人们对传感器重要性做出的形象比喻。与人的反应一样，具有灵敏的感觉器官，机器才能测量并感知更准确的信息，才能更可靠地运行。传感器就相当于人的感觉器官，通过它感知并正确测量出各种条件下的物理量，两者的对比见表 2-1。国际电工委员会的定义为"传感器是测量系统中的一种前置部件，它将输入变量转换成可供测量的信号"。

表 2-1　人的感觉器官与传感器

人的感觉与器官	产生现象	传感器及举例	人的感觉与器官	产生现象	传感器及举例
听觉——耳	声波	压电元件：压敏电阻	肤觉——皮肤	温度	热电元件：热敏电阻
视觉——眼睛	光	光电元件：光敏电阻	触觉——皮肤	位移压力	位移元件：应变片

（1）传感器的分类　汽车中所用的传感器种类很多，且同一种被测参数可用多种不同类型的传感器来测量，而同一种传感器往往可以测量多种被测参数。传感器的分类方法有很多种，常用的分类法有如下 5 种。

1）按有无外加能量分类。传感器按能量关系可分为主动型和被动型两类。汽车中使用的大多是被动型传感器，这种传感器需要外加电源才能工作并产生电信号，也可称有源传感器，它实际上是一个能量控制器。外加电源因传感器的种类不同而不同。例如，进气压力传感器、空气流量传感器、霍尔传感器等，所需外加工作电源一般为 DC 5V；而温度类传感器所需外加电源则称参考电源，即在不与传感器连接的情况下显示为 DC 5V 电压，当传感器与线束连接后则为信号电压，这是因为温度类传感器的热敏电阻是 ECU 计算温度电路的一个可变串联电阻。

主动型传感器的工作不需要外界提供电源，属于无源传感器，由自身吸收其他能量，经变化后再输出电信号。它实际上是一个能量变换装置。车辆上较为典型的当属电磁式传感器（检测转动信号）和爆燃传感器。

2）按信号转换分类。根据传感器信号变换方式的不同，传感器可分为两种：第一种是由非电量转换为另一种非电量的传感器，如弹性敏感传感器和气动元件传感器；第二种是由非电量变换为电量的传感器，如进气温度传感器、进气压力传感器等。

3）按工作原理分类。按传感器的工作原理分类，有电阻式传感器、电容式传感器、应变式传感器、电感式传感器、光电式传感器、压电式传感器及热电式传感器。

4）按输出信号形式分类。按传感器输出信号形式分类，有模拟式和数字式传感器两种。模拟信号不能直接送入 ECU，需要经过 A/D 转换后才能被 ECU 识别。

5）按检测控制参数分类。汽车用传感器根据控制参数的不同，有温度传感器、压力传感器、位置与角度传感器、空气流量传感器、气体浓度传感器等。

（2）温度类传感器　随着现代汽车电子化程度越来越高，柴油机使用温度传感器的地方越来越多。常见有发动机冷却液温度传感器、进气温度传感器、排气温度传感器、燃油温度传感器、机油温度传感器等。

1）安装位置及作用。

① 进气温度传感器。柴油机进气温度传感器的功能是对喷油量和喷油正时进行修正，同时对柴油机进行过热保护。当检测到进气温度有异常时，限制柴油机的输出功率，防止柴油机过热。进气温度传感器一般安装在进气总管上，也有集成在进气压力传感器、空气流量传感器内的。

② 冷却液温度传感器。作为计算供油量的修正值使用。冷机时对供油量进行加浓修正，使柴油机尽快暖机；热机时对供油量进行减少修正，防止柴油机混合气过浓；有些车辆还可作为冷却风扇的起控信号；同时也是柴油机预热控制的主要依据。如果冷却液温度传感器失灵，ECU 会用存储的默认值进行计算。冷却液温度传感器一般安装在发动机缸体水道或散

热器管路中。

③ 燃油温度传感器。燃油温度影响燃油的密度，ECU 要精确计算供油量必须考虑燃油的温度。信号中断时，ECU 会用存储的默认值进行计算。柴油相比汽油，重质馏分多，流动性差，密度与温度有着密切的关系，所以燃油温度信息也是 ECU 精确控制发动机的必要信号之一。燃油温度传感器一般安装在距离发动机较近的燃油管路上。

④ 机油温度传感器。柴油机输出功率大，活塞与气缸壁传递力矩大，机油温度容易升高使机油变质，影响柴油机润滑，如果机油过热，柴油机将减少供油量，所以机油温度信息也是 ECU 精确控制发动机的必要信号之一。机油温度传感器有的独立安装在油底壳上，也有的与机油压力传感器集成在一起。

⑤ 排气温度传感器安装在排气管上，在催化转化器异常发热时，能够以排气温度警告灯点亮的方式快速地发出报警信号，以便保护催化转化器，防止高温引发故障。

2）结构与原理。

① 热敏电阻式温度传感器是根据热敏电阻效应制成的，热敏电阻效应指物质的电阻率，随其本身温度的变化而变化，简称热敏电阻。热敏电阻是用陶瓷半导体材料与其他的金属氧化物按适当的比例混合后，高温烧结而制成的温度系数很大的电阻体，按照温度系数不同分为正温度系数和负温度系数。正温度系数热敏电阻随温度上升元件电阻值增大，负温度系数热敏电阻随温度上升电阻值降低。

汽车上除了排气温度传感器外的绝大多数温度传感器，包括尿素箱、尿素管路温度传感器均采用负温度系数的热敏电阻，其结构、外形如图 2-2 所示。

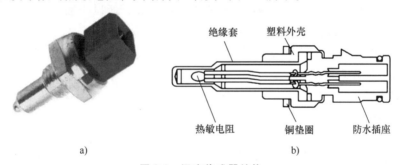

图 2-2　温度传感器结构

a）外形　b）结构

采用负温度系数热敏电阻作为感温元件的温度类传感器，动态响应特性好，温度范围为 -40~130℃，在空气中温度系数为 -2mV/℃，响应时间为 10s。图 2-3 所示为一种负温度系数传感器的特性。

温度传感器与 ECU 连接关系如图 2-4 所示。图中 THA 端子，传感器开路时，由 ECU 向传感器提供参考电压（5V），传感器连接时，由传感器向 ECU 提供信号电压（随温度变化），E2 端子是 ECU 向传感器输提供的搭铁回路。

表 2-2 为一种冷却液温度传感器信号电压与冷却液温度之间的关系。

表 2-2　冷却液温度传感器温度与电压关系

冷却液温度/℃	-10	0	20	40	60	80	100	120
信号电压/V	-4.62	4.45	3.78	3.09	2.25	1.99	1.56	0.70

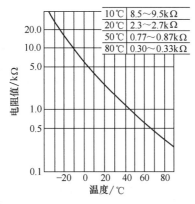

图 2-3 负温度系数热敏电阻特性

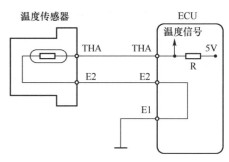

图 2-4 温度传感器与 ECU 连接关系

② 热电偶式温度传感器是利用热电效应制成的温度传感器，结构如图 2-5 所示。热电偶又称温差电阻，由端点彼此紧密接触的两种不同材料的金属丝制成。当两种不同材料金属丝的两个接点处于不同温度环境中时，在回路中就有直流电动势产生，该电动势称为温差电动势或热电动势。当组成热电偶的材料一定时，温差电动势与两接点处的温度差有关。

构成热电偶的金属材料可以耐受的温度不同，传感器适用的温度范围也不同，如采用钨铼热电偶能够在 2000℃ 以上的高温环境中工作。此外，热电偶温度传感器的灵敏度与材料的粗细无关，所以一般采用非常细的金属材料制作热电偶作为测温元件，具有很高的响应速度。热电偶式温度传感器主要缺点是灵敏度比较低、抗干扰能力差，不适合测量微小的温度变化。

图 2-5 热电偶式
温度传感器

（3）压力传感器

1）安装位置及作用。

① 进气压力传感器（图 2-6）安装在进气总管上；检测进气管内的绝对压力，ECU 根据此信号确定进气量，以便根据供（喷）油量对进气量进行控制，保证最佳的混合气浓度，测定的压力范围一般为 2~400kPa。

② 增压压力传感器。涡轮增压压力传感器（图 2-7）一般安装在增压器压气机出口侧的进气管中，检测涡轮增压器的实际增压压力，ECU 根据此信号对增压压力进行控制。测定的压力范围一般是 2~400kPa。

a)   b)

图 2-6 进气压力传感器

a) 三端子进气压力传感器 b) 四端子进气压力/温度传感器

③ 大气压力传感器（图 2-8）一般安装在空气流量传感器上，也有安装在前保险杠内；检测实际环境的大气压力，ECU 根据此信号校正与大气压力有关的、用于闭环控制回路的设定值，如废气再循环闭环控制、增压压力闭环控制。测定的压力范围一般为 60~150kPa。

图 2-7　涡轮增压压力传感器

图 2-8　大气压力传感器

④ 机油压力传感器（图 2-9）一般安装在机油主油路上，用来检测柴油发动机的机油压力，发动机 ECU 将根据压力传感器提供的不同压力，来确定发动机的最高转速，当压力低于设定值时（机油压力过低）将点亮仪表板机油压力警告灯，同时限制发动机保持最低转速或者强制停机。

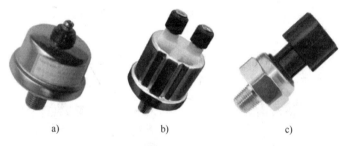

a)　　　　　　　b)　　　　　　　c)

图 2-9　机油压力传感器

a）单线　b）双线　c）三线

⑤ 共轨压力传感器又称燃油压力传感器，一般安装在共轨管上（图 2-10）；它的作用是以足够的精度，在相应较短的时间内，精确快速地测定共轨中的瞬时压力，并将其转换成电压信号输送给 ECU，由 ECU 对燃油计量单元（PCV）实施闭环控制，通过对供油量的增减来调节油压稳定在目标值。测定的压力范围一般为 0~200MPa。

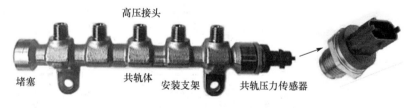

高压接头

堵塞　　　共轨体　安装支架　共轨压力传感器

图 2-10　共轨压力传感器在共轨管上的位置

⑥ 排气压差传感器（图 2-11）安装在排气管微粒捕集器（DPF）附近的车架上，通过安装在 DPF 前后端排气压力导管检测 DPF 两侧压力差。压差传感器将压力差信号送入 ECU，ECU 根据该压力差判断微粒捕集器中颗粒的积聚程度，决定"再生"触发时刻及额外燃料注入量。同时，ECU 还可以通过控制 EGR 阀调节尾气的温度。

⑦ 燃烧压力传感器（图 2-12）是通过在发动机缸盖上开孔，并制作一端是螺纹的安装通道，然后用一个内部装有压力传感器的缸盖适配器通过螺纹连接安装在安装通道内，使压力传感器能通过该通道测量发动机缸内压力；作为闭环调节回路一个精确的反馈信号，进一

步优化燃烧过程，将燃料的喷射压力控制在最佳状态以提高燃烧效率，降低柴油机的原始排放，满足日益严格的排放要求。

图 2-11　排气压差传感器

图 2-12　燃烧压力传感器

2）结构与原理。压力传感器，按其产生信号原理可分为半导体压敏电阻式、电容式、压电式和膜盒传动可变电感式。其中，膜盒传动可变电感式由于抗振动性和紧凑性差，现已很少使用，半导体压敏电阻式和电容式压力传感器应用较多，下边重点介绍。

① 半导体压敏电阻式压力传感器主要由硅膜片、集成电路、滤清器、绝对真空室和壳体组成，其结构如图 2-13 所示。

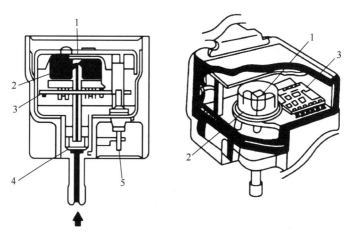

图 2-13　半导体压敏电阻式压力传感器结构
1—硅膜片　2—绝对真空室　3—集成电路　4—滤清器　5—接线器

硅膜片是利用半导体的压电效应制成，结构如图 2-14a 所示。它的周围有 4 个应变电阻，以惠斯通电桥的方式连接，等效电路如图 2-14b 所示。硅膜片的一面是真空室，另一面引入进气压力。

应变电阻 R_2 和 R_4 在硅膜片变形时受拉力，电阻随压力增加而增加，而 R_1 和 R_3 在硅膜片变形时受压力，电阻随压力增加而减少。这样，当柴油机进气量发生变化时，硅膜片受到变化的压力，电桥输出相应的信号电压，该电压经过

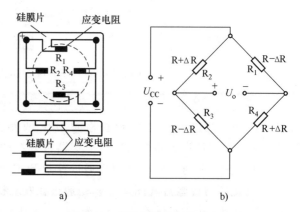

图 2-14　硅膜片结构与等效电路
a）硅膜片结构　b）等效电路

集成放大电路放大后送给 ECU，作为计算进入气缸内空气流量的主要依据，工作原理如图 2-15 所示。

② 压电式压力传感器主要组成元件有压电元件和电极引线等，如图 2-16 所示。当压电元件受压变形时，会在压电元件的两端产生电压，此电压与压电元件承受的压力成正比，ECU 根据这一电压信号确定被测压力。压电式压力传感器利用石英晶体的压电效应制成，但石英晶体的压

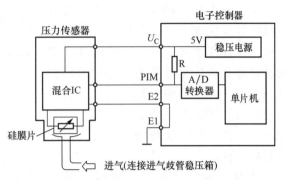

图 2-15　压敏电阻式压力传感器工作原理

电效应在一定温度范围内有效，超过这个范围压电效应消失，所以石英已被其他压电晶体取代。现在人造晶体磷酸二氢铵由于具有良好的高温承受力，已得到广泛应用。

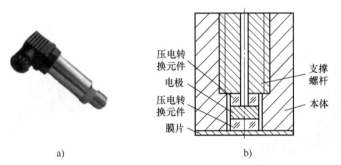

a)　　　　　　　　　　　　　　b)

图 2-16　压电式压力传感器实物及结构
a）实物　b）结构

③ 电容式压力传感器是在两个固定的电极间，插入一个可随压力变化而移动的电极，当进气压力作用于该电极时，电极发生位移，于是在移动电极与两固定电极间形成两个可变电容 C1、C2，将这两个可变电容置入交流电桥相邻两桥臂，电桥就输出与电容变化相对应的交流电压，亦即输出与进气压力大小成正比的电信号，结构如图 2-17 所示。

此种压力传感器测量精度高，但电容变化量与位移呈线性关系的范围较小，所以当压力变化较大时，与电容变化量呈非线性关系。

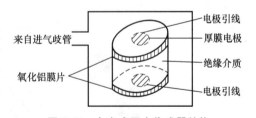

图 2-17　电容式压力传感器结构

④ 压力传感器与 ECU 连接电路。压力传感器常见有三端子和四端子两种。三端子压力传感器，主要由传感器工作电源（正、负）两个端子、一个压力信号端子，如进气压力传感器、机油压力传感器、轨压传感器等；四端子传感器则集成了压力和温度两种信号，其中传感器电源（正、负）两个端子，一个压力信号、另一个温度信号，如进气压力/温度传感器、机油压力/温度传感器等，电路如图 2-18 所示。

（4）位置与角度传感器

1）安装位置及作用。

① 加速踏板位置传感器（图 2-19）。它是唯一受驾驶人操作影响的传感器，其作用主要

是反映驾驶人的驾驶意图，进而了解发动机的负荷状况，安装于驾驶舱内加速踏板位置。通过加速踏板位置的变化将发动机的负荷信号转变为电信号传输给发动机 ECU，作为喷油增量信息，再与其他传感器信号进行相关比较和计算后，发出指令控制相关执行器，以实现对喷油量的控制。

②供（喷）油正时传感器（图 2-20）用于检测柴油机实际供（喷）油正时，向 ECU 提供供（喷）油正时闭环控制所需的反馈信号。供（喷）油正时影响柴油机的动力性、经济性、排放性和噪声，因此在电控柴油喷射系统中必须对供（喷）油正时进行闭环控制。

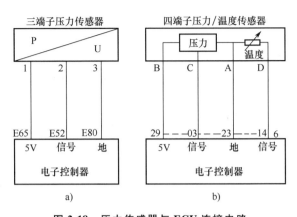

图 2-18　压力传感器与 ECU 连接电路

a）三端子压力传感器　b）四端子压力/温度传感器

图 2-19　加速踏板位置传感器

图 2-20　供（喷）油正时传感器

③供（喷）油量传感器的作用。检测柴油机的实际供（喷）油量，产生的信号用来实现供（喷）油量的闭环控制。

④曲轴、凸轮轴位置传感器（图 2-21）是电控柴油机上最重要的传感器之一。曲轴、凸轮轴位置传感器一般安装在曲轴前端或飞轮上，还有配气凸轮或喷油泵凸轮轴的前端。

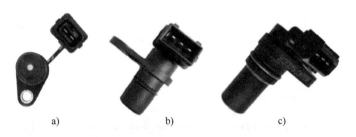

图 2-21　常见曲轴、凸轮轴位置传感器

a）二线磁电式　b）三线磁电式　c）三线霍尔式

曲轴位置传感器用于确认曲轴位置、检测活塞上止点、曲轴转角及发动机转速，是 ECU 得到的第一个发动机转动信号，ECU 根据曲轴转速信号与凸轮轴位置信号共同完成喷油器的喷油顺序及喷油时间的分析计算工作。

凸轮轴位置传感器用于判定运动活塞在上止点时，是处在压缩行程还是处在排气行程。

该传感器将此信号输入 ECU，ECU 根据此信号与曲轴转角信号共同完成喷油顺序和喷油时刻分析计算工作。

⑤ 工作液液位传感器。汽车上使用的液位传感器分模拟式和开关式两种。模拟式液位传感器主要用于检测燃油箱、尿素箱等液位，开关式液位传感器主要用于测量制动液液位、清洗液液位、冷却液液位、机油液位等，在液位减少到一定值时，开关闭合，使相应警告灯点亮报警。

常见液位传感器如图 2-22 所示。

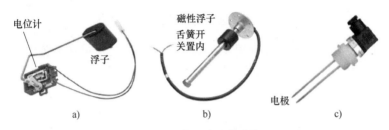

图 2-22　常见液位传感器
a）电位计式　b）舌簧开关式　c）电极式

⑥ 转矩传感器一般安装在曲轴上，柴油机输出转矩直接反映柴油机负荷信息，利用此信号可以获得对自动变速器更高的控制精度。

2）结构与原理。

① 加速踏板位置传感器又称柴油机负荷传感器，常用的有 4 种类型，分别是电位器式加速踏板位置传感器，电涡流式加速踏板位置传感器，差动电感式加速踏板位置传感器和霍尔式加速踏板位置传感器，后两种应用较多将重点介绍，其中霍尔式加速踏板位置传感器将是今后发展的方向。

a. 差动电感式加速踏板位置传感器同差动变压器工作原理相似，主要由铁心、感应线圈、推杆、线束插接器等组成，外形及内部结构如图 2-23 所示。

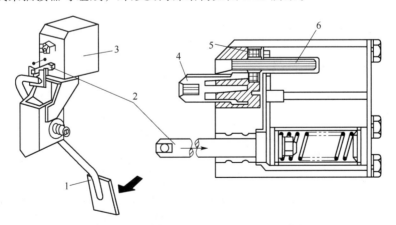

图 2-23　差动电感式加速踏板位置传感器
1—加速踏板　2—推杆　3—加速踏板位置传感器　4—线束插接器　5—感应线圈　6—衔铁

当驾驶人踩下加速踏板时，传感器中的铁心移动，使两个绕组内的自感电动势发生一增一减的变化，柴油机负荷越大，铁心移动的距离越大，输出的感应电动势越大，根据输出端绕组的电压信号即可确定加速踏板的位置，绕组内部结构及输出信号如图 2-24 所示。

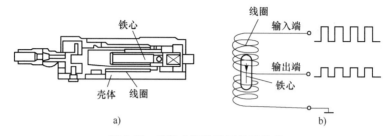

图 2-24 绕组内部结构及输出信号

b. 霍尔式加速踏板位置传感器利用霍尔效应原理来检测加速踏板位置，该传感器主要由永久磁铁、霍尔元件以及线束插接器组成。永久磁铁安装在与加速踏板联动的轴上，霍尔元件则是固定的，如图 2-25 所示。

图 2-25 霍尔式加速踏板位置传感器结构

当加速踏板位置发生变化时，与加速踏板同轴的永久磁铁转动，从而使永久磁铁与霍尔元件之间的相对位置发生改变，使永久磁铁作用在霍尔元件上的磁场强度发生变化，导致霍尔元件输出的电压发生变化，ECU 接收霍尔元件输出的电压信号以确定加速踏板位置及位置变化。

霍尔式加速踏板位置传感器包含两个霍尔元件，当处于无人踩下状态时，霍尔元件 1、2 分别会输出 0.74V、0.37V 左右的电压，踩下踏板后两者输出电压始终呈 2 倍关系且同步变化。

图 2-26 所示为霍尔式加速踏板位置传感器输出特性和控制电路。

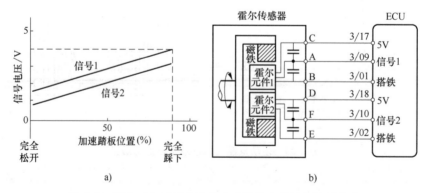

图 2-26 霍尔式加速踏板位置传感器输出特性和控制电路

a）输出特性 b）控制电路

② 供（喷）油正时传感器。在分配泵时间控制式和共轨式电控系统中，通过检测喷油器针阀开启始点、高速电磁阀关闭始点、燃烧室着火始点来确定实际供（喷）油正时，以下做重点介绍。

a. 喷油器针阀开启始点传感器。喷油器针阀开启始点即为喷油始点，该传感器直接安装在喷油器内，传感器输出信号的始点可用来确定实际的喷油正时，也可用于检测针阀行程用于确定喷油量的大小，因此该传感器也可作为检测喷油器实际供油量的传感器。

根据检测原理不同，分为霍尔式、电磁感应式和触点式。

● 霍尔式喷油始点传感器。霍尔元件安装在针阀弹簧座的上方，弹簧座上固定着一块永久磁铁，结构如图 2-27a 所示。

霍尔元件通电后，弹簧座随针阀运动时，因永久磁铁的运动使通过霍尔元件的磁感应强度发生变化，造成输出电压信号与针阀升程近似成正比变化，因此可通过信号电压来检测出喷油始点位置。霍尔元件与线性微分放大器、自调零电路、电压调节器和触发输出电路固化在一个集成芯片内，减少了处理霍尔电压毫伏级模拟信号的问题，使输出信号不需要放大即可送入 ECU。这种电

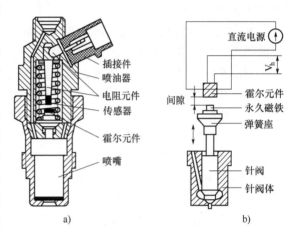

图 2-27 霍尔式喷油始点传感器结构与工作原理

a）结构 b）工作原理

路同时具有抑制和消除机械误差、磁误差及温度响应误差的功能，每经过一次测量，就会自行重新校正一次。这种传感器带有一个快速自动接头，可以方便地进行拆卸而不影响其他零件的工作，它的工作原理如图 2-27b 所示。

● 电磁感应式喷油始点传感器主要由电磁线圈和针阀组成，结构如图 2-28a 所示。电磁

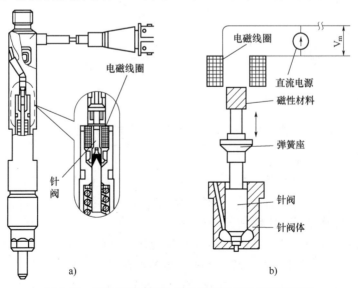

图 2-28 电磁感应式喷油始点传感器结构与工作原理

a）结构 b）工作原理

线圈内置磁性材料，与喷油器连杆制成一体。线圈通电后，当磁性材料和喷油器顶杆随针阀移动时，通过电磁线圈的磁通量发生变化，电磁线圈输出感应电信号，感应电动势大小与针阀升程成正比。ECU 接收电压信号，信号的始点作为喷油正时信号，信号的大小反映针阀升程大小，即喷油器的喷油量，它的工作原理如图 2-28b 所示。

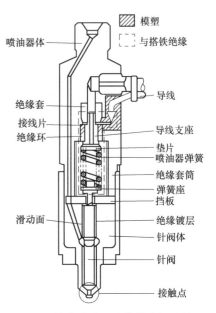

- 触点式喷油始点传感器种类很多，但工作原理大致相同，它的结构如图 2-29 所示。

喷油器针阀经弹簧座、弹簧、垫片、导线、接线片与线束插接器上的导线连接，并利用塑料绝缘套、绝缘环、绝缘套筒和针阀滑动面上的绝缘镀层与喷油器壳体和针阀体保持绝缘，喷油器体直接搭铁。它将喷油器的针阀与针阀座作为一个触点开关来控制电路通断。喷油开始前，针阀落在针阀体上，触点闭合，喷油时，针阀升起，触点断开。

图 2-29　触点式喷油始点传感器结构图

此种传感器的电路原理如图 2-30 所示。喷油器触点与标准电阻 R1 并联后再与电阻 R2 串联。ECU 给传感器提供参考电压 V_c，喷油器不喷油时，触点闭合，使流经电阻 R1 的电流为零，输出电压信号为 $V_s = 0V$。喷油器喷油时，针阀离开阀座，触点断开，使输出电压信号 $V_s \neq 0V$。输出电压信号由 $V_s = 0V$ 变化到 $V_s \neq 0V$ 为喷油开始时刻，而电压信号由 $V_s \neq 0V$ 变化到 $V_s = 0V$ 为喷油结束时刻。

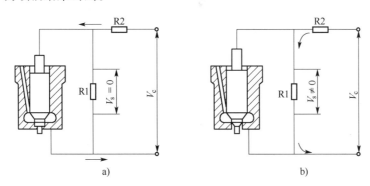

图 2-30　触点式喷油始点传感器电路原理图

a) 喷油器不喷油时　b) 喷油器喷油时

与霍尔式和电磁感应式相比，触点式针阀升程传感器具有结构简单、响应性高、检测准确等优点，但对喷油器体与喷油弹簧绝缘性能要求高，针阀绝缘镀层难度大，不利于推广使用。3 种喷油始点传感器特性比较见表 2-3。

b. 高速电磁阀关闭始点传感器。高速电磁阀应用在分配泵时间控制系统和共轨系统中，利用其关闭回油通道的方法控制分配泵供油始点或喷油器喷油始点，因此可通过检测高速电磁阀开关状态来确定供（喷）油点。它的结构原理与触点式针阀升程传感器相似，如图 2-31 所示。高速电磁阀关闭，ECU 接收到 0 电压信号；反之，ECU 接收到的电压信号不为零。

表 2-3 3 种喷油始点传感器特性比较

种类	运动质量	零件数量	装配	导线数	放大	噪声敏感性	稳压电源	信号延迟	温度依赖性	耐用性
电磁式	0	0	0	0	0	0	0	0	0	0
霍尔效应式	+	+	0	−	−	0	0	0	−	0
触点式	+	+	+	0	0	+	+	+	+	−

注：+表示有利；−表示不利；0表示相同。

c. 着火始点传感器。理想的供油正时应该是在实际着火开始时，这样就必须检测着火的开始时间。在有些位置控制的电控分配泵系统中采用了以检测燃烧闪光开始点的着火始点光电传感器，其结构如图 2-32a 所示。该传感器通过石英晶体把燃烧闪光传至光电晶体管，通过脉冲电信号输出，输出波形如图 2-32b 所示。从图 2-32 中可以看出，着火始点传感器输出波形上升曲线段很陡峭，因而可准确检测出实际着火开始时间，由此确定供油始点。

③ 供（喷）油量传感器主要包括直列柱塞泵供油拉杆（或齿条）位置传感器、分配泵油量控制滑套位置传感器、喷油器针阀升程传感器。供油齿条和滑套位置传感器通常采用差动电感式，现已很少采用；柴油机高压共轨电控系统中，广泛应用的是喷油器针阀升程传感器。

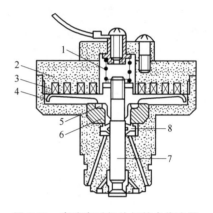

图 2-31 高速电磁阀关闭始点传感器
1—复位弹簧 2—铁心 3—电磁线圈
4—电枢 5—垫片 6—挡块
7—阀柱 8—密封圈

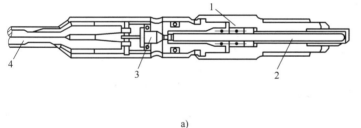

a)

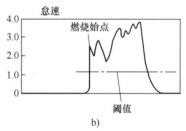

b)

图 2-32 着火始点传感器
a）结构 b）输出波形
1—壳体 2—石英晶体棒 3—光电晶体管 4—线束插接器

ECU 通过控制喷油孔流通截面即针阀升程来控制喷油量，利用针阀升程传感器实现喷油量的闭环控制。霍尔式针阀升程传感器主要由针阀弹簧座、永久磁铁和霍尔元件组成，如图 2-33 所示。霍尔元件通电后，当与针阀弹簧座制成一体的永久磁铁移动时，使通过霍尔元件的磁场强度发生变化，霍尔元件输出一个与针阀升程呈正比的霍尔电压，ECU 根据此电压信号即可确定针阀升程，信号始点作为喷油正时信号。

④ 曲轴、凸轮轴位置传感器。根据检测原理，曲轴、凸轮轴位置传感器主要有光电式、电磁脉冲式和霍尔式，目前，后两种应用较为广泛。

a. 电磁脉冲式曲轴位置传感器。它的结构如图 2-34a 所示，在永久磁铁的周围绕有线圈，线圈周围是钢铁材料制成的齿轮，当齿轮旋转时，由于齿轮齿峰和齿谷与永久磁铁间的气隙不断发生变化，导致通过线圈的磁力线发生变化，在线圈中就会产生如图 2-34b 所示的感应电压，并以交流形式输出。

在飞轮上每 7.5° 设置一个信息孔，但是，总共缺少 3 个孔。也就是说，在飞轮圆周上共有 45 个孔。发动机每旋转两转，将会产生 90 个脉冲信号。曲轴转角传感器接收到信息后，通过传感器线圈的磁力线发生变化，在线圈内产生交流电压。根据这些信号，可以检测出发动机的转速和 7.5° 的曲轴转角间隔。

凸轮轴位置（气缸判别）传感器和曲轴位置传感器相似，也是利用通过线圈的磁力线变化产生交流电压的特性制成的。在供油泵凸轮轴中间设置了一个圆盘状的齿轮，且每 120° 缺一个齿（凹形切槽），但在某一处多了一个齿。因此，发动机每转两转则发出 7 个脉冲信号。

根据曲轴位置传感器和气缸判别传感器信息，可以判断出第一气缸为基准脉冲。曲轴位置传感器与气缸判别传感器的信号脉冲关系如图 2-35 所示。

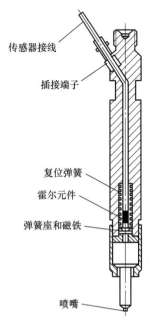

图 2-33　霍尔式针阀升程传感器

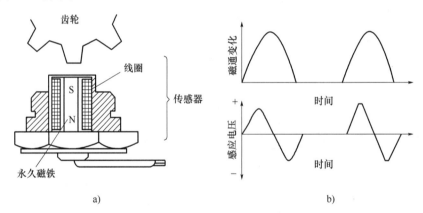

图 2-34　电磁脉冲式曲轴（凸轮轴）位置传感器结构与输出波形
a）结构　b）输出波形

> 曲轴位置传感器出现故障，ECU 将得不到发动机转动信息，直接导致发动机无法起动的故障现象。

电磁脉冲式传感器与 ECU 的连接电路如图 2-36 所示，传统的电磁脉冲式传感器均为两线，屏蔽线直接搭铁或在 ECU 内搭铁。较为先进的电磁脉冲式传感器本身就有三个端子，其中两个为信号端子，另一个是屏蔽搭铁端子，直接与 ECU 内部连接。

b. 霍尔式曲轴（凸轮轴）位置传感器是利用霍尔效应制成的，可分为触发叶片式和触发轮齿式两种，下面以触发轮齿式为例讲解。它主要由触发齿圈、霍尔元件、永久磁铁和电子线路等组成。永久磁铁的磁力线穿过霍尔元件通向触发齿圈，这时齿圈相当于一个集磁

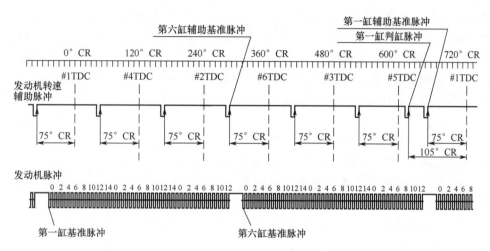

图 2-35　曲轴位置传感器与气缸判别传感器信号脉冲的关系

器。当齿轮处于图 2-37a 所示状态时，磁力线分散，穿过霍尔元件的磁场相对较弱；当齿轮处于图 2-37b 所示状态时，磁力线密集，穿过霍尔元件的磁场较强，这样就引起霍尔电压的变化。

霍尔元件通过齿圈的运动输出毫伏级的正弦波电压，若要将它变换成标准的脉冲电压，必须通过电子线路来实现。图 2-38 是霍尔信号发生器内部电子线路及各级输出波形，当霍尔

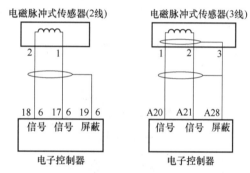

图 2-36　电磁脉冲式传感器与 ECU 连接电路

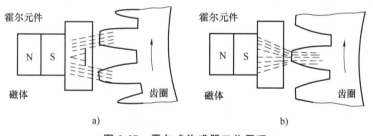

图 2-37　霍尔式传感器工作原理

a）霍尔元件磁场较弱　b）霍尔元件磁场较强

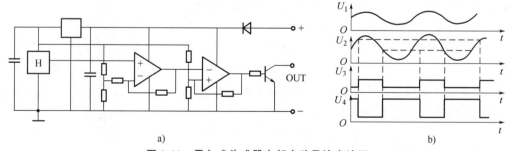

图 2-38　霍尔式传感器内部电路及输出波形

a）内部电路　b）输出波形

元件通过齿轮的运动变化输出毫伏级的正弦波电压，经放大器放大为伏级的电压，送施密特触发器输出的为标准的脉冲信号，并产生一定回差以提高稳定性，再送输出级放大输出。

霍尔式传感器与 ECU 连接电路如图 2-39 所示，一般为三个端子，分别是传感器工作电源正极、负极和信号端子，其中，工作电源一般为 ECU 提供的5V 稳压电源，但也有用点火开关提供的 12V 电源的，信号端子输出为数字信号。

⑤ 工作液液位传感器的工作原理。工作液液位传感器安装于燃油箱、尿素箱、制动液储液罐、洗涤器、散热器储液罐、油底壳等处，以测量各种液体的存储量。根据检测原理主要有浮子式、热敏电阻式、电热式和电极式。其中，浮子式包括舌簧开关式和可变电阻式，以下重点介绍浮子舌簧开关式液位传感器和电极式液位传感器。

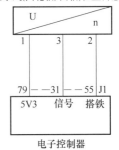

图 2-39　霍尔式传感器与 ECU 连接电路

a. 浮子舌簧开关式液位传感器由树脂圆管制成的轴和可沿轴上下移动的环形浮子组成。圆管状轴内装有易磁化的强磁性材料制成的触点，浮子内嵌有永久磁铁，其结构如图 2-40 所示。舌簧开关的内部是一对很薄的金属触点，触点会随着浮子位置的不同而闭合或断开，由此可以判定液量是否符合规定值。

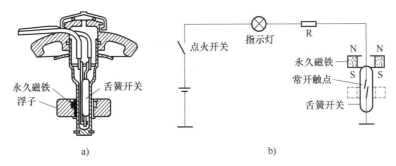

图 2-40　浮子舌簧开关式液位传感器
a）结构　b）工作原理

当液位低于规定值时，永久磁铁接近舌簧开关，很多磁力线从舌簧开关内通过，由于舌簧开关是易磁化的强磁性材料，所以舌簧开关的两触点被磁化互相吸引而闭合，警告灯至搭铁形成通路，警告灯亮，通知驾驶人液位已经低于规定值。当液位到达规定值时，浮子也上升到规定位置，没有磁力线穿过舌簧开关，两触点不互相吸引，而是在自身弹力的作用下打开，此时警告指示灯熄灭，表示液位符合要求。

b. 电极式液位传感器用来测定蓄电池电解液液面的高度。其主要构成是装在蓄电池盖上的铅棒，如图 2-41 所示，铅棒起电极作用。当蓄电池电解液液面低于规定值时，警告灯被点亮，通知驾驶人应该添加电解液。

蓄电池电解液液位传感器警告灯电路如图 2-42 所示。

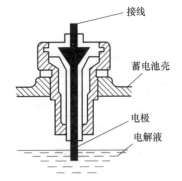

图 2-41　电极式液位传感器

当电解液符合规定要求时，铅棒浸在电解液中产生电动势，晶体管 VT1 导通，电流从蓄电池正极沿箭头方向经点火开关、晶体管 VT1 再回到蓄电池的负极，因为 A 点电位接近于零，所以晶体管 VT2 截止，警告灯不亮，如图 2-42a 所示。当电解液液位低于规定值时，如图 2-42b 所示，铅棒不能浸在电解液中，其上没有电动势产生，所以晶体管 VT1 截止。这时 A 点电位上升，晶体管 VT2 的基极中有箭头方向所示的电流通过，晶体管 VT2 导通，警告灯点亮，通知驾驶人电解液已不足。

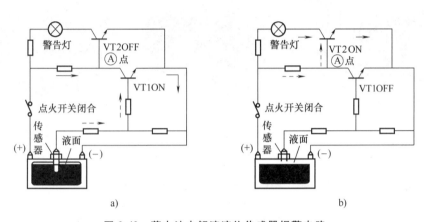

图 2-42 蓄电池电解液液位传感器报警电路

a）电极浸在电解液中 b）电极高于电解液时

⑥ 转矩传感器。根据检测方式的不同，目前使用的主要有应变片式转矩传感器、相位差式转矩传感器、磁致伸缩式转矩传感器和光纤式转矩传感器。由于光纤式转矩传感器具有灵敏度高、体积小、质量轻、随意性好、频带宽、绝缘性好、化学稳定性好、不受电磁干扰、成本低等优点，被认为是最有应用前景的一种转矩传感器。

如图 2-43 所示，在轴和轴承上分别装上一条由反射片和吸收片组成的传感器带，由激光器发出的激光经光纤由吸收小片吸收，再由反射小片反射，经光纤送入检测器。当轴受到转矩后，相对于轴承产生一定的扭转角度，传感器带可以将此变化反映到检测装置，从而完成转矩的检测。

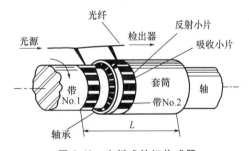

图 2-43 光纤式转矩传感器

（5）空气流量传感器

1）安装位置及作用。空气流量传感器一般安装在进气总管上；在柴油机电控系统中，它作为电控单元确定发动机基本喷油量的主要依据，并且在废气再循环（EGR）控制中提供计算 EGR 率时的吸入空气流量的信息。

2）结构与原理。根据检测原理可分为体积流量型空气流量传感器和质量型空气流量传感器。体积流量型又分为叶片式空气流量传感器和卡尔曼涡流式空气流量传感器；质量型空气流量传感器又分为热线式空气流量传感器和热膜式空气流量传感器。其中，叶片式空气流量计早已淘汰，而热线式和热膜式空气流量计结构原理相同，仅有发热体为热线或热膜的区别。

① 热线（热膜）式空气流量传感器主要由防护网、采样管、热线电阻（热膜）、温度补偿电阻和控制电路板等组成。热线电阻（热膜）和温度补偿电阻安装在主进气道中，控制电路板安装在流量传感器下方。进气管连接侧的防护网用于防止回火和脏物进入空气流量传感器，图 2-44 所示为热线和热膜式空气流量传感器的结构。

传感器实物

图 2-44　热线（热膜）式空气流量传感器结构

a）热膜式　　　　　　　　　b）热线式

1—控制电路　2—热膜　　　　1—防护网　2—取样管　3—铂热线

3—温度传感器　4—金属网　　4—温度补偿电阻　5—空气流

　　　　　　　　　　　　　　6—控制电路板　7—插接端子

热线式空气流量传感器，采样管置于空气流量传感器主空气道中央，两端有金属防护网，防护网通过卡箍固定在壳体上。采样管由两个塑料护套和一个热线支撑环构成。热线支撑环上有一根直径很小的铂丝，其电阻值随温度变化而变化。当传感器工作时，铂丝将被控制电路提供的电流加热到 120℃ 左右，因此称为热线。铂热线是惠斯通电桥的一个桥臂 R_h，由于进气温度变化使热线的温度发生变化而影响进气量的测量精度，因此在热线附近设有一根温度补偿电阻丝，因其靠近进气口一侧，所以称之为冷线，是惠斯通电桥电路的另一个臂，其电阻丝也随温度变化而变化。

热线式空气流量传感器的工作原理如图 2-45 所示。安装在控制电路板上的精密电阻 R_a、R_b 和热线电阻 R_h、温度补偿电阻 R_k 组成了惠斯通电桥。当空气流经热线电阻 R_h 时，

热线温度降低，电阻值减小，电桥失去平衡，空气流量越大，热线电阻上被带走的热量越多，电阻减小得越大。若要保持电桥平衡，就必须增加流经热线电阻的电流，以恢复其温度和阻值，精密电阻 R_a 两端的电压也相应增加。流经热线的空气量不同，热线的变化温度不同，其电阻变化量也不同。为保持电桥平衡，需增加流经热线电阻的电流，从而使精密电阻 R_a 两端的电压也相应变化，控制电路将电阻 R_a 两端的电

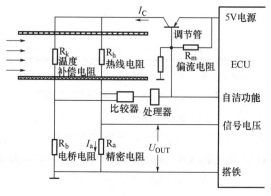

图 2-45　热线式空气流量传感器工作原理

压输送给 ECU，即可确定进气量。混合集成电路 A 的作用是保持电桥平衡，即保持热线电阻与感应进气温度的温度补偿电阻之间的温度差不变。热线式空气流量传感器直接测量进入柴油机的空气质量流量，不需要进气温度传感器对测量值进行修正。

精密电阻 R_a 为一个温度系数很低的金属薄电阻，温度补偿电阻用来对热线电阻的温度进行参照，使其温度差控制在 100℃ 左右，从而提高测量精度，减少电能的损耗。

热线式空气流量传感器都具有自洁功能，即柴油机转速超过 1500r/min，关闭点火开关使柴油机熄火后，控制系统将热线加热到 1000℃ 以上并保持约 1s，使附在热线上的粉尘烧掉。

另一种防止污染的方法是提高热线的保持温度，一般保持温度设在 200℃ 以上，以便烧掉粘附的污物。

热膜式空气流量传感器是热线式空气流量传感器的改进型，其结构基本相同，只是它的发热体是热膜而不是热线，热膜是由发热金属铂固定在薄的树脂膜上制成的。热膜式空气流量传感器的发热体不直接承受空气流动所产生的作用力，从而增加了发热体的强度，提高了传感器的使用可靠性，目前电控柴油机轻型车辆（四缸）常有采用。

图 2-46 所示为常见空气流量传感器与 ECU 连接电路。

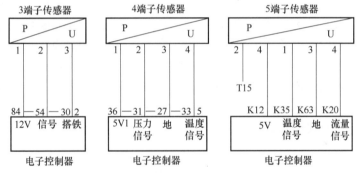

图 2-46 常见空气流量传感器与 ECU 连接电路

② 卡尔曼涡流式空气流量传感器是利用气流通过障碍物时，在障碍物下游产生一种自然振荡分离型漩涡的原理来测量气体的流速，通过气流流速计算进气流量。卡尔曼涡流式空气流量传感器结构如图 2-47 所示。

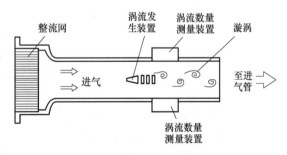

图 2-47 卡尔曼涡流式空气流量传感器结构

这种传感器有很多优点，首先是输出的脉冲信号易于处理，其次是没有可动部件，压力损失小，可靠性高。这种涡流的频率 f 和流速 v 之间有如下关系：

$$f = St \times v/d$$

式中　　St——斯特劳哈尔数；

　　　　d——圆柱体直径；

　　　　v——气体的流速。

St 数对于固定的空气流量传感器为一常数。因此，只需要测出卡尔曼涡流的频率 f，就可以计算出气体的流速 v，进而得知气体的体积流量。卡尔曼涡流空气流量传感器的特点是：进气量越大，输出的脉冲频率越高；输出的脉冲信号 ECU 可直接接收。

根据检测卡尔曼涡流频率 f 的方式不同，卡尔曼涡流式空气流量传感器可分为超声波式和反光镜式两种，以下重点介绍超声波式卡尔曼涡流式空气流量传感器。

超声波卡尔曼涡流式空气流量传感器的结构如图 2-48 所示。它主要由涡流发生器、信号发生器和信号接收器组成。

当柴油机运转并吸入一定的气体时，超声波发生器不断向接收器发出一定频率的超声波。当超声波通过进气气流到达接收器时，由于受到气流移动速度及涡流数量变化的影响，接收到的超声波信号的相位差会发生变化：进气量越多，涡流越多，移动速度越快，接收到

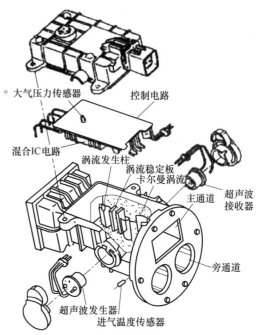

图 2-48　超声波卡尔曼涡流式
空气流量传感器结构

的超声波的相位及相位差越大，反之越小。控制电路根据超声波信号的相位或相位差的变化就可计算出涡流的频率，并将其输入给 ECU，ECU 根据输入的进气涡流频率信号计算出进气量。此种流量检测原理如图 2-49 所示。

（6）浓度传感器

1）安装位置及作用。

① 氧传感器的作用。电控柴油喷射系统中一般设置两个氧传感器，一个放置在三元催化转化器之前，用来检测排气中氧的浓度，对喷油器喷油量进行修正。另一个放置在三元催化转化器之后，测量三元催化转化器的还原效果是否达标。

② 排烟传感器安装在排气管上，检测柴油机排气中形成的炭烟或未燃炭粒，并提供一种能表示炭烟存在的输出信号，通过 ECU 来自动调节空气和燃油的供给，以达到完全燃烧和避免形成过多的炭烟。

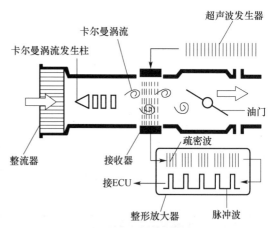

图 2-49　超声波卡尔曼涡流式
空气流量传感器检测原理

③ 氮氧（NO_x）传感器是从国四电控柴油发动机后处理系统（SCR）中才增加的一个重要传感器，安装在排气管中，用于检测尾气中的 NO_x 浓度。SCR 系统利用 NO_x 传感器可以检测尾气经催化转化反应后的 NO_x 含量，用于国四标准中的 OBD 控制。

2）结构与原理。

① 氧传感器。柴油机和汽油机氧传感器工作原理基本相同，目前车辆采用的氧传感器有二氧化锆式和二氧化钛式两种。氧化钛式传感器本身带有一个电加热器，氧化锆式氧传感器又分为加热型氧传感器和非加热型氧传感器两种，以下重点介绍二氧化锆式氧传感器。

二氧化锆型氧传感器是目前使用最广泛的氧传感器，其内部构造如图 2-50 所示。氧化锆元件为一试管状多孔陶瓷体，俗称锆管，管的内外表面覆盖着一层多孔铂膜作为电极。传感器安于排气管中，氧化锆的外侧与废气接触，内侧导入大气。为了防止废气对铂膜的冲刷和腐蚀，在铂膜上又覆盖了一层多孔性陶瓷层，并加装了防护外罩。

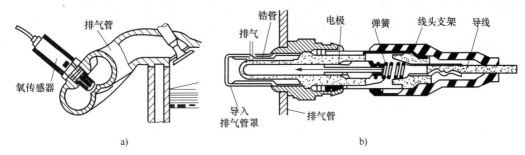

图 2-50　二氧化锆型氧传感器

a）安装位置　b）结构

二氧化锆为一种固体电解质，在高温下，氧化锆的氧电离成氧离子，它的性能与电解液相似，具有氧离子传导性。当氧化锆管的内外侧表面分别接触到不同密度的氧时（即存在氧浓度差），电解质内的氧离子便从内向外扩散，离子运动产生电动势，使氧化锆管成为微电池，管内外的铂电极产生电压。也就是说，排气氧浓度与大气氧浓度的差值产生电动势，把该电动势在输入回路的比较器中与基准电压比对，以 0.45V 以上为 1（表示为浓信号），以 0.45V 以下为 0（表示为稀信号）输入 ECU，ECU 根据此电压信号修正喷油器供油量，再通过氧传感器的反馈信号进行监测。氧传感器的工作原理如图 2-51 所示。

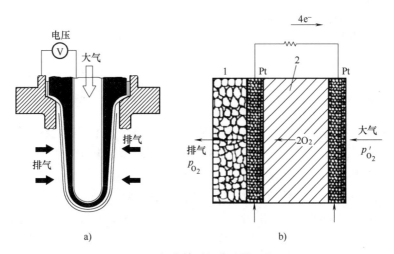

图 2-51　二氧化锆型氧传感器工作原理

a）结构　b）工作原理

二氧化锆传感器的最佳工作温度为 300~400℃，因而在传感器内设有电加热丝，用于暖机或轻负荷下的内部加热，使氧传感器能迅速达到正常工作温度，电加热丝的加热由 ECU 进行控制。

② 排烟传感器。重油和柴油等重碳氢化合物的不完全燃烧会形成大量炭烟，由于柴油机作为汽车动力的车辆日益增加，虽然其本身的一氧化碳和碳氢化合物的排放均很低，但排出的黑烟会导致大气的污染。所以，在柴油机的电子控制系统中必须安装能够监测炭烟排放量的传感器。

连续测量柴油机排烟的传感器感应头是由绝缘材料和两个金属电极所组成，暴露在烟气中的电极周围涂有强催化剂材料，使得沉积在电极上的炭能迅速氧化掉，保持电极始终干净，满足连续测量的要求。图 2-52 是该传感器的结构图，传感器的整体类似于汽油机的火花塞，感应头装在金属体中，通过中间体同接线盒相连，金属体的下端有螺纹可以方便地安装在排气管上。传感器感应头的本体一般采用三氧化二铝做成陶瓷体，暴露在烟气中的电极由贵重金属铂或铂合金等材料制成。

图 2-53 为排烟传感器的工作原理图，传感器的感应头由绝缘体、电极和催化剂所组成。绝缘体中埋有两个电极，电极下端伸出绝缘体，两电极之间保持很小的缝隙，并涂有基本上是绝缘的强催化剂，电极上端接入直流电源 B 中，一般可采用 12V 或 24V 直流电源，A 为电流表（表盘上标有对应的烟度值），在电子控制系统中，A_1、A_2 与 ECU 相连。

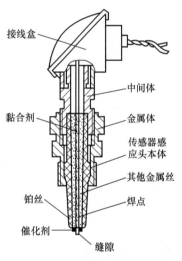

图 2-52　排烟传感器结构

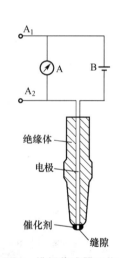

图 2-53　排烟传感器工作原理

当感应接头接入电路中时，由于电极之间的电阻很大，电流表 A 无电流指示或只指示极微小的电流，当感应头插入烟气中时，缝隙中充满了炭烟，形成炭桥，电极之间的电阻就发生变化，炭烟少电阻大，炭烟多电阻小，电流表 A 的读数就随着炭烟的多少相应变化。同理，在电子控制系统中，供给 ECU 的信号也随炭烟的多少做相应的变化。

由于感应头的电极端涂有强催化剂，加上烟气中有充足的氧气存在，沉积在电极上的炭烟能迅速氧化，不会因电极上的炭烟堆积而使测量失效，尤其是在烟气温度较高的情况下，连续测量结果完全反映了烟气中的炭烟量变化情况。

随柴油机负荷变化，柴油机排气温度、烟度和传感器的电流值对照见表 2-4。随着柴油

机负荷的增加，排气温度、烟度和传感器电流都相应增加，烟度和对应的传感器电流之间，满足下列关系式，即

$$R = KI$$

式中 R——博世烟度；

$\quad\ I$——传感器电流值；

$\quad\ K$——比例常数。

表 2-4 柴油机排气温度、烟度和传感器电流值随负荷变化关系

功率/kW	排气温度/℃	烟度 BSU	传感器电流/μA	功率/kW	排气温度/℃	烟度 BSU	传感器电流/μA
0	0	0	1.0	9.71	325	1.8	15
5.00	190	0.3	2.5	10.29	350	2.0	19
5.74	200	0.5	3	11.47	390	2.7	33
7.79	240	0.8	5.5	11.84	405	3.0	42
8.75	260	1.1	7	12.13	420	3.4	50
9.04	290	1.3	10	12.35	430	4.3	65
9.41	300	1.5	12	12.57	440	5.0	80

③ 氮氧（NO_x）传感器。NO_x 传感器总成包括传感器和控制器两部分，其组成如图 2-54 所示。

a. NO_x 传感器工作条件主要有以下几点：

第一：当接通点火开关时，NO_x 传感器将表皮加热到 100℃。之后等待 ECU 发出一个"露点"温度信号。

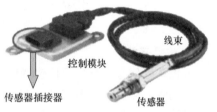

图 2-54 氮氧（NO_x）传感器

"露点"温度是指：在这个温度后排气系统内将不会有能损坏 NO_x 传感器的湿气存在。目前露点温度被设定为 140℃，温度值是参考 DCU 的出口温度传感器测出的数值。

第二：传感器当接收到 ECU 发来的露点温度信号后，传感器将自行加热到一定温度，最大可为 800℃。

第三：加热到工作温度后，传感器开始正常的测量工作。

第四：传感器将 NO_x 值发送到 DCU 总线上，发动机后处理单元通过这些信息对 NO_x 的排放进行监测。

b. NO_x 传感器的基本测量原理如图 2-55 所示。

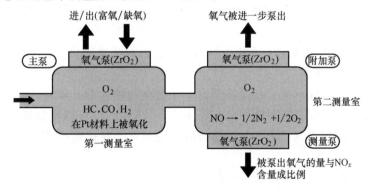

图 2-55 氮氧（NO_x）传感器测量原理

在第一测量室内尾气中的氧气被泵出，同时在铂金材料上HC、CO、H_2被氧化。第二测量室中，NO_x在催化材料上被还原，同时释放出O_2。第二测量室产生的O_2的量就代表了NO_x的含量。

NO_x传感器是一个智能传感器，通过CAN总线与发动机ECU通信，NO_x传感器可以进行内部故障自诊断，通过CAN总线将故障报告给ECU；对传感器的检测可通过诊断仪的故障码或数据流进行分析判断；NO_x传感器体与NO_x控制模块连在一起，是一个完整的部件，一旦确认故障应该更换总成，不可部分更换。

图2-56所示为常见NO_x传感器电路。

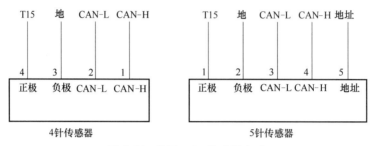

图2-56 常见NO_x传感器电路

2. 信号开关

电控系统信号采集除了传感器以外，还有很大一部分是通过开关来实现的，因为开关能直接产生数字信号，是电控单元最理想的信号源。所以，除了反映模拟量必须采用传感器外，仅反映通、断，有、无等两种状态的参数，就可以采用信号开关。常见的信号开关有以下几种。

（1）开关的分类

1）按工作性质分类。电控系统中用于信号采集的开关有机械式和电磁式两大类。

① 机械式开关指开关触点的动作是通过操作人员的手、脚或其他外力来实现的。

② 电磁式开关的触点动作是通过电磁线圈产生的磁力来实现的。

2）按功能和用途分类。根据用途不同开关可分为电源总开关、点火开关、起动开关、空档开关、离合器开关等。

3）按结构分类。按结构不同，可分为推杆式、顶杆式、旋转式、板柄式、翘板式、按钮式和组合式等多种形式。

4）按操纵方式分类。按操纵方式的不同，可分为手动开关、压力开关、温控开关、液位开关、机械开关等。

5）按状态分类。按开关的工作状态不同，可分为常开型开关、常闭型开关、混合型开关、档位开关和选择开关等。

① 常开型开关一般仅有两个接线端子。一端为电源输入端，可以是蓄电池或点火开关提供的正极，也可能是ECU提供的蓄电池电压或5V电压，也可以是直接连接蓄电池负极，也可能是由ECU内部提供的负极；另一端为信号输出端，连接电控单元。常开型开关即操作开关时闭合。

② 常闭型开关即操作开关时断开，其他与常开型开关相同。

③ 混合型开关即内置有常闭型开关和常开型开关，操作开关时触点动作相反。

④ 选择开关即可以选择两个状态，用于发动机电控系统的选择开关，主要有巡航开关。

⑤ 档位开关即通过一个操纵手柄选择不同的档位，比如有级调速鼓风机的调速开关，用于发动机电控系统中的主要是指省油开关。

（2）开关的作用

1）空档开关。空档开关设置的目的同离合器开关一样，都是防止发动机起动时带档起动。它一般采用常闭型开关，可以串接在起动机控制电路当中，也可以作为发动机电控单元的一个信号，只有在空档时才能保证起动机电路正常工作。

2）离合器开关。离合器开关一般用于起动系统，它的主要作用是防止起动时有挂档现象，导致起动时车辆移动，造成不安全因素。所以，在起动控制电路中串联离合器开关（常开型或常闭型），起动时迫使驾驶人踩下离合器踏板，使离合器开关接通或断开，方能接通起动机控制电路；除此之外，它还将离合器开关的信号送给发动机电控单元。目前常见的是常闭型离合器开关，发动机起动时，必须将离合器踩下，方可起动，同样达到了安全起动的目的。

3）制动器开关。制动器开关除了踩下制动踏板时点亮制动灯外；对于发动机电控系统则是作为一种信号，当电控单元得到制动信号时，会对喷油量进行控制，以利于达到车辆制动的目的；具有自动巡航功能的车辆采用四端子制动器开关，其常闭触点在踏下制动踏板时断开巡航系统部分电源，用于解除巡航功能。

4）排气制动开关。具有排气制动功能的车辆装有排气制动开关，当使用排气制动功能时，驾驶人需将排气制动开关接通（一般为常开型开关），把排气制动的请求信号送给发动机电控单元，由发动机电控单元对排气制动继电器或电磁阀进行控制，才能实现排气制动的功能。

5）多态开关（省油开关）。多态开关也称多功率省油开关，能根据整车的使用工况，通过限制发动机的转矩和转速，从而使发动机运行在指定的转矩、转速区域中，即发动机输出的功率限定在指定的功率范围内，可降低整车燃油消耗。

在整车装载不同时，可以使用多态开关达到节油1%~2%的目的，同时还可以提高发动机的使用寿命。

6）空调开关。空调系统在车辆电气设备中功率是比较大的，大多数空调压缩机都是由车辆发动机传动带驱动的（除了独立式空调系统），对发动机的负荷影响很大；所以在空调系统工作的同时必须将空调请求信号传给发动机电控单元，以提高发动机的转速，保证发动机能够稳定工作。有的车辆将空调压缩机的工作直接交给发动机电控单元控制，以更有利于发动机电控系统的综合控制。

7）巡航开关。在装备有自动巡航功能的车辆上会有巡航开关，一般有巡航主开关、巡航设置、巡航复位、巡航解除开关或按钮。它对于发动机电控系统都是作为请求信号，发动机电控单元根据不同的输入信号，控制发动机输出不同的功率，以达到驾驶人设定的恒定车速。

8）诊断开关。诊断开关主要是用于发动机电控系统的自诊断系统，当发动机电控系统出现故障，位于仪表板上的故障指示灯点亮时，可以通过诊断开关进行简单的故障查寻，按照正确的操作方法接通诊断开关，观察故障指示灯的闪烁情况，判断故障的大致部位，故障指示灯闪烁的故障码不同于诊断仪的故障码，需要查寻各生产厂家维修手册中的故障码含义，诊断开关一般位于仪表台下或电气检查盒内。

（3）电路结构与工作原理　开关在电路图中的表示常见有常开型开关、常闭型开关、混合型开关、档位开关和选择开关等。其中，常开型开关即静止状态时触点为断开状态，开关动作时即为闭合状态；常闭型开关与之相反；混合型开关即开关内置有常开触点和常闭触点，且同轴动作，操作开关时常开触点闭合、常闭触点断开；档位开关可以通过一个操作手柄改变若干档位。

不同的车辆作为信号的开关还有很多，比如车下起动开关、车下熄火开关、远程 PTO 开关、驻车制动开关、发动机保护停机超越开关、DPF 再生禁止开关、空调压力开关、发动机制动开关等等，信号开关数量的多少没有标准因车而异。

图 2-57 所示为常见开关电路。图 2-57 中采用电源正极（5/09 号端子输出正极 24V）的开关有制动器开关（混合型）、排气制动开关（常开型）、离合器开关（常闭型）、巡航开关（选择型）；采用电源负极（2/10 号端子输出负极）的开关有空档开关、诊断开关、驻车制动开关，这三个开关均为常开型开关，多态开关（挡位开关）采用电子控制器 3/32 号端子输出的负极电源。

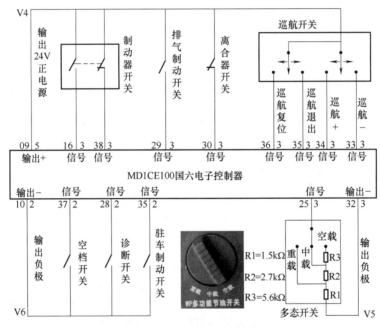

图 2-57　常见开关电路结构

二、电子控制器

1. 电子控制器的组成

电子控制器常用 ECU（Electronic Control Unit）表示，也有公司用 ECM、EEC 等表示，有些则用 PCM 表示（发动机和变速器共用）。**ECU 的作用是接收来自各种传感器、开关的信息，经过快速地处理、运算、分析和判断后，适时地输出控制指令，控制执行器动作，借以控制发动机。** ECU 的核心部件是微型计算机，即微机（电脑），所以有时简单地将 ECU 称为微机或电脑。

发动机电子控制器（ECU）的基本组成如图 2-58 所示，主要由输入回路、A/D 转换器、微型计算机和输出回路组成。

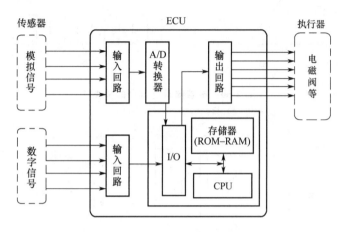

图 2-58 电子控制器的基本组成

1）输入回路。由于微机的中央处理器 CPU 只能对一些规定的信号进行处理，所以从传感器传递的输入信号一般都要经过输入回路滤波、整形、放大等处理后，才能被处理器接收并进行运算控制，输入回路的作用如图 2-59 所示。

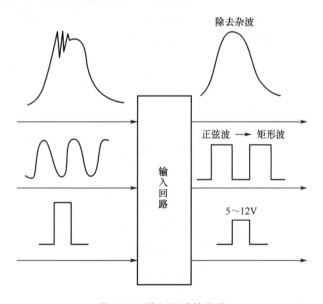

图 2-59 输入回路的作用

2）A/D 转换器。从传感器输出的信号有两种：一种是模拟信号，如进气压力传感器、热模式空气流量传感器输出的信号；另一种是数字信号，如霍尔式传感器输出的信号，如图 2-60 所示。这些信号首先通过输入回路，其中数字信号直接进入计算机，模拟信号则由 A/D 转换器转换成数字信号之后再输入计算机。因为计算机只能处理数字信号，所以对模拟信号必须进行转换，将输入的模拟信号转换成数字信号后，再输入到计算机中。

例如，空气流量传感器输入的为 0~5V 的模拟电压信号，当输入电平与 A/D 转换器设定量程相同时，则模拟信号经 A/D 转换器转换成数字量后，才能输入微机，如图 2-61 所示。

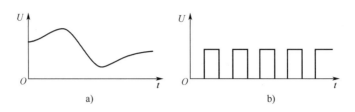

图 2-60 传感器输出信号的种类

a）模拟信号 b）数字信号

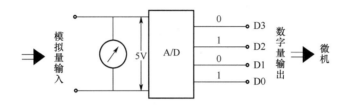

图 2-61 A/D 转换器工作过程示意图

3）微型计算机。微机的功能是根据发动机工作的需要，把各种传感器送来的信号用内存的程序（微机处理的程序）和数据进行运算处理，并把处理结果如点火控制信号、燃油喷射控制信号等送往输出回路。微型计算机主要由中央处理器（CPU）、存储器、输入/输出（I/O）接口电路四部分组成，如图 2-62 所示。

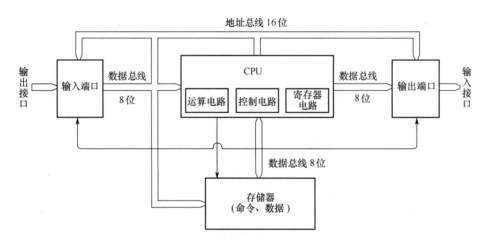

图 2-62 微型计算机的基本组成

① 中央处理器（CPU）是计算机的核心，具有数据处理的能力，用来执行预先写入在存储器里的程序。即按照程序的顺序，从存储器中读取执行命令并译码，并从输入通道或存储通道读取运算对象。CPU 能进行数据运算和逻辑运算，再将其运算结果储存到存储器，或通过输出通道，从而驱动转换执行装置。

② 存储器是用来储存程序指令和数据的部件。它由随机存储器（RAM）和只读存储器（ROM）两部分组成。

随机存储器（RAM）中的信息既可随时写入或读出，也可随时改写，改写时不必擦除原有内容，在计算机中只具有暂时存储信息的作用，当切断电源后，数据全部消失。因此为了能较长期的保存一些存入 RAM 中的数据，如故障码、空燃比学习值等，一般这些 RAM 都用专用的后备电路与蓄电池直接连接，使它不受点火开关控制，但当电源后备专用电路断开时或蓄电池的电源线拔掉时，存入 RAM 中的数据也会消失。

只读存储器（ROM）中的数据一旦写入就不可更改，只能读出。实质上，ROM 是一次性写入、可随时读出的存储器。写入 ROM 中的信息是在脱机状态下进行的，所记录的信息不会由于断电而被破坏，也不会由于断电而消失。只读存储器用来存储制造厂家编制的控制程序、运行程序和原始实验数据（如最佳点火提前角的三维脉谱图数据，以及实现最佳混合气的喷油三维脉谱图数据等），即使点火开关断开或切断电源，ROM 中存储的这些信息也不会丢失，可以长期保存。现在随着计算机技术的飞速发展，又相继开发了 PROM、EPROM 和 EEP-ROM 等几种新型的只读存储器，这些存储器通过特定操作可以改写存储内容。

③ 输入/输出装置一般称为 I/O 接口。它的作用是根据中央处理器（CPU）的命令，在 CPU 与外部的传感器和执行器之间执行数据传送任务，是微机与外界进行信息交换的纽带。

④ 总线是一束传递信息的内部连线。在微机系统中，中央处理器、存储器以及输入/输出接口，都是通过传递信息的总线连接起来的。它们之间的信息交换均要通过总线进行。总线按传递信息的类别可分为数据总线、地址总线与控制总线三种，如图 2-63 所示。

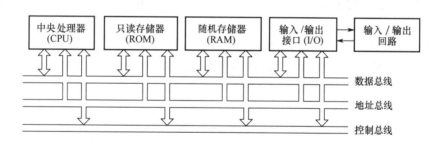

图 2-63　微机系统总线

数据总线：主要用于传递数据和指令。

地址总线：用于传递地址码。在微机总线上，各器件之间的通信，主要是靠地址码准确地进行联系。例如需要对存储器内某单元进行存储或读出数据时，必须先将该单元的地址码送到地址总线上，然后再送出写入或读出的指令，才能完成操作。

控制总线：CPU 可以通过它随时掌握各器件的状态，并根据需要随时向有关器件发出控制指令。

4）输出回路。微机输出的是数字信号，而且输出电流很小，不能驱动执行器工作，需要输出回路将其转换成可以驱动执行器工作的控制信号，如驱动喷油器、电磁阀、继电器等的信号，图 2-64 所示为喷油器驱动信号示意图。

控制输出回路中，通过功率管（实际电子电路中不只是一个晶体管）的导通和截止，为喷油器提供一定宽度的脉冲驱动信号。在顺序喷射的驱动回路中，还应有缸序判别与喷油定时两个定量功能，以达到精确地控制喷油正时和喷油量的目的；此外，它还有保护、监测等功能。

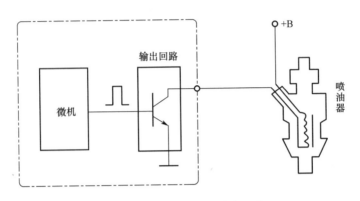

图 2-64　控制喷油器的输出回路

目前的发动机电子控制器除上述基本装置外，还把电源装置、电磁干扰保护装置、自检装置、后备系统等组装在一起，装在一个盒子里，结构十分紧凑，使控制器的工作相当可靠。随着发动机性能的不断提高，要求控制的对象不断增多，加之微机芯片的功能不断增加，发动机电子控制器的性能会更加先进，控制功能会越来越强。

2. 电子控制系统的工作过程

发动机起动时，电子控制器进入工作状态，某些程序或步骤从 ROM 中取出，进入 CPU。这些程序可以是控制点火时刻、控制燃油喷射、控制怠速等。通过 CPU 的控制，一个个指令逐个地进行循环。

执行程序过程中，所需的发动机信息，来自各个传感器，从传感器来的信号，首先进入输入回路，对其信号进行处理。如果是数字信号，根据 CPU 的安排，经 I/O 接口直接进入微机；如果是模拟信号，还要经过 A/D 转换，转换成数字信号后，才能经 I/O 接口进入微机。大多数信息，暂时存储在 RAM 内，根据指令再从 RAM 送至 CPU。下一步是将存储在 ROM（或 PROM）中的参考数据引入 CPU，使输入传感器的信息与之进行比较。对来自有关传感器的每一个信号，依次取样，并与参考数据进行比较。CPU 对这些数据比较运算后，做出决定并发出输出指令信号，经 I/O 接口，必要的信号还经 D/A 转换器转变成模拟信号，最后经输出回路去控制执行器动作。如是喷油器驱动信号，则控制喷油正时和喷油脉宽，完成控制喷油器的功能。

发动机工作时，微机的运行速度是相当快的，如点火正时，每秒钟可以修正上百次，因此其控制精度是相当高的。

简单地讲，电子控制器是按照预先设计的程序，根据安装在车辆和发动机上的各种传感器和开关传输的信息，包括模拟信号和数字信号，进行计算、比较、分析，完成各种处理，求出最佳喷油时间和最合适的喷油量，并且计算出在什么时刻、在多长的时间范围内向执行器发出动作指令，执行各种预定的控制功能，从而精确控制发动机的工作过程。

由于发动机的工作是高速变化的，而且要求计算精度高，处理速度快，因此 ECU 的性能应当随发动机技术的发展而发展，微处理器的内存越来越大，信息处理能力越来越高。

图 2-65 所示为博世 MD1CE100 电控系统电控单元，配装在各型国六电控柴油机车辆上。

根据博世公司介绍，在 ECU 方面，已使用新一代 32 位控制器，具有相当于 700 万只晶体管的功能，较之前 ECU 处理能力提高了 4 倍，记忆功能增加了 30 倍。过去匹配发动机仅

图 2-65 博世 MD1CE100 电控单元

需用到 500 多个参数，由于功能扩大，而今匹配发动机需要用到 6000 多个参数。因此，ECU 插接器针脚数量最多已经达到 336 个，例如重汽—曼柴油机高压共轨电控系统就用到了 215 个针脚。

三、执行器

发动机电子控制系统的各种控制功能的实现，都是借助于各自的执行器来完成的，因此，根据发动机电子控制系统具备的控制功能强弱不同，各种车型上控制发动机的执行器亦有多有少。**在高压共轨电控系统中，主要的执行器有电控喷油器、燃油计量阀，以及预热装置、排气制动装置、冷却风扇、起动机、压缩机和各种报警显示等。**

执行器随车型不同数量和种类也不同，按照执行器的构造和作用大体上可分为以下几种。

1. 电磁阀式

电磁阀型执行器，是通过电流流入电磁线圈产生磁力，使活塞或柱塞移动，以打开或关闭阀门，这种类型的执行器在电控系统中应用最多。根据它的功能或要求的不同又可分为两种控制方式。

1）**通断控制，即电磁阀的阀门工作在两种状态，即打开或关闭。**对于常开型电磁阀来说，电磁阀处于打开状态时，其电磁线圈是没有电流流过的，若使电磁阀处于关闭状态时，则必须给其电磁线圈通以电流；对于常闭型电磁阀来说，电磁阀处于闭合状态时，其电磁线圈没有电流流过，若使电磁阀处于打开状态时，则必须给其电磁线圈通以电流。

对于电磁阀通断控制有开关直接控制的，开关可以控制电磁阀的正极，也可以控制电磁阀的负极；也有通过电磁继电器对电磁阀进行控制的，同样继电器也可以控制电磁阀的正极，也可以控制电磁阀的负极；有些则通过开关或其他信号给电子控制器，然后由电子控制器对电磁阀进行正极或负极的控制，如图 2-66 所示。

2）**占空比控制。**在电子控制系统中，根据工作的需要，有些**通道或阀门是随时要进行任意开度的调节，以满足不同工况时的需要的，**如发动机进气系统的怠速控制电磁阀、燃油系统的电控喷油器、燃油压力控制电磁阀等都是典型的占空比控制，图 2-67 所示为进气系统怠速电磁阀控制示意图。

2. 继电器式

当控制的电器件需要较大电流时，继电器是一种理想的控制元件，因为它具有小电流控

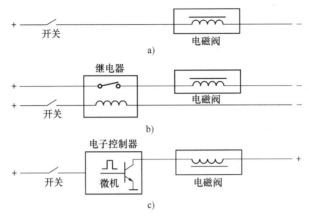

图 2-66 电磁阀的通断控制

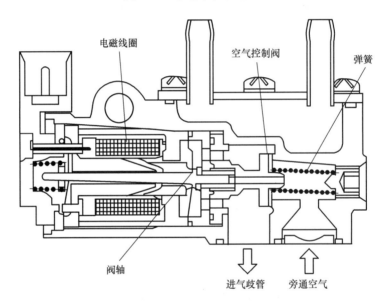

图 2-67 怠速电磁阀控制示意图

制大电流的功用，所以在电路中广泛采用，不仅对开关，特别是对电子控制器内的电子电路起到了很好的保护作用。工作时通过开关或电子控制器内部电路，对继电器电磁线圈通以电流，使电磁线圈产生磁力吸动触点，大量电流将通过继电器触点输送给用电执行器，从而控制执行器产生动作。

继电器可由开关或电子控制器来控制，可以控制电磁线圈的正极，也可以控制电磁线圈的负极，继电器控制电路如图 2-68 所示。

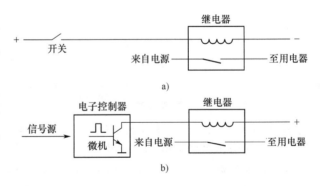

图 2-68 电磁继电器的控制电路

a）开关控制继电器 b）电子控制器控制继电器

3. 伺服电动机式

对于利用电动机作为动力来控制阀门或通道的系统来说，伺服电动机已经发挥了不可替代的作用，**工作中通过电子控制器（ECU）控制电动机的电流极性，使电动机正转或反转，以控制零件或阀门的转动或移动**。如发动机怠速电动机，也称步进电动机，ECU控制其电枢旋转时可随时停在任意位置，以精确控制怠速阀的开度，来调节发动机怠速；还有空调系统空气通道的风门转换或开闭所用的伺服电动机等，实现不同需要时的风向转换，如图2-69所示。

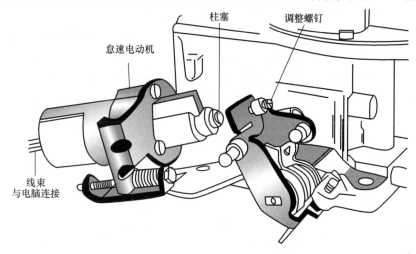

图 2-69　伺服电动机控制示意图

4. 显示器式

显示器式多指电控系统对仪表板中的显示器或灯泡进行控制，以提供驾驶所需的信息。最常见的有各种电子控制系统故障指示灯、工作指示灯，有些还有各种电子式仪表等。

显示器式执行器控制示意如图2-70所示。

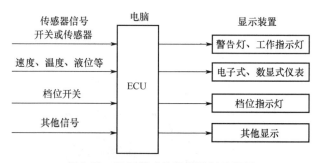

图 2-70　显示器式执行器控制示意图

第二节　博世电控高压共轨燃油系统的结构与原理

一、概述

1997年，博世公司首次推出轿车用共轨喷油系统，喷射压力达135MPa。2000年开始批量生产第二代喷油系统，最大系统压力提高到160MPa，并开始使用具有油量调节功能的高压泵、经改进的电磁阀喷油器和多次喷射。2003 年 5 月，博世公司开始批量生产第三代紧凑型压电直接控制式喷油器共轨喷油系统，该系统在 160MPa 系统压力和无排气后处理的情况下用于重型汽车时，排放值可达到欧 IV 排放标准，可降低柴油机废气排放高达 20%，此外还能提高功率 5%，或降低燃油消耗 3%，或降低噪声 3dB。第四代将增大到 200MPa 的喷油压力。现在高压共轨燃油喷射系统在各种规格的商务用柴油机、固定式柴油机、机车和轮船等上广泛应用，应用功率达到 160kW/缸的发动机。

1. 共轨式柴油喷射系统的优点

1）高压共轨系统中的喷油压力柔性可调，对不同工况可确定所需的最佳喷射压力，从而优化柴油机综合性能。

2）可独立地柔性控制喷油正时，配合高的喷射压力（120~200MPa），可同时控制 NO_x 和微粒（PM）在较小的数值内，以满足排放要求。

3）柔性控制喷油速率变化，实现理想喷油规律，容易实现预喷射和多次喷射，既可降低柴油机 NO_x，又能保证优良的动力性和经济性。

4）由电磁阀控制喷油，控制精度较高，高压油路中不会出现气泡和残压为零的现象，因此在柴油机运转范围内，循环喷油量变动小，各缸供油不均匀可得到改善，从而减轻柴油机的振动和降低排放。

2. 喷油特性

共轨式柴油喷射系统的喷射特性。

1）与传统式柴油喷系统比较，下列的要求为理想的喷射特性：

① 产生油压与柴油喷射各自独立，且可与发动机任一作用状况配合，故可提供更高的自由度，已达到理想的空燃比。

② 喷射初期喷油量可极少量喷射。

2）共轨式以其引燃喷射与主喷射的特色，可符合上述的喷射特性，如图 2-71 所示。

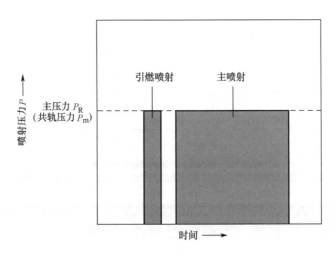

图 2-71 共轨喷射特性曲线

3）引燃喷射可以在曲轴上止点前 90°，如果喷射开始于上止点前不到 40°，则燃油会聚集在活塞表面和缸壁上，能够使机油稀释。在引燃喷射作用下，少量的柴油（1~4mm³）被喷射到气缸中，来预处理一下燃烧室，燃烧效率因此被改进，并且有以下作用：

① 压缩压力轻微增加。

② 压燃延迟时间减少。

③ 燃烧压力的上升值和燃烧压力的峰值都降低（燃烧平顺）。

这些作用降低了燃烧噪声和燃油消耗，并且废气排放情况也好了很多。图 2-72 所示是不带引燃喷射的曲线图。缸压在上止点前平稳上升，在上止点达到峰值，当达到引燃最大的压力峰值时将产生大的噪声。图 2-73 所示是带引燃喷射的曲线图。在接近 TDC 时压力达到更高的值，并且燃烧压力的增加也是迅速的，缩短点火延迟期，引燃喷射间接增加了发动机转矩。主喷射和引燃喷射之间的时间差和连续主喷射将影响燃油消耗的数量。

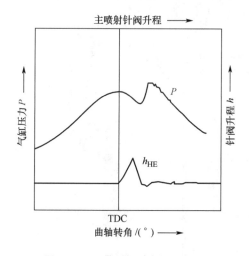

图 2-72　不带引燃喷射的曲线图

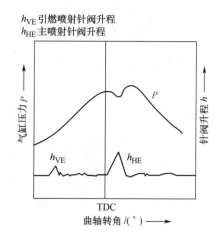

图 2-73　带引燃喷射的曲线图

4）主喷射。发动机输出功率来源于主喷射环节，这就意味着主喷射从根本上主导发动机转矩。实际上共轨燃油喷射系统的喷射压力在整个喷射过程中始终不变。

5）二次喷射。带有 NO_x 催化转化器的二次喷射能减少 NO_x 的排放。二次喷射紧接着主喷射，并且发生在膨胀阶段或排放阶段上止点后 200°。通过二次喷射把通过精确测量的燃油喷到废气中。引燃和主喷射过程中，废气中残余的热量导致未燃烧的燃油蒸发，在废气排放行程将废气混合物和燃油一起通过排气阀排入废气系统。部分燃油通过 EGR 系统进行下一循环的引燃喷射。若装个合适的 NO_x 催化转化器，将降低废气中 NO_x 的含量。

二、高压共轨燃油系统的构造与作用

电控高压共轨系统为蓄压式共轨系统，**该系统主要由燃油箱、柴油滤清器、输油泵、高压泵、高、低压燃油管、蓄压器**（油轨）、**喷油器、回油管和 ECU 等组成**，图 2-74 所示为燃油系统基本工作原理框图。

根据不同的车辆燃油系统在车辆上的布置也略有区别，主要区别在于输油泵的安装位置，一种是将输油泵安装于燃油箱里，由电子控制器对其进行控制，这种结构比较适合于轿车或部分轻型车辆，燃油泵外置的燃油系统结构如图 2-75 所示；另一种是将燃油泵与供油泵组装在一起，与供油泵同时由发动机凸轮轴驱动，这种结构大量应用于重型货车或大型客

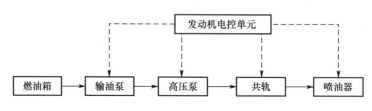

图 2-74 燃油系统基本工作原理框图

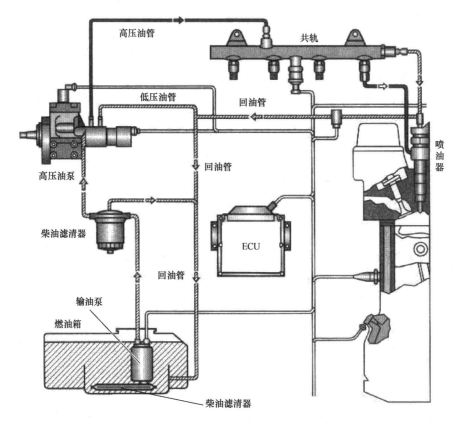

图 2-75 输油泵外置的高压共轨燃油系统结构

车等，图 2-76 所示为输油泵内置的燃油系统结构图。

　　安装在燃油箱内的输油泵采用的是电动泵，由于受电脑的控制，在发动机启动前能提前使燃油管路建立油压，确保高压泵顺利产生高压，同时具有噪声小、不宜泄漏、更换方便等优点；但也因电脑失控、线路故障、电机损坏极易导致故障。

　　与高压泵组装在一起的输油泵，多采用齿轮泵，由发动机凸轮轴驱动，输油泵高压泵同时工作，减少了输油管路的连接，输油效率大大提高且工作期间不需要保养。为了在第一次起动时或燃油箱放空排完燃油管路系统中的空气，在齿轮式燃油泵或低压管路上需设置手动泵。

（一）低压油路及零部件的结构与作用

　　低压油路部分包括燃油箱、输油泵、柴油滤清器以及低压管路等，共轨燃油系统低压油路部分如图 2-77 所示。各零部件的构造与作用如下：

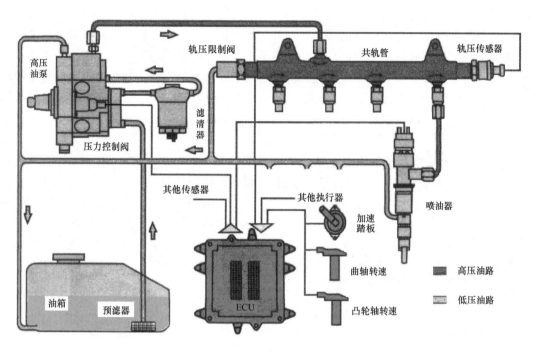

图 2-76　输油泵内置的高压共轨燃油系统结构

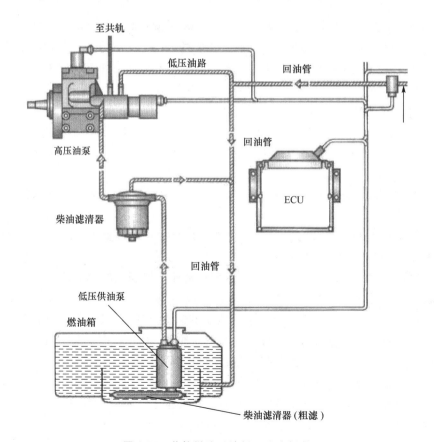

图 2-77　共轨燃油系统低压油路部分

1. 输油泵

输油泵的主要作用是供给供油泵足够的具有规定压力的燃油。**目前输油泵常见有滚柱式和齿轮式两种**。滚柱式输油泵为电动式，仅用于小客车或轻型商用车辆，可装在油箱内或油箱外低压油管上；并有类似汽油喷射发动机般的油泵控制电路，当发动机停止运转，而起动开关在 ON 位置时，电动燃油泵停止运转。齿轮式输油泵为机械式，用在小客车、越野车辆及轻、重型车辆。与高压泵组合在一起，或由发动机直接驱动。

（1）滚柱式输油泵

1）滚柱泵的结构及工作原理。滚柱式转子泵主要由转子、与转子偏心的定子（即泵体）以及在转子和定子之间起密封作用的滚柱等组成，如图 2-78 所示。

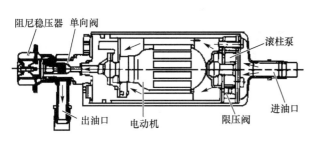

图 2-78　滚柱式输油泵

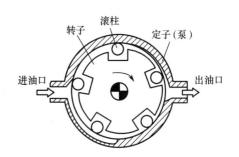

图 2-79　滚柱泵的工作原理

滚柱泵的转子由电动机驱动，当转子在电机带动下旋转时，位于转子凹槽内的滚柱在离心力的作用下，压靠在定子的内表面上，两个相邻的滚柱之间形成一个封闭的空腔。在转子旋转过程中，这些空腔的容积随转子的转动产生变化，在容积由小变大一侧燃油被吸入，在容积由大变小一侧燃油压出，其工作原理如图 2-79 所示。

2）滚柱泵工作特点。

① 滚柱泵是通过对燃油压缩来提升油压的，因此油泵出口端的油压脉动比叶片式油泵大得多。转子每转一周所发生的油压脉动次数等于滚柱数，因此必须采用阻尼稳压器，以减轻油泵后方燃油管内的压力脉动。

② 由于滚柱泵工作过程中泵油室的容积变化大，因此它的吸油高度和供油压力都比叶片式油泵大。

③ 由于滚柱泵是依靠滚柱与定子内壁的紧密贴合构成泵油室的，因此滚柱和定子易磨损，运行中噪声较大，且使用寿命也不如叶片式油泵。

3）电动输油泵的控制电路。燃油喷射系统对输油泵控制的基本要求是：只有当发动机处于运转状态时，油泵才工作；但是在每次接通点火开关后，由电子控制器对输油泵进行短暂控制（一般 3~5s），其目的是使燃油系统能够迅速建立油压，以利于发动机的顺利启动，若发动机电子控制器没有得到启动信号，则停止输油泵工作，此时即使点火开关仍然处于接通状态，油泵也不工作。输油泵控制基本电路如图 2-80 所示。

（2）齿轮式燃油泵

齿轮式输油泵用于共轨喷油系统中，向高压油泵输送燃油，其装在高压泵中与高压泵共用驱动装置，或装在发动机旁，配有单独的驱动装置。

1）齿轮泵的构造和工作原理。图 2-81 所示为齿轮式输油泵的基本构造，是由 2 个互相

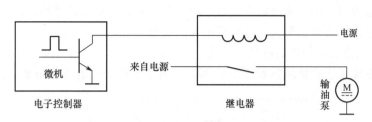

图 2-80　输油泵控制基本电路

啮合反向转动的齿轮，将齿隙中的燃油从吸油端送往压油端，齿轮的接触面将吸油端和压油端互相密封以防止燃油倒流，其输出量与发动机转速成正比，因此，输油量的调节借助于吸油端的节流调节阀或压油端的溢流阀进行。

2）齿轮式燃油泵的工作特点。齿轮式输油泵输出的油量比较均匀，油压的波动也比滚柱式输油泵小，且在工作期间不需要保养。为了在第一次起动时或燃油箱放空排完燃油管路系统中的空气，在齿轮式燃油泵或低压管路上需设置手动泵。

输油泵损坏将导致低压油路中不供油、供油不足、供油不稳及漏气等常见故障；造成供油量不足、功率下降、加不上油，严重时还会有缺缸、高速蓝白黑烟等现象；当发动机无法启动时，且无故障码，用故障诊断仪测得油轨压力 20~30bar（油轨有燃油进入但压力不足）。

2. 柴油滤清器

柴油中的杂质，可能导致泵零件、出油阀及喷油嘴等的磨损；另外柴油中含水，可能变成乳状物或因温度变化而凝结，若水进入喷射系统，则可能导致零件锈蚀。与其他喷射系统相同，共轨式喷射系统也需要附有水分储存室的柴油滤清器，如图 2-82 所示，必须定期拧开放水螺塞放水。

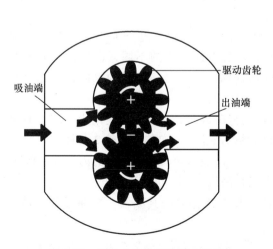

图 2-81　齿轮式输油泵的基本构造

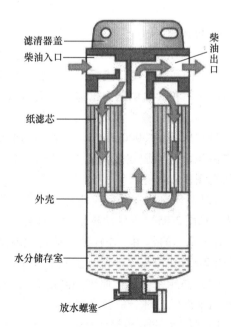

图 2-82　柴油滤清器构造

现在越来越多的车用柴油发动机设有自动警告装置，当积水达到预设体积时，传感器会将积水过多信号传输给电控单元，由电控单元点亮警告灯。

（二）高压油路及零部件的结构与作用

共轨燃油系统高压油路部分如图2-83所示，各零部件的构造与作用如下：

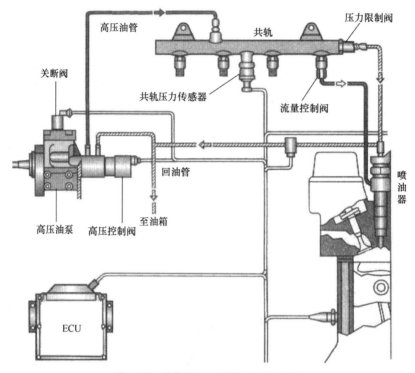

图 2-83　共轨燃油系统高压油路部分

1. 高压泵

（1）高压泵的结构　高压泵位于低压部分和高压部分之间，**它的主要任务是在车辆所有工作范围和整个使用寿命期间，在共轨中持续产生符合系统压力要求的高压燃油，以及快速启动过程和共轨中压力迅速提高时所需的燃油储备。**

高压泵通常像普通分配泵那样装在柴油发动机上，以齿轮、链条或齿形皮带传递动力，最高转速为3000r/min，依靠燃油润滑。因为安装空间大小的不同，调压阀通常直接装在高压泵旁或固定在共轨上。图2-84和图2-85分别是CPI型高压泵的纵向剖视图和横向剖视图。

CPI高压泵为三缸径向柱塞泵，三对柱塞沿圆周等距分布，各缸间夹角均为120°，传动轴1（见图2-85）由发动机驱动，柱塞3位于传动轴的凸轮上，在偏心凸轮2及柱塞弹簧13（见图2-84）的作用下作往复运动，并因此产生吸油、泵油功能。控制压力的内压控制阀10（见图2-84），根据高压泵内空间的大小，可以安装在高压泵内、也可以分开安装。

（2）高压泵的工作原理　高压共轨系统中的高压泵工作时，其吸油、泵油过程与传统的直列泵近似，现分别叙述如下。

1）吸油行程：由输油泵泵出的低压燃油，经精滤器滤去杂质，除尽水分后，由进油口14（见图2-84）进入高压腔，当输入高压泵的燃油压力达到了进油压力控制阀15的开启压力

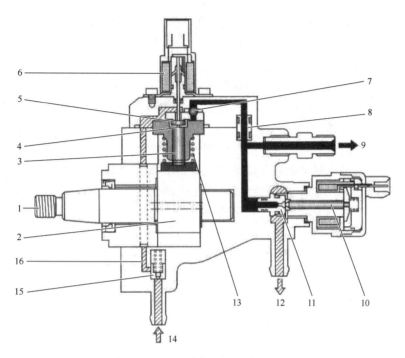

图 2-84 CPI 型高压泵纵向剖视图

1—传动轴 2—偏心凸轮 3—柱塞 4—高压腔 5—进油阀 6—停油电磁阀 7—出油阀 8—密封件
9—通向轨道的管接头 10—内压控制阀 11—球阀 12—回油口 13—柱塞弹簧 14—进油口
15—带节流孔的进油压力控制阀 16—通向高压腔的低压油路

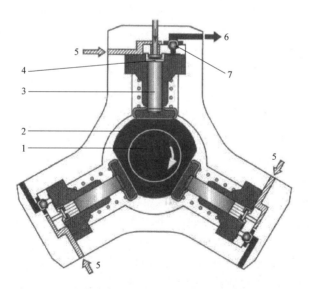

图 2-85 CPI 型高压泵横向剖视图

1—传动轴 2—偏心凸轮 3—柱塞 4—进油阀 5—进油口 6—出油口 7—出油阀

（0.05~0.15MPa）时，燃油会从其节流孔流入低压油路，并从各缸进油阀 5 进入各缸柱塞顶上的高压腔 4 内。柱塞 3 在柱塞弹簧 13 的作用下，始终紧贴在偏心凸轮 2 的工作面上，随着凸轮的旋转，柱塞在偏心凸轮上作往复运动。当柱塞随凸轮的旋转，由上止点向下止点移动时，高压腔 4 内的容积不断加大，压力不断降低，燃油会不断被吸入。当柱塞到达下止点后，吸油行程才结束。

2）供油行程：油泵继续旋转，柱塞随偏心凸轮的旋转，到达下止点，吸油行程结束后，开始向上移动时，进油口 5（图 2-84）被关闭。因此，柱塞 3 切断了低压油路 16 和高压腔 4 的燃油通道，使高压腔成为一个密封空间。这时，柱塞 3 在偏心凸轮 2 的作用下，克服了弹簧 13 的预紧力，随凸轮向上移动，开始对高压腔内的燃油施压，随着偏心凸轮的旋转，柱塞继续上移，高压腔内燃油压力不断加大。

由于出油阀 7 与通向轨道的高压油路相通，出油阀背压很高，相当于轨道压力，因此，一直处于关闭状态，当柱塞上升到高压腔 4 内的燃油压力大于共轨轨道内的燃油压力后，出油阀 7 才被顶开，出油阀开启后，柱塞顶部高压腔内燃油将经高压油路，从高压管接头 9 流向高压共轨轨道，开始向轨道供油。出油阀打开后，柱塞仍在上移，供油继续进行，一直到上止点都在供油，柱塞的这段行程称为供油行程。

油泵继续旋转，柱塞随凸轮上升到上止点后，随油泵继续旋转，柱塞将在柱塞弹簧的作用下，又会开始下降，下一供油循环开始，各缸供油过程都是一样。传动轴每转 360°，三缸泵各供油一次。因此，该泵结构紧凑，流量大，且在泵油过程中只负责向共轨内提供高压油，对喷油过程并无联系。

在向共轨供油过程中，存在油量和油压的控制问题，其解决方法如下。

① 解决油量问题的方法。高压泵的柱塞直径、凸轮升程、缸数、转速是影响供油量及泵油压力的基本参数，一经选定，最大供油量就已确定。所供油量能满足大负荷时的最大油量所需，但柴油机并不是都在大负荷下工作。尤其是车用柴油机大部分工况都是在部分负荷下进行，必然会有一定量的高压燃油过剩，这些多余的燃油在高压腔内的内压控制阀控制下，由回油口流回油箱，这些过剩的燃油都是在高压腔内经过压缩、内能增加、油温上升的状态下流回到油箱的，会出现卸压放热。其结果不但使整个系统内油温升高，也把燃油在压缩过程中所做的部分功白白浪费，总效率也因此下降。

为了减少上述能量损失，防止油温过高，可采用下列措施：

a. 采用停缸办法。在部分负荷时，可采用停止一缸供油，其办法是对停油电磁阀通电，由电磁阀阀芯一直顶住吸油阀，使该缸进油阀处于常开状态。高压腔与低压油路始终相通，柱塞在供油行程中，对该缸高压腔内的燃油不起压缩作用。因此，基本上不消耗功率（或者消耗甚微）。其他缸柱塞依然正常泵油。

通过上述办法确实能节省部分能量，油温也能适当控制，但柴油机工况千变万化，上述那种有级的粗调，很难使柴油机在各种工况下，高压泵都能提供合适的、经济的供油量。为此又有其他方法。

b. 采用油量控制电磁阀。CPI 型高压泵中并无附加装置油量控制电磁阀，而在 CPI 型的改进型 CPIH 型高压泵上装有油量控制电磁阀 13（图 2-86）。

油量控制电磁阀的主要作用是：对进入高压泵内的燃油进行无级调节。图 2-87 是油量控制电磁阀的结构图，其工作原理如下。

当电磁阀在控制器 ECU 控制下通电时，线圈 5 产生电磁力，使衔铁顶杆 4 推动控制活塞 10，克服了弹簧 11 的预紧力，沿轴向下移，改变通油孔 13 的流通截面，从而改变了燃油流量。上述变化可按轨道流量需要，进行无级控制。通过控制活塞 10 的移动，首先是控

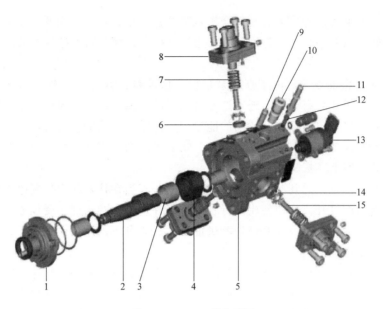

图 2-86 CPIH 型高压泵

1—法兰 2—偏心凸轮 3—轴套 4—滚轮 5—泵体 6—垫片 7—柱塞弹簧 8—泵盖 9—回油管道
10—溢流阀 11—进油管道 12—过滤器 13—油量控制电磁阀 14—保持架 15—柱塞

制进入高压腔内的燃油量，因此，可以有效地调节进入轨道的流量，在大负荷或部分负荷时都能按需供油，这样就可以避免部分负荷时的能量损失，也使在不同工况运行时，燃油都不易过热。

上述电控过程是由控制器利用脉宽调制 PWM 信号进行控制的，在不同的占空比下，使控制活塞在不同的位置，对通油孔 13 产生不同的开度，按需控制流量，这个过程通过电子控制，可以精确地进行无级调整。

CPIH 改进型高压泵不但具有油量无级调节功能，同时把最高供油压力也从 CPI 型高压泵的 135MPa 提高到 160MPa。

② 解决油压问题的方法。在高压共轨喷油系统中，共轨轨道压力有两个变化：

a. 轨道内燃油平均压力的高低变化，是属于宏观的压力波动。

b. 喷油器喷油时的开启和关闭会引起轨道压力的瞬时高频振荡，属于微观的波动。

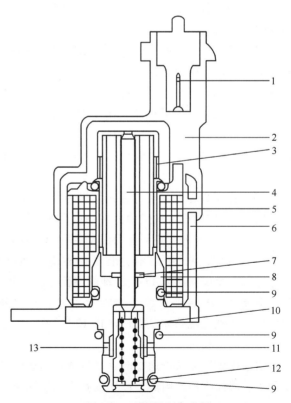

图 2-87 油量控制电磁阀

1—电线接口 2—电磁阀体 3—轴承 4—衔铁顶杆
5—线圈 6—电磁阀 7—气隙 8—铁心 9—O 形圈
10—控制活塞 11—弹簧 12—弹簧座 13—通油孔

共轨内产生的上述两种压力波动都会影响喷油器的正常喷射,为此,在高压泵内通向轨道的高压油路处,装上一个内压控制阀10(图2-84),以便及时调整压向轨道内供油的燃油压力。

(3)高压泵的供油效率 由于高压泵是按高供油量设计的,在怠速和部分低负荷工作状态下,被压缩的燃油会有冗余。通常这部分冗余的燃油经调压阀流回油箱,但由于被压缩的燃油在调压阀出口处压力降低,压缩的能量损失而转变成热能,使燃油温度升高,从而降低了总效率。若泵油量过多,使柱塞泵空转,切断供应高压燃油,可使供油效率适应燃油的需要量,可部分补偿上述损失。

柱塞被切断供油时,送到共轨中的燃油量减少。因为在柱塞偶件切断电磁阀时,装在其中的衔铁销将吸油阀打开,从而使供油行程中吸入柱塞腔中的燃油不受压缩,又流回到低压油路,柱塞腔内不增加压力。柱塞被切断供油后,高压泵不再连续供油,而是处于供油间歇阶段,因此减少了功率消耗。

高压泵的供油量与其转速成正比,而高压泵的转速取决于发动机转速。喷油系统装配在发动机上时,其传动比的设计一方面要减少多余的供油量,另一方面又要满足发动机全负荷时对燃油的需要。可选取的传动比通常为1:2和2:3,具体视曲轴而定。

2. 内压控制阀

内压控制阀10安装在高压泵内部(图2-84),其工作原理如下。

(1)内压控制阀的作用 内压控制阀根据发动机工况的变化,确定轨道中的压力,并将其保持在该水平上。

当轨道压力超过规定值时,内压控制阀打开,部分轨道内的高压燃油会通过集油管返回到油箱,使轨道压力降到正常值。若轨道压力太低,压力控制阀会关闭,将高压油路和低压油路隔开并密封,在高压泵的作用下轨道压力又会回升到期望值。

(2)内压控制阀的结构 图2-84中的内压控制阀10是安装在高压泵内部的一种形式。为控制轨道燃油压力,内压控制阀的高压进油孔10(图2-88)直接与轨道油路相通。球阀6是内压控制阀内的重要零件,球阀落座关闭时,会切断高、低压油路;打开时,高、低压油路畅通。

(3)内压控制阀的工作原理 压力控制阀中有两条控制回路:

1)用于控制设定轨道中的平均压力波动,属于慢响应电子控制回路。

2)用于快速补偿高频压力波动的快速响应机械控制回路。

(4)内压控制阀的工作过程 电磁阀不通电时,由电磁阀弹簧2(见图2-88)的预紧力把球阀6紧压在阀体11上的球阀座面上,当进入高压进油孔10内的燃油压力超过10MPa时,就能克服电磁阀弹簧2的预紧力把球阀顶开,也就是说高压油路燃油压力必须超过10MPa后,高压油路才从低压出口12回油降压。按照供油量的多少,确定球阀开度的大小和开启时间的长短。

由于内压控制阀不通电时,高压油路内燃油压力超过10MPa,就会克服电磁阀弹簧2的预紧力,回油降压。因此,高压油路内的燃油压力难以提高。为要提高高压油路油压,必须加大作用在球阀6上的压力,使球阀在更高的燃油压力作用下才能打开卸压。因此,除作用在球阀上的弹簧力外,还需增加电磁力。其措施是:

由控制器ECU根据需要发出指令,使电磁阀通电,电磁铁对衔铁3产生电磁吸力,并

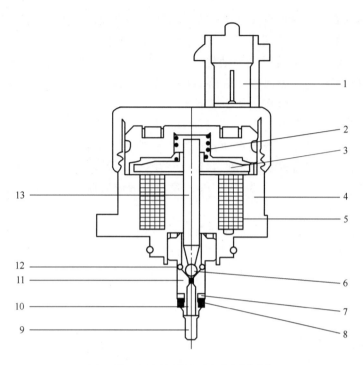

图 2-88 内压控制阀（在高压泵内）

1—电子接头 2—电磁阀弹簧 3—衔铁 4—控制阀外壳 5—线圈 6—球阀 7—垫片 8—O形圈
9—过滤网 10—高压进油孔 11—阀体 12—低压出口 13—阀芯

通过阀芯 13 作用在球阀上，球阀因此承受着弹簧力和电磁力的双重压力，高压进油孔 10 内的燃油压力必须大于上述两种力的合力后，才能顶开球阀，使高压燃油从低压出口 12 处回油卸压。由于高压进油孔 10 与轨道内的燃油相通，因此，球阀开启压力的大小直接影响轨道燃油压力的高低。

球阀开启后，如弹簧力和电磁力保持不变，球阀会维持在一定位置，使高压油路通向轨道的燃油压力可保持恒定。即使高压泵供油量发生变化或因喷油器喷出一定燃油，而引起轨道压力波动时，都会由内压控制阀使球阀采用不同的开启位置来平衡。

通常电磁阀弹簧 2 只要选定，则作用在球阀上的压力曲线不会改变，而作用在球阀上的电磁力则和电流成正比，是可变的。因此，要改变作用在球阀上的电磁力，只有通过改变电流强度实现。一般采用脉宽调制

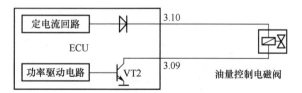

图 2-89 油量控制电磁阀控制电路

PWM 信号来控制电流的变化，控制电路如图 2-89 所示。

以上分析表明：**通向轨道的高压燃油，其压力的高低是由控制器对电流进行调节来实现，电流的变化即轨道压力的变化。燃油压力的可控，加上喷油和泵油功能的分开，成为共轨系统的突出优点之一，这是其他电控系统无法比拟的。**

3. 电控喷油器

（1）喷油器的作用 电控喷油器是柴油电控系统最重要的执行器，它替代了普通喷油

系统中的喷油器总成。它与直喷式柴油机中的喷油器总成大体相似，喷油器用卡夹装在气缸盖中。发动机电控单元 ECU 根据发动机转速和油门开度信号以及温度、压力等相关信号，计算发动机实际运转工况下的最佳喷油量，并与存储在 ECU 中的目标值或 MAP 图相互比较，最后确定实际喷油量，发出驱动信号，通过对喷油器的通、断电时刻及通、断电持续时间直接控制喷油量，使发动机在最佳状态下运转。

（2）结构与原理　德国博世公司到目前为止共设计了 4 代高压共轨系统。2005 年之前的三代共轨系统采用的都是电磁阀喷油器，2005 年末推出的第三代共轨系统的改进型采用了压电式喷油器，其运动部件由原来的 4 个减少为 1 个，运动质量减少 75%，开关时间比电磁阀少 50%。该系统的喷射压力为 160MPa，喷油器响应时间为 0.1ms，每次循环可实现 5 次喷射。

目前电磁阀控制喷油器和压电式控制喷油器在不同的车辆均有采用，下边分别介绍。

1）电磁阀控制喷油器。各种电磁阀控制喷油器的基本原理相同，结构相似，但外形相差较大，图 2-90 所示为博世公司电磁阀控制喷油器的结构。

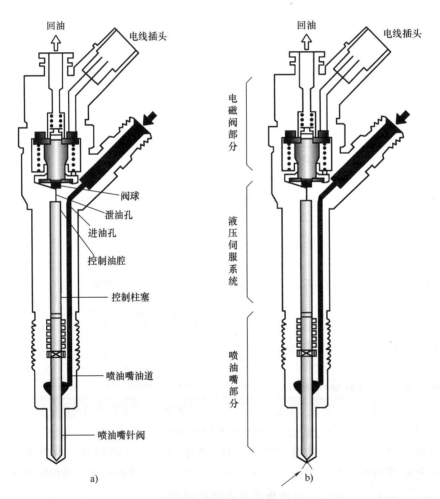

图 2-90　电控喷油器结构

a）不喷油时　b）喷油时

　　根据功能的不同可分为孔式喷油嘴、液压伺服系统与电磁阀三部分。燃油从高压接头经进油通道送往喷油嘴，经进油节流孔送入控制室，控制室通过由电磁阀打开的回油节流孔与回油孔连接。

　　回油节流孔在关闭状态时，作用在控制活塞上的液压力大于作用在喷油嘴针阀承压面上的力，因此喷油嘴针阀被压在座面上，从而没有燃油进入燃烧室。

　　电磁阀动作时，打开回油节流孔，控制室内的压力下降，当作用在控制活塞上的液压力低于作用在喷油嘴针阀承压面上的作用力时，喷油嘴针阀立即开启，燃油通过喷油孔喷入燃烧室。由于电磁阀不能直接产生迅速关闭针阀所需的力，因此，经过一个液力放大系统实现针阀的这种间接控制。在这个过程中，除喷入燃烧室的燃油量之外，还有附加的所谓控制油量经控制室的节流孔进入回油通道。

　　除喷油量和控制油量外，还有针阀导向部分和活塞导向部分的泄漏油量。这种控制油量和泄漏油量经带有集油管（溢流阀、供油泵和调压阀也与集油管接通）的回油通道回流到油箱。

　　在发动机和供油泵工作时，喷油器的工作状态：

　　① 喷油器关闭（静止状态）。电磁阀在静止状态不受控制，因此是关闭的。回油节流孔关闭时，电枢的钢球通过阀弹簧压在回油节流孔的座面上。控制室内建立共轨的高压，同样的压力也存在于喷油嘴的内腔容积中，共轨压力在控制柱塞端面上施加的力及喷油器调压弹簧的力大于作用在针阀承压面上的液压力，针阀处于关闭状态。

　　② 喷油器开启（喷油开始）。喷油器一般处于关闭状态。当电磁阀通电后，在吸动电流的作用下迅速开启，当电磁铁的作用力大于弹簧的作用力时，回油节流孔开启，在极短时间内，升高的吸动电流成为较小的电磁阀保持电流，随着回油节流孔的打开，燃油从控制室流入上面的空腔，并经回油通道回流到油箱，控制室内的压力下降，于是控制室内的压力小于喷油器内腔容积中的压力，控制室中减小了的作用力引起作用在控制柱塞上的作用力减小，从而针阀开启，开始喷油。

　　针阀开启速度决定于进、回油节流孔之间的流量差。控制柱塞达到上限位置，并定位在进、回油节流孔之间，此时，喷油嘴完全打开，燃油以近于共轨压力喷入燃烧室。

　　③ 喷油器关闭（喷油结束）。如果不控制电磁阀，则电枢在弹簧力的作用下向下压，钢球关闭回油节流孔。

　　电枢设计成两部分组合式，电枢板经一拨杆向下引动，但它可用复位弹簧向下回弹，从而没有向下的力作用在电枢和钢球上。

　　回油节流孔关闭，进油节流孔的进油使控制室中建立起与共轨中相同的压力，这种升高了的压力使作用在控制柱塞上端的压力增加，这个来自控制室的作用力和弹簧力超过了针阀下方的液压力，于是针阀关闭，针阀关闭速度决定于进油节流孔的流量。

　　2）压电式喷油器。它是利用逆压电效应（在一个合适的晶体上施加一个电压，这样就会引起晶体晶格的变形，从而产生一种线性位移）工作的，通电时压电晶体的伸长作为执行器驱动力，打开伺服阀，导致喷油嘴针阀抬起，喷油器开始喷油。当压电执行器驱动结束，加载在压电执行器上的电压消失，压电执行器恢复到初始关闭位置。

　　① 压电发生器。压电陶瓷（如石英、锆钛酸钡）在通电的情况下，其晶粒会产生极性

重组，这使得晶体的长度会产生变换，其极化过程如图 2-91 所示。

为使得压电晶体的变形更有规律更稳定，喷油器的压电发生器采用了多层设计，喷油器压电发生器的多层设计如图 2-92 所示。

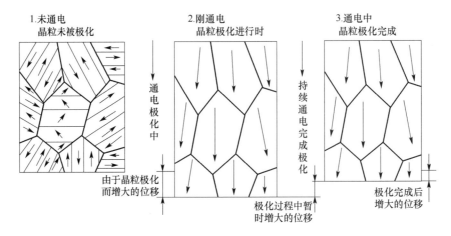

图 2-91 压电陶瓷极化过程示意图

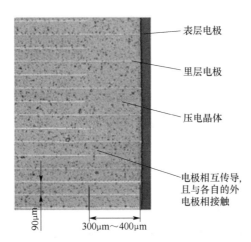

图 2-92 喷油器压电发生器的多层设计

将多层陶瓷薄片烧结成一个长方形六面体，制作成了多层压电发生器，使得压电晶体的变形更有规律且更加稳定，图 2-93 所示为博世压电式喷油器压电发生器结构。

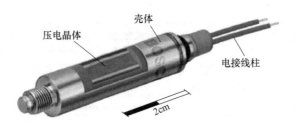

图 2-93 博世压电式喷油器压电发生器结构

② 压电式喷油器结构。其实压电式喷油器的结构很简单，它没有液力电磁阀喷油器那

样的升程垫片、余隙垫片，弹簧垫片也只有一个用以控制油嘴弹簧力大小的垫片，结构如图 2-94 所示。

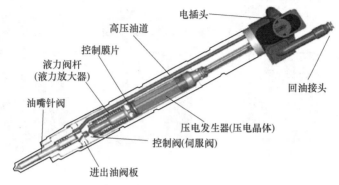

图 2-94 博世柴油发动机压电式喷油器结构

图 2-95 所示为压电式喷油器的液力放大器，通过上下活塞直径的差异实现发生器变形位移的放大，粗活塞的运动导致绿色阀腔内的容积产生变化，由于液压油的体积一定，粗活塞的向下移动会导致细活塞不得不向下移动，且其移动的位移远远大于粗活塞移动的位移，从而实现位移量的放大。

由于绿色阀腔内的液压油或多或少存在泄漏，因此有必要对阀腔内的液压油进行补给（图 2-96）。

压电式喷油器的工作原理如图 2-97 所示，压电发生器的位移变化在液力放大器的推动下使得旁通阀开启与关闭，从而实现油嘴针阀的关闭与抬起，最终实现喷油器定时喷射。

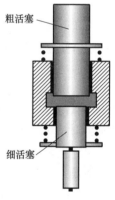

图 2-95 液力放大器

在没有控制信号时即压电模块失电的情况下（图 2-97a），伺服控制阀关闭，喷油腔、控制腔油压区域被隔离开，此时在控制腔中的共轨油压的作用下，针阀处于下位，喷油嘴关闭，喷油器不工作。

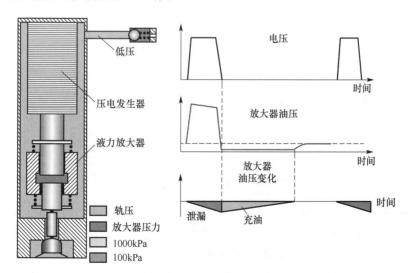

图 2-96 液压油泄漏的补给

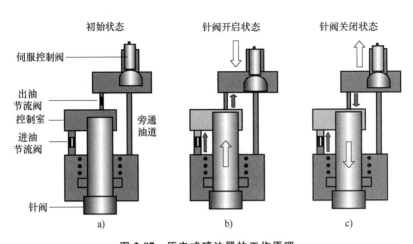

图 2-97 压电式喷油器的工作原理

a）初始状态　b）针阀开启状态　c）针阀关闭状态

当压电模块通电时使得伺服控制阀向下移动时（图 2-97b），旁通通道被关闭，此时由于进油节流口、出油节流口的节流作用，控制腔中油压下降，针阀在弹簧力作用下向上运动，喷油嘴打开，喷油开始。

当压电模块失电时，伺服控制阀在回位弹簧力作用下上移（图 2-97c），打开旁通通道，高压油通过进、出油节流阀同时流向控制腔，控制腔油压升高到一定大小时，克服针阀所受的弹簧力向下移动，关闭喷油嘴，喷油过程结束。

这种压电喷油器被设计成没有机械力通过推杆作用在喷嘴针阀上，因此运动质量和摩擦大大降低，并且喷油器的稳定性和喷油误差比通常的电磁阀控制喷油系统明显改善。

③ 压电式执行器驱动原理。从电气特性角度出发，电磁式执行器本质上属于感性负载，是电流驱动型执行器；而压电式执行器本质上属于容性负载，是电压驱动型执行器，二者在原理上相差较大，因而，驱动方式及电路实现也不尽相同。对于压电式执行器，由于是电压型驱动方式，因此，驱动过程中必须使用高、低位开关同时控制，以便得到期望的驱动波形，图 2-98 所示为压电式执行器驱动原理示意图。

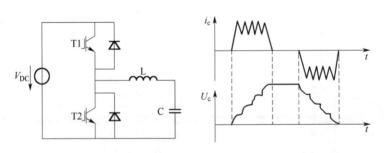

图 2-98 压电式执行器驱动原理

从图 2-98 中可以看出，在压电式执行器控制电路中，T1 及 T2 为压电执行器充、放电开关 MOS 管，电感 L 串联于充、放电回路，由系统控制电路输出的 PWM 信号调整充、放电过程回路电流幅值，负载 C 为等效的压电执行器电容。

当压电执行器被驱动时，MOS 管 T1 首先导通，因而驱动高压 VDC 通过电感 L 向负载 C

充电，充电过程由 PWM 信号实时调整，同时形成正向充电电流 i_c 及充电电压波形 U_c。

当压电执行器驱动关闭时，MOS 管 T1 关闭，T2 导通，则负载 C 电荷通过电感 L 放电，形成反向放电电流 i_c 及电压波形 U_c，重复以上过程即可进行下一次喷射驱动。

与电磁阀执行器相比，压电执行器首先具有快速响应性的特点。作为机电一体化的元件，它就好像是一个多层陶瓷电容器，在电压下立即就能充电，在 0.1ms 内就会发生晶格变形，比任何其他众所周知的可应用的物理现象都要来得快。与电磁阀相比，喷油器中的压电执行器具备以下特点（表 2-5）。

表 2-5　电磁阀控制和压电控制喷油器性能比较

喷油器	开关时间	滞后时间	重复性	能量消耗	针阀升程可变性
电磁阀控制	差	有	差	中等	无
压电控制	好	无	好	好	有

④ 压电式喷油器的常见失效模式。

a. 控制阀芯密封面颗粒磨损或控制阀板密封座面磨损。由于柴油中的硬质颗粒较多，会导致控制阀芯密封面颗粒磨损或控制阀板密封座面磨损，会导致柴油机起动困难，加速无力，排气冒黑烟。静态测试回油量大、全负荷点可能大；修理方案需更换控制阀板、控制阀芯。

b. 控制阀密封面穴蚀。如果柴油中含有水分，气泡在由高压瞬间转变成低压的过程中产生爆炸会导致控制阀密封面产生穴蚀，会导致柴油机起动困难，加速无力，排气冒黑烟。静态测试回油量大、全负荷点可能大；修理方案，需更换控制阀板、控制阀芯。

c. 进出油阀板座面磨损。由于柴油中的硬质颗粒较多，会导致进出油阀板座面磨损，导致柴油机起动困难，加速无力，排气冒黑烟。静态测试回油量大、全负荷点可能大；修理方案，需更换控制阀板、控制阀芯。

d. 喷孔积炭。喷孔积炭或被颗粒物堵塞，喷油量变小，尤其是在全部负荷点的喷油量变小，会造成柴油机功率不足。静态测试喷油量偏小，尤其是全负荷点；修理方案，可以使用专用清洗液对喷油器进行超声波清洗或更换油嘴。

4. 共轨

共轨的任务是存储高压燃油，高压泵的供油和喷油所产生的压力波动由共轨的容积进行缓冲，在输出较大燃油量时，所有气缸共用的共轨压力也应近似保持为恒定值，从而确保喷油器打开时喷油压力不变。

图 2-99 所示为高压蓄压器，即一般所说的油轨或共轨，它是一根锻造钢管，油轨的内径为 10mm，长度范围在 280~600mm，具体长度按发动机的要求而定，高压柴油经流量限制器通过各自的油管与喷油器连接。共轨上装有油压传感器、压力限制阀及流量限制器。

（1）压力限制阀

1）作用。压力限制阀与过压阀或溢流阀的作用相同，相当于安全阀，它限制共轨中的压力，在压力限定值被超出时，限压阀通过打开溢流口来限制共轨中的压力。限压阀允许共轨中短时的最大压力为 160MPa。

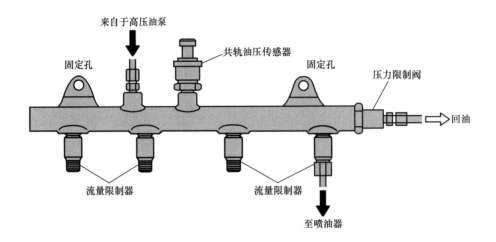

图 2-99　高压共轨的结构

2）结构。压力限制阀的构造如图 2-100 所示，它属于一种机械—液压控制装置，以螺纹紧固在轨道端部，主要由限压阀 2、移动活塞 4、弹簧 5、限位块 6 等部件组成。

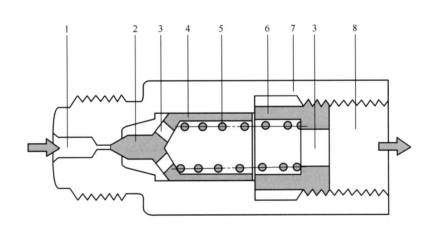

图 2-100　压力限制阀的构造

1—高压燃油进油孔　2—限压阀　3—燃油通道　4—移动活塞
5—弹簧　6—限位块　7—阀体　8—回油螺钉

3）工作原理。压力限制阀与共轨连接端有进油孔 1，与共轨内腔相通，轨道内的高压燃油由进油孔 1 进入压力限制阀内，直接作用在限压阀 2 上。限压阀 2 在弹簧 5 的作用下，其座面处于关闭状态。在正常工况下最大燃油压力小于允许的最大值 160MPa，弹簧力始终能把限压阀 2 压靠在密封座面上，共轨内的高压燃油不能由此流出。但当共轨内燃油压力超过最大允许值后，作用在限压阀上的燃油压力大于弹簧的压力，会顶开限压阀，这时共轨内的部分高压燃油能从打开的座面处，流入压力限制阀内，并经燃油通道 3 由回油螺钉 8 流回油箱，共轨压力随之下降。当压力下降到允许值后，弹簧力又会使限压阀 2 上的密封座面关闭，共轨压力不再下降。这样把共轨压力始终控制在许可范围内。

（2）流量限制阀

1）作用。流量限制阀的作用是控制最大燃油流量，防止喷油器可能出现持续喷油现象，如果某一缸从共轨输出的油量超出规定值时，流量限制器将流向相应喷油器的进油管关闭。由于该部件结构较为复杂，属于选装件，有些机型可能没有安装。

2）结构与原理。图2-101所示为流量限制器的构造。两端带有外螺纹的螺套5，一端固定在共轨接头上，另一端与喷油器管接头连接，螺套5的中孔内装有限位块2、活塞3、弹簧4等零件。在正常情况下，由于弹簧4的作用，把活塞3向上压到与限位块2相接触位置。这时螺套5的座面（通道）7处于开启状态，共轨内的高压燃油由进油孔1进入流量限制器内，从中心孔9经径向节流孔8，通过座面7、通油孔6流进喷油器，整个流量限制器成为沟通共轨与喷油器的重要燃油通道。

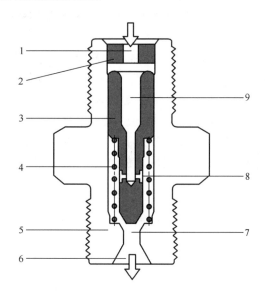

图 2-101　流量限制器的构造

1—进油孔（与共轨相通）　2—限位块　3—活塞
4—弹簧　5—螺套　6—通油孔（与喷油器相通）
7—座面（通道）　8—节流孔　9—中心孔

喷油时，流量限制器的喷油器端由于燃油的喷出，压力会下降，为使进入喷油器的燃油压力保持不变，共轨内的高压燃油应迅速向喷油器端补充，才能保证整个喷油过程中每一循环达到喷油压力保持不变，都在高压下进行。如果燃油喷出后，不能及时补充燃油，喷油器端就会产生压力降，下一循环的喷油压力就会降低，这样，不能保证每次喷油都是在相同压力下进行。通常喷油器端因喷油引起压力下降的同时，活塞3的另一端由于共轨压力基本不变，因此产生了压差，活塞在共轨压力的作用下克服了弹簧4的压力，向喷油器端移动，活塞移动所让出的空间，能从共轨内获得相同排量的油量来补充喷出的油量。

在补充的油量由进油孔1进入流量限制阀后，会从中心孔9经节流孔8流入弹簧室内，使活塞上下承受着相同的燃油压力，因此，喷油后能恢复到平衡状态，但由于弹簧4的作用，又会将活塞3压回到与限位块2相接触的位置。

由于喷出的油量能及时补充，因此在喷油后不会产生压降，这样就确保每循环喷油都是在相同的高压下进行的。

通常喷油过程结束，活塞移动停止，由于每循环喷油量很小，所以直到喷油终点，活塞的移动量不大，到达不了关闭座面 7 的位置。在活塞向上回位过程中，轨道内的高压燃油会很快从节流孔 8 流入弹簧室，补充活塞向上移动时所让出的空间。使连接喷油器端的燃油压力又恢复到喷油前的水平。为下一次喷油做好准备，这样能保证每循环喷油压力的一致性（见图 2-101）。

在运行中如出现下列故障时，流量限制阀会自动停止供油，防止发生严重事故。

① 燃油大量泄漏时的故障运行情况　燃油由共轨从喷油器喷出，必经流量限制阀座面 7 处的咽喉通道。当燃油从轨道中流入流量限制阀时，会把活塞 3 推离限位块 2，燃油流入量愈多，活塞行程愈大，会被推向更远离限位块的位置。而同时活塞 3 的座面通道愈小，当燃油流入量超过极限值时，活塞会下移到座面关闭位置，从而能阻挡燃油流向喷油器，使柴油机停机。

② 燃油少量泄漏时的故障运行情况　燃油从共轨流入流量限制阀，再从流量限制阀流出，经喷油器喷射，当流入量和流出量相等时，每次喷油后，活塞 3 总能回到与限位块 2 的接触位置。但若共轨流入量增加，而流出量不变，则将出现进的多、出的少的现象。每次喷油后，活塞 3 就无法再回到与限位块相接触的位置。这时由共轨泄漏进入流量限制阀的燃油，即使每次量不多，但也会使活塞 3 无法再回到与限位块 2 的接触位置，连续几次喷油后，泄漏量的积累，也会把活塞压到关闭座面的位置（图 2-102），从而切断燃油流向喷油器，也能使柴油机停机。

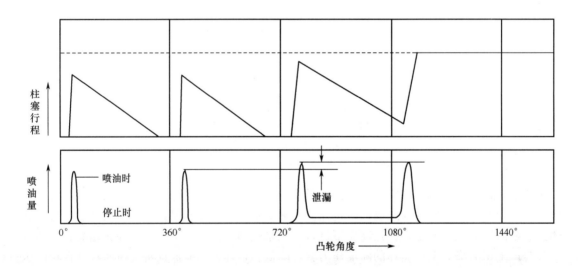

图 2-102　正常与轻微泄漏时的流量限制器作用

三、博世共轨电控系统典型电路图

1. 六缸柴油机电控电路

（1）博世国六 MD1CE100 电控电路图　图 2-103 为博世国六 MD1CE100 柴油机高压共轨电控电路图。

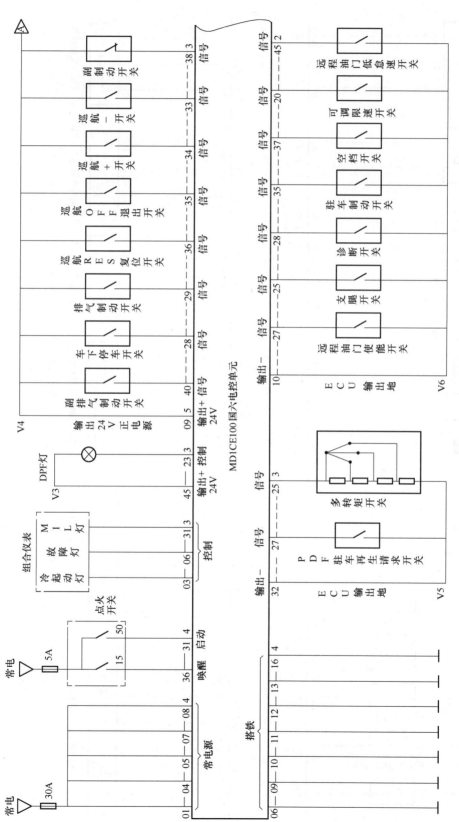

图 2-103　博世国六柴油机（六缸）高压共轨电控系统电路图（1）

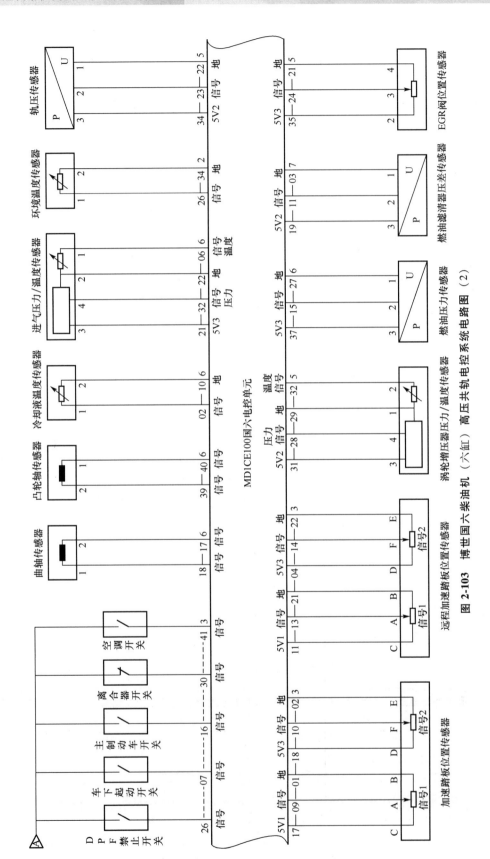

图 2-103 博世国六柴油机（六缸）高压共轨电控系统电路图（2）

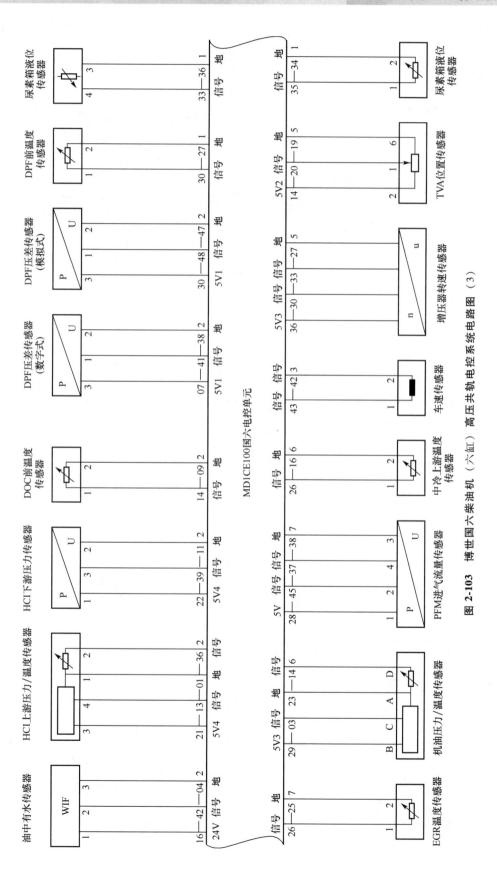

图 2-103 博世国六柴油机（六缸）高压共轨电控系统电路图（3）

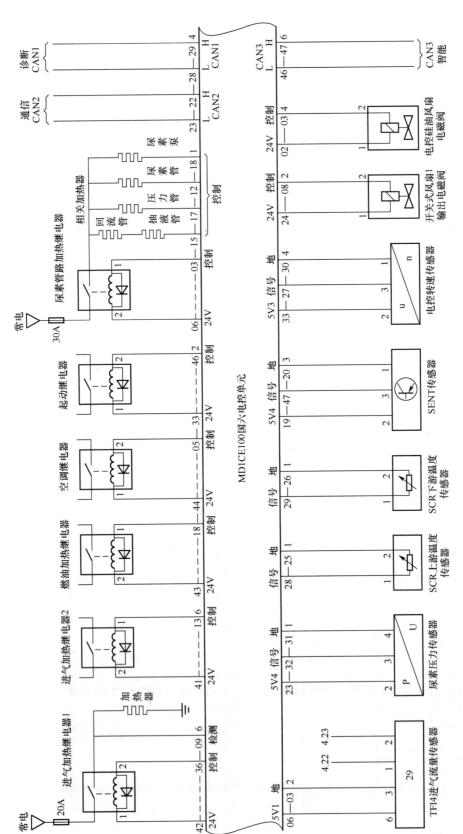

图 2-103 博世国六柴油机（六缸）高压共轨电控系统电路图（4）

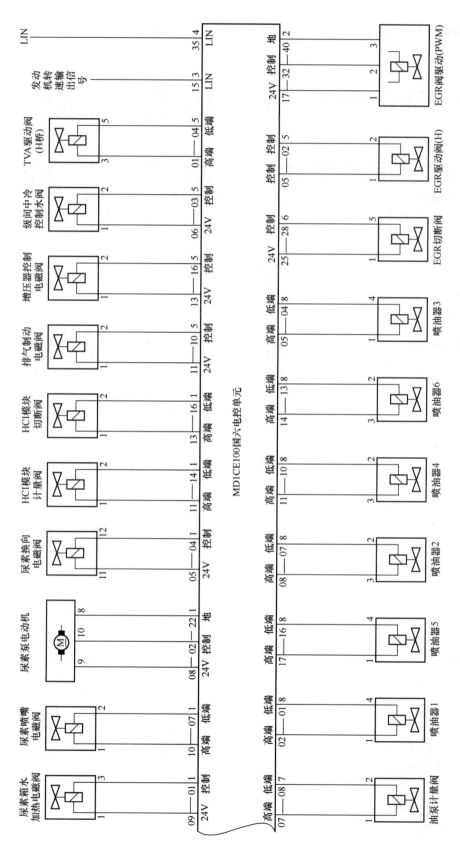

图 2-103　博世国六柴油机（六缸）高压共轨电控系统电路图（5）

（2）博世国六 MD1CE100 电控单元插接器　图 2-104 为博世国六 MD1CE100 电控单元插接器。

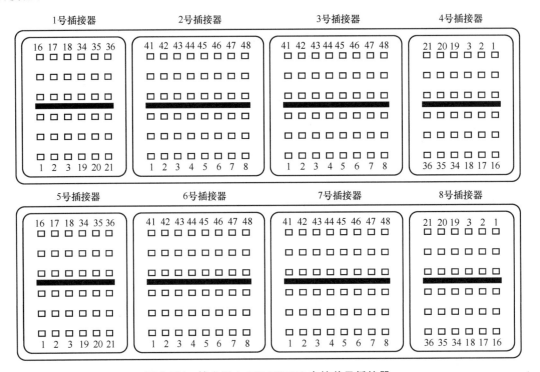

图 2-104　博世国六 MD1CE100 电控单元插接器

（3）博世国六 MD1CE100 电控单元针脚功能　博世国六 MD1CE100 电控单元插接器针脚功能如表 2-6 所列。

表 2-6　博世国六 MD1CE100 电控单元插接器针脚定义

端子	端子描述	条件	正常值
	1 号插接器		
01	至尿素箱加热电磁阀控制信号	工作时	小于 1V
02	至尿素泵电控控制信号	工作时	PWM
03	至尿素管路加热继电器线圈控制信号	工作时	小于 1V
04	至尿素换向电磁阀控制	工作时	小于 1V
05	至尿素换向电磁阀正极电源	ON 时	24V
06	至尿素管路加热继电器线圈正极电源	ON 时	24V
07	至尿素喷嘴电磁阀控制信号	工作时	小于 1V
08	至尿素泵电动机正极电源	ON 时	24V
09	至尿素箱加热电磁阀正极电源	ON 时	24V
10	至尿素喷嘴电磁阀高端电源	ON 时	24V 左右
11	至 HCI 模块计量阀正极电源	ON 时	24V 左右
12	至尿素管加热器控制搭铁	工作时	小于 1V
13	至 HCI 模块切断阀正极电源	ON 时	24V 左右

（续）

端子	端子描述	条件	正常值
14	至 HCI 模块计量阀控制信号	工作时	小于 1V
15	至尿素回流管、抽液管加热器控制搭铁	工作时	小于 1V
16	至 HCI 模块切断阀控制信号	工作时	小于 1V
17	至尿素压力管加热器控制搭铁	工作时	小于 1V
18	至尿素泵加热器控制搭铁	工作时	小于 1V
22	至尿素泵电动机搭铁	永久	小于 1V
23	至尿素压力传感器 5V 电源(电源模块 4)	ON 时	5V
25	至 SCR 上游温度传感器搭铁	永久	小于 1V
26	至 SCR 下游温度传感器搭铁	永久	小于 1V
27	自 DPF 前温度传感器信号	ON 时	变化信号
28	自 SCR 上游温度传感器信号	ON 时	变化信号
29	自 SCR 下游温度传感器信号	ON 时	变化信号
30	至 DPF 前温度传感器搭铁	永久	小于 1V
31	至尿素压力传感器搭铁	永久	小于 1V
32	自尿素压力传感器信号	ON 时	变化信号
33	自尿素箱液位传感器信号	ON 时	变化信号
34	至尿素箱温度传感器搭铁	永久	小于 1V
35	自尿素箱温度传感器信号	ON 时	变化信号
36	至尿素箱液位传感器搭铁	永久	小于 1V

说明:共计有效针脚 32 个

2 号插接器			
01	至 HCI 上游压力/温度传感器搭铁	永久	小于 1V
03	至 TFI4 进气流量传感器搭铁	永久	小于 1V
04	至油中有水传感器搭铁	永久	小于 1V
05	至空调继电器线圈控制信号	工作时	小于 1V
06	至 TFI4 进气流量传感器 5V 电源(电源模块 1)	ON 时	5V
07	至 DPF 压差传感器(数字式)5V 电源(电源模块 1)	ON 时	5V
08	至开关式风扇 1 电磁阀控制负极	工作时	小于 1V
09	至 DOC 前温度传感器搭铁	永久	小于 1V
10	输出至相关开关负极电源	永久	小于 1V
11	至 HCI 下游压力传感器搭铁	永久	小于 1V
13	自 HCI 上游压力/温度传感器的压力信号	ON 时	变化信号
14	自 DOC 前温度传感器信号	ON 时	变化信号
16	至油中有水传感器工作电源	ON 时	24V
17	至 EGR 驱动阀(PWM)正极电源	ON 时	24V
18	至燃油加热继电器线圈控制信号	工作时	小于 1V

（续）

端子	端子描述	条件	正常值
20	自可调限速开关信号	操作时	小于 1V
21	至 HCI 上游压力传感器 5V 电源（电源模块 4）	ON 时	5V
22	至 HCI 下游压力传感器 5V 电源（电源模块 4）	ON 时	5V
24	至开关式风扇 1 电磁阀正极电源	ON 时	24V
25	自支腿开关信号	操作时	小于 1V
26	自环境温度传感器信号	ON 时	变化信号
27	自远程油门使能开关信号	操作时	小于 1V
28	自诊断开关信号	操作时	小于 1V
30	至 DPF 压差传感器（模拟式）5V 电源（电源模块 1）	ON 时	5V
32	至 EGR 驱动阀（PWM）控制信号	工作时	PWM
33	至起动继电器线圈正极电源	ON 时	24V
39	自 HCI 下游压力传感器的压力信号	ON 时	变化信号
34	至环境温度传感器搭铁	永久	小于 1V
35	自驻车制动开关信号	操作时	小于 1V
36	自 HCI 上游压力/温度传感器的温度信号	ON 时	变化信号
37	自空档开关信号	操作时	小于 1V
38	至 DPF 压差传感器（数字式）搭铁	永久	小于 1V
40	至 EGR 驱动阀搭铁	永久	小于 1V
41	自 DPF 压差传感器（数字式）信号	ON 时	变化信号
42	自油中有水传感器的信号	ON 时	变化信号
43	至燃油加热继电器线圈正极电源	ON 时	24V
44	至空调继电器线圈正极电源	ON 时	24V
45	自远程油门低怠速开关信号	操作时	小于 1V
46	至起动继电器线圈控制信号	工作时	小于 1V
47	至 DPF 压差传感器（模拟式）搭铁	永久	小于 1V
48	自 DPF 压差传感器（模拟式）信号	ON 时	变化信号

说明：共计有效针脚 41 个

3 号插接器			
01	至加速踏板位置传感器 1 搭铁	永久	小于 1V
02	至加速踏板位置传感器 2 搭铁	永久	小于 1V
03	输出至组合仪表的控制信号	ON 时	—
04	至远程加速踏板位置传感器 2 的 5V 电源（电源模块 3）	ON 时	5V
06	输出至组合仪表的控制信号	ON 时	—
07	自车下起动开关信号	操作时	24V
09	自加速踏板位置传感器信号 1	ON 时	变化信号
10	自加速踏板位置传感器信号 2	ON 时	变化信号

（续）

端子	端子描述	条件	正常值
11	至远程加速踏板位置传感器 1 的 5V 电源（电源模块 1）	ON 时	5V
13	自远程加速踏板位置传感器信号 1	ON 时	变化信号
14	自远程加速踏板位置传感器信号 2	ON 时	变化信号
15	LIN,输出发动机转速信号	运行时	脉冲信号
16	自主制动开关信号	操作时	24V
17	至加速踏板位置传感器 1 的 5V 电源（电源模块 1）	ON 时	5V
18	至加速踏板位置传感器 2 的 5V 电源（电源模块 3）	ON 时	5V
19	至 SENT 传感器 5V 电源（电源模块 4）	ON 时	5V
20	至 SENT 传感器搭铁	永久	小于 1V
21	至远程加速踏板位置传感器 1 搭铁	永久	小于 1V
22	至远程加速踏板位置传感器 2 搭铁	永久	小于 1V
23	输出至 DPF 警告灯控制信号	ON 时	小于 1V
25	自多转矩开关信号（负极性）	操作时	变化信号
26	自 DPF 禁止开关信号	操作时	24V
27	自 PDF 驻车再生请求开关信号	操作时	小于 1V
28	自车下停车开关信号	操作时	24V
29	自排气制动开关信号	操作时	24V
30	自离合器开关信号	操作时	24V
31	输出至组合仪表的控制信号	ON 时	—
32	输出至相关开关负极电源	永久	小于 1V
33	自巡航减小-开关信号	操作时	24V
34	自巡航增加+开关信号	操作时	24V
35	自巡航 OFF 退出开关信号	操作时	24V
36	自巡航 RES 复位开关信号	操作时	24V
38	自副制动开关信号	操作时	24V
40	自副排气制动开关信号	操作时	24V
41	自空调开关信号	操作时	24V
42	自车速传感器信号	运行时	交流信号
43	自车速传感器信号	运行时	交流信号
45	输出至 DPF 灯正极电源	ON 时	24V
47	自 SENT 传感器的信号	ON 时	变化信号

说明:共计有效针脚 39 个

4 号插接器			
01	经熔断器的 ECU 常电源	永久	24V
02	至电控硅油风扇电磁阀正极电源	ON 时	24V
03	至电控硅油风扇电磁阀控制负极	工作时	小于 1V

（续）

端子	端子描述	条件	正常值
04	经熔断器的 ECU 常电源	永久	24V
05	经熔断器的 ECU 常电源	永久	24V
06	ECU 搭铁	永久	蓄电池负极
07	经熔断器的 ECU 常电源	永久	24V
08	经熔断器的 ECU 常电源	永久	24V
09	ECU 搭铁	永久	蓄电池负极
10	ECU 搭铁	永久	蓄电池负极
11	ECU 搭铁	永久	蓄电池负极
12	ECU 搭铁	永久	蓄电池负极
13	ECU 搭铁	永久	蓄电池负极
16	ECU 搭铁	永久	蓄电池负极
22	通信总线 CAN-H	ON 时	2.5V 以上
23	通信总线 CAN-L	ON 时	2.5V 以下
27	自电控转速传感器信号	运行时	变化信号
28	诊断总线 CAN-L	ON 时	2.5V 以下
29	诊断总线 CAN-H	ON 时	2.5V 以上
30	至电控转速传感器搭铁	永久	小于 1V
31	自点火开关起动档信号	起动时	24V
33	至电控转速传感器 5V 电源（电源模块 3）	ON 时	5V
35	LIN 信号（预留）	—	—
36	自点火开关运行档唤醒信号	ON 时	24V

说明：共计有效针脚 24 个

5 号插接器			
01	至 TVA 驱动阀（H 桥）正极电源	ON 时	24V
02	至 EGR 驱动阀（H）控制信号	工作时	—
03	至级间中冷控制水阀控制信号	工作时	小于 1V
04	至 TVA 驱动阀（H 桥）控制信号	工作时	小于 1V
05	至 EGR 驱动阀（H）控制信号	工作时	—
06	至级间中冷控制水阀正极电源	ON 时	24V
09	输出至相关信号开关正极电源	ON 时	24V
10	至排气制动电磁阀控制信号	工作时	小于 1V
11	至排气制动电磁阀正极电源	ON 时	24V
13	至增压器控制电磁阀正极电源	ON 时	24V
14	至 TVA 位置传感器 5V 电源（电源模块 2）	ON 时	5V
16	至增压器控制电磁阀控制信号	工作时	小于 1V
19	至 TVA 位置传感器搭铁	永久	小于 1V

（续）

端子	端子描述	条件	正常值
20	自 TVA 位置传感器信号	ON 时	变化信号
21	至 EGR 位置传感器搭铁	永久	小于 1V
22	至轨压传感器搭铁	永久	小于 1V
23	自轨压传感器信号	ON 时	变化信号
24	自 EGR 位置传感器信号	ON 时	变化信号
27	至增压器转速传感器搭铁	永久	小于 1V
28	自涡轮增压器压力/温度传感器的压力信号	ON 时	变化信号
29	至涡轮增压器压力/温度传感器搭铁	永久	小于 1V
30	自增压器转速传感器信号	ON 时	变化信号
31	至涡轮增压器压力/温度传感器 5V 电源（电源模块 2）	ON 时	5V
32	自涡轮增压器压力/温度传感器的温度信号	ON 时	变化信号
33	自增压器转速传感器信号	ON 时	变化信号
34	至轨压传感器 5V 电源（电源模块 2）	ON 时	5V
35	至 EGR 位置传感器 5V 电源（电源模块 3）	ON 时	5V
36	至增压器转速传感器 5V 电源（电源模块 3）	ON 时	5V

说明：共计有效针脚 28 个

6 号插接器			
02	自冷却液温度传感器信号	ON 时	变化信号
03	自机油压力/温度传感器压力信号	ON 时	变化信号
06	自进气压力/温度传感器温度信号	ON 时	变化信号
09	自进气加热器的检测信号	加热时	24V
10	至冷却液温度传感器搭铁	永久	小于 1V
13	至进气加热继电器 2 线圈控制信号	工作时	小于 1V
14	自机油压力/温度传感器温度信号	ON 时	变化信号
15	自燃油压力传感器信号	ON 时	变化信号
16	至中冷上游温度传感器搭铁	永久	小于 1V
17	自曲轴传感器信号	运行时	交流信号
18	自曲轴传感器信号	运行时	交流信号
21	至进气压力/温度传感器 5V 电源（电源模块 3）	ON 时	5V
22	至进气压力/温度传感器搭铁	永久	小于 1V
23	至机油压力/温度传感器搭铁	永久	小于 1V
25	至 EGR 切断阀正极电源	ON 时	24V
26	自中冷上游温度传感器信号	ON 时	变化信号
27	至燃油压力传感器搭铁	永久	小于 1V
28	至 EGR 切断阀控制信号	工作时	小于 1V
29	至机油压力/温度传感器 5V 电源（电源模块 3）	ON 时	5V

（续）

端子	端子描述	条件	正常值
32	自进气压力/温度传感器压力信号	ON 时	变化信号
36	至进气加热继电器线圈控制信号	工作时	小于 1V
37	至燃油压力传感器 5V 电源（电源模块 3）	ON 时	5V
39	自凸轮轴传感器信号	运行时	交流信号
40	自凸轮轴传感器信号	运行时	交流信号
41	至进气加热继电器 2 线圈正极电源	ON 时	24V
42	至进气加热继电器 1 线圈正极电源	ON 时	24V
46	智能总线 CAN-L	ON 时	2.5V 以下
47	智能总线 CAN-H	ON 时	2.5V 以上
说明:共计有效针脚 28 个			
7 号插接器			
03	至燃油滤清器压差传感器搭铁	永久	小于 1V
07	至油泵计量阀正极电源	ON 时	24V
08	至油泵计量阀控制信号	工作时	PWM
11	自燃油滤清器压差传感器信号	ON 时	变化信号
19	至燃油滤清器压差传感器 5V 电源（电源模块 2）	ON 时	5V
25	自 EGR 温度传感器信号	ON 时	变化信号
26	至 EGR 温度传感器搭铁	永久	小于 1V
28	至 PFM 进气流量传感器 5V 电源（电源模块）	ON 时	5V
37	自 PFM 进气流量传感器信号	ON 时	变化信号
38	至 PFM 进气流量传感器搭铁	永久	小于 1V
45	自 PFM 进气流量传感器信号	ON 时	变化信号
说明:共计有效针脚 11 个			
8 号插接器			
01	至喷油器 1 控制信号	工作时	PWM
02	至喷油器 1 正极电源	工作时	变化电压
04	至喷油器 3 控制信号	工作时	PWM
05	至喷油器 3 正极电源	工作时	变化电压
07	至喷油器 2 控制信号	工作时	PWM
08	至喷油器 2 正极电源	工作时	变化电压
10	至喷油器 4 控制信号	工作时	PWM
11	至喷油器 4 正极电源	工作时	变化电压
13	至喷油器 6 控制信号	工作时	PWM
14	至喷油器 6 正极电源	工作时	变化电压
16	至喷油器 5 控制信号	工作时	PWM
17	至喷油器 5 正极电源	工作时	变化电压
说明:共计有效针脚 12 个			

2. 四缸柴油机电控电路图

（1）博世国六 MD1CC878 电控电路图　图 2-105 为博世国六 MD1CC878 柴油机高压共轨电控电路图。

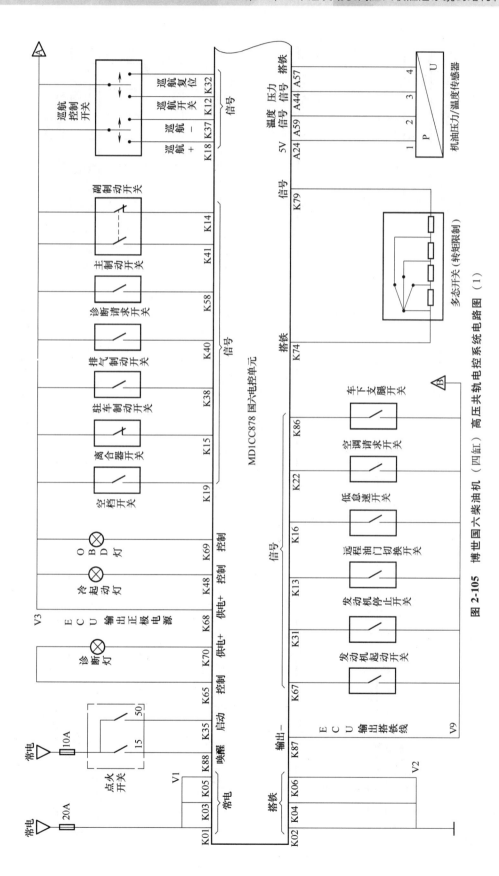

图 2-105 博世国六柴油机（四缸）高压共轨电控系统电路图（1）

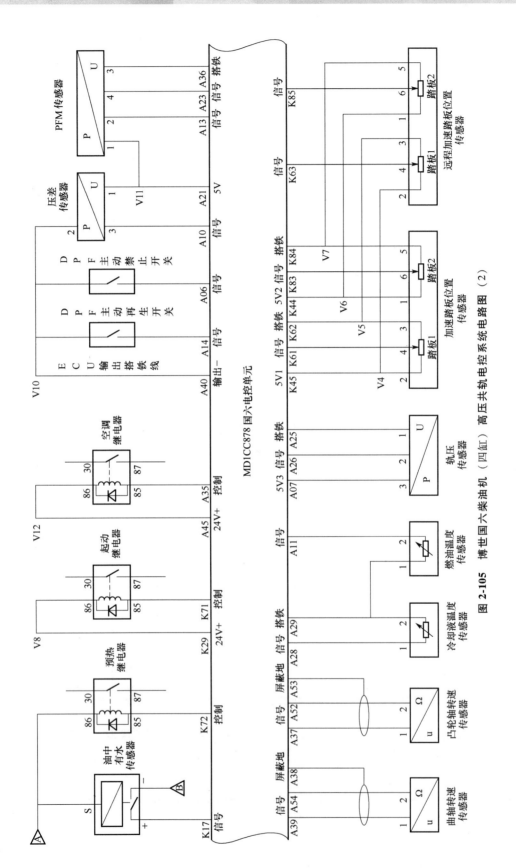

图 2-105　博世国六柴油机（四缸）高压共轨电控系统电路图（2）

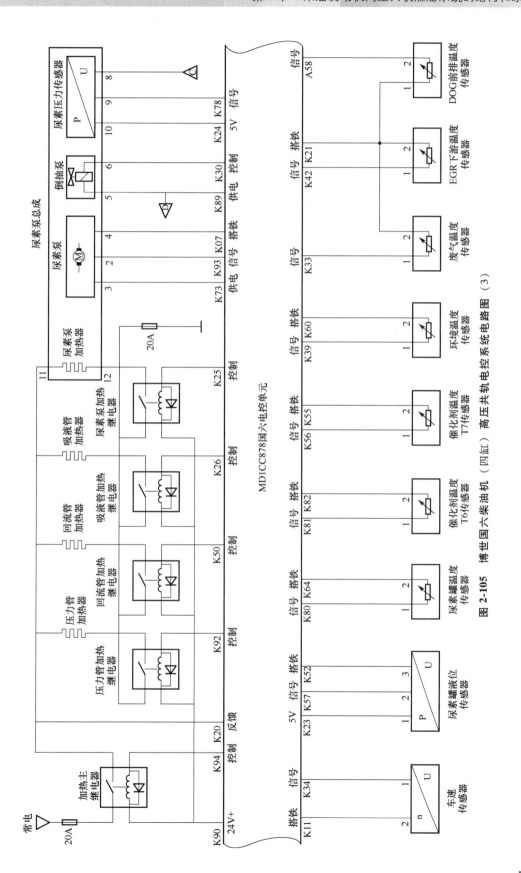

图 2-105　博世国六柴油机（四缸）高压共轨电控系统电路图（3）

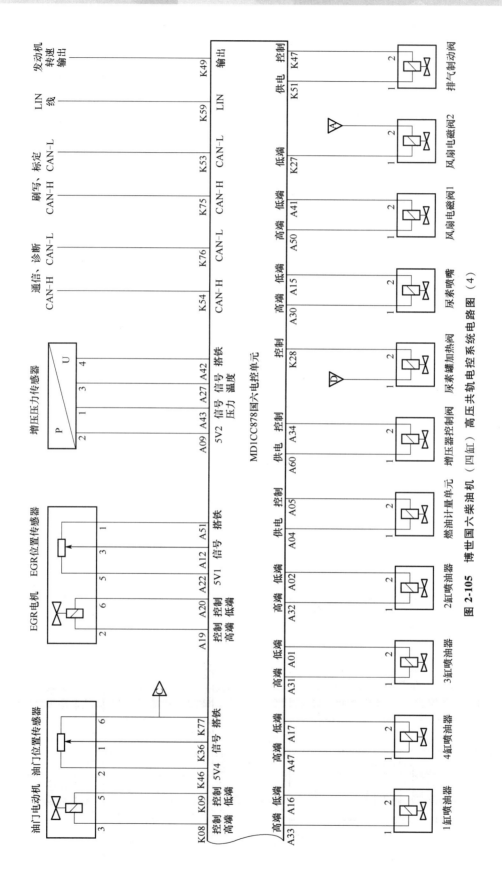

图 2-105 博世国六柴油机（四缸）高压共轨电控系统电路图（4）

（2）博世国六 MD1CC878 电控单元插接器 图 2-106 所示为博世国六 MD1CC878 电控单元插接器。

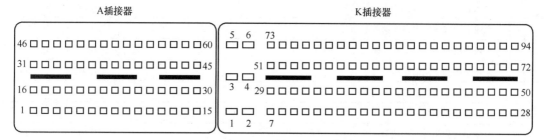

图 2-106 博世国六 MD1CC878 电控单元插接器

（3）博世国六 MD1CC878 电控单元针脚功能 博世国六 MD1CC878 电控单元插接器针脚功能如表 2-7 所列。

表 2-7 博世 MD1CC878 电控单元插接器针脚定义

端子	端子描述	条件	正常值
K 插接器			
01	经熔断器的 ECU 常电源	永久	正极 24V
02	ECU 搭铁	永久	蓄电池负极
03	经熔断器的 ECU 常电源	永久	正极 24V
04	ECU 搭铁	永久	蓄电池负极
05	经熔断器的 ECU 常电源	永久	正极 24V
06	ECU 搭铁	永久	蓄电池负极
07	至尿素泵的搭铁	永久	蓄电池负极
08	至油门电动机的控制信号高端	ON 时	正极 24V
09	至油门电动机的控制信号低端	工作时	PWM
11	至车速传感器的搭铁	永久	蓄电池负极
12	自巡航控制开关的主信号+	工作时	正极 24V
13	自远程油门切换开关的信号−	工作时	小于 1V
14	自副制动开关的信号+	未踏下	正极 24V
15	至离合器开关的信号+	未踏下时	正极 24V
16	自低怠速开关的信号−	工作时	小于 1V
17	自油中有水传感器的信号−	工作时	小于 1V
18	自巡航控制开关的增加信号+	工作时	正极 24V
19	自空档开关信号+	工作时	正极 24V
20	自尿素加热主继电器输出的检测信号+	ON 时	正极 24V
21	ECU 输出搭铁	永久	蓄电池负极
22	自空调请求开关的信号−	工作时	小于 1V
23	至尿素罐液位传感器的工作电源	ON 时	5V
24	至尿素压力传感器工作电源	ON 时	5V

（续）

端子	端子描述	条件	正常值
25	至尿素泵加热继电器线圈控制信号-	工作时	小于1V
26	至吸液管加热继电器线圈控制信号-	工作时	小于1V
27	至风扇电磁阀2的低端控制信号-	工作时	小于1V
28	至尿素罐加热阀的控制信号-	工作时	小于1V
29	至起动继电器线圈的正极电源	ON时	正极24V
30	至倒抽泵控制信号-	工作时	小于1V
31	自发动机停机开关的信号-	工作时	小于1V
32	自巡航控制开关的复位信号+	工作时	正极24V
33	自废气温度传感器的信号	ON/运行	变化信号
34	自车速传感器的信号	运行时	变化信号
35	自点火开关起动档50的起动信号	启动时	正极24V
36	自油门位置传感器的信号	ON/运行	变化信号
37	自巡航控制开关的减少信号+	工作时	正极24V
38	自驻车制动开关的信号+	驻车时	正极24V
39	自环境温度传感器的信号	ON/运行	变化信号
40	自排气制动开关的信号+	工作时	正极24V
41	自主制动开关的信号+	踏下时	正极24V
42	自EGR下游温度传感器的信号	ON/运行	变化信号
44	至加速踏板位置传感器2、远程加速踏板位置传感器2的工作电源（电源模块2）	ON时	5V
45	至加速踏板位置传感器1、远程加速踏板位置传感器1的工作电源（电源模块1）	ON时	5V
46	至油门位置传感器的工作电源（电源模块4）	ON时	5V
47	至排气制动阀低端控制信号	工作时	小于1V
48	至冷起动灯的控制信号	ON时	小于1V
49	输出发动机转速信号	运行时	脉冲信号
50	至回流管加热继电器线圈控制信号-	工作时	小于1V
51	至排气制动阀高端电源	ON时	正极24V
52	至尿素罐液位传感器的搭铁	永久	蓄电池负极
53	刷写、标定总线CAN-L	ON时	2.5V以下
54	通信、诊断总线CAN-H	ON时	2.5V以上
55	至催化剂温度传感器（T7）的搭铁	永久	蓄电池负极
56	自催化剂温度传感器（T7）的信号	ON/运行	变化信号
57	自尿素罐液位传感器的信号	ON/运行	变化信号
58	自诊断请求开关的信号+	工作时	正极24V
59	LIN线	ON/运行	变化信号
60	至环境温度传感器的搭铁	永久	蓄电池负极
61	自加速踏板位置传感器1的信号+	ON/运行	变化信号

（续）

端子	端子描述	条件	正常值
62	至加速踏板位置传感器1、远程加速踏板位置传感器1的搭铁	永久	蓄电池负极
63	自远程加速踏板位置传感器1的信号	ON/运行	变化信号
64	至尿素罐温度传感器的搭铁	永久	蓄电池负极
65	至诊断灯的控制信号-	ON/运行	小于1V
67	自发动机起动开关的信号-	工作时	小于1V
68	ECU输出正极电源	ON时	正极24V
69	至OBD灯的控制信号-	工作时	小于1V
70	至诊断灯电源正极	ON时	正极24V
71	至起动继电器线圈的控制信号	起动时	小于1V
72	至预热继电器线圈的控制信号-	工作时	小于1V
73	至尿素泵的正极电源	ON时	正极24V
74	至多态开关的搭铁	永久	蓄电池负极
75	刷写、标定总线CAN-H	ON时	2.5V以上
76	通信、诊断总线CAN-L	ON时	2.5V以下
77	至尿素压力传感器的搭铁	永久	蓄电池负极
78	自尿素压力传感器的信号	ON/运行	变化信号
79	自多态开关的信号	工作时	变化信号
80	自尿素罐温度传感器的信号	ON/运行	变化信号
81	自催化剂温度传感器（T6）的信号	ON/运行	变化信号
82	至催化剂温度传感器（T6）的搭铁	永久	蓄电池负极
83	自加速踏板位置传感器2的信号	ON/运行	变化信号
84	至加速踏板位置传感器2、远程加速踏板位置传感器2的搭铁	永久	蓄电池负极
85	自远程加速踏板位置传感器2的信号	ON/运行	变化信号
86	自车下支腿开关的信号-	工作时	小于1V
87	ECU输出搭铁	永久	蓄电池负极
88	自点火开关运行档15的唤醒信号	ON时	正极24V
89	至倒抽泵正极电源	ON时	正极24V
90	ECU输出24V	ON时	正极24V
92	至压力管加热继电器线圈控制信号-	工作时	小于1V
93	输出至尿素泵的控制信号	ON/运行	PWM
94	至尿素加热主继电器线圈控制信号-	ON时	小于1V

说明：有效针脚90个

A插接器			
01	至3缸喷油器的低端控制信号	工作时	PWM
02	至2缸喷油器的低端控制信号	工作时	PWM
04	至燃油计量单元的电源	ON时	正极24V

（续）

端子	端子描述	条件	正常值
05	至燃油计量单元的控制信号	工作时	PWM
06	自 DPF 主动禁止开关的信号－	工作时	小于 1V
07	至轨压传感器的工作电源	ON 时	5V
09	至增压压力/温度传感器的工作电源（电源模块 2）	ON 时	5V
10	自压差传感器的信号＋	ON/运行	变化信号
11	自燃油温度传感器的信号＋	ON/运行	变化信号
12	自 EGR 位置传感器的信号	ON/运行	变化信号
13	自 PFM 传感器的信号＋	ON/运行	变化信号
14	自 DPF 主动再生开关的信号－	工作时	小于 1V
15	至尿素喷嘴的控制信号－	工作时	PWM
16	至 1 缸喷油器的低端控制信号	工作时	PWM
17	至 4 缸喷油器的低端控制信号	工作时	PWM
19	至 EGR 电机控制高端	ON 时	正极 24V
20	至 EGR 电机控制低端	工作时	PWM
21	至差压、PFM 传感器的工作电源	ON 时	5V
22	至 EGR 位置传感器的工作电源（电源模块 1）	ON 时	5V
23	自 PFM 传感器的信号＋	ON/运行	变化信号
24	至机油压力/温度传感器的 5V 工作电源	ON 时	5V
25	至轨压传感器的搭铁	永久	蓄电池负极
26	自轨压传感器的信号＋	ON/运行	变化信号
27	自增压压力/温度传感器的温度信号	ON/运行	变化信号
28	自冷却液温度传感器的信号＋	ON/运行	变化信号
29	至冷却液、燃油温度传感器的搭铁	永久	蓄电池负极
30	至尿素喷嘴高端控制	工作时	变化电压
31	至 3 缸喷油器的高端电源	工作时	变化电压
32	至 2 缸喷油器的高端电源	工作时	变化电压
33	至 1 缸喷油器的高端电源	工作时	变化电压
34	至增压器控制阀的控制信号－	工作时	小于 1V
35	至空调继电器线圈的控制信号－	工作时	小于 1V
36	至 PFM 传感器的搭铁	永久	蓄电池负极
37	自凸轮轴位置传感器的信号	运行时	交流信号
38	曲轴位置传感器信号屏蔽线	永久	蓄电池负极
39	自曲轴位置传感器的信号	运行时	交流信号
40	ECU 输出搭铁	永久	蓄电池负极
41	至风扇电磁阀 1 的低端控制信号	工作时	小于 1V
42	至增压压力/温度传感器的搭铁	永久	蓄电池负极

（续）

端子	端子描述	条件	正常值
43	自增压压力/温度传感器的压力信号	ON/运行	变化信号
44	自机油压力/温度传感器的压力信号	ON/运行	变化信号
45	至空调继电器线圈的正极电源	ON 时	正极 24V
47	至 4 缸喷油器的高端电源	工作时	变化电压
50	至风扇电磁阀 1 的工作电源	ON 时	正极 24V
51	至 EGR 位置传感器的搭铁	永久	蓄电池负极
52	自凸轮轴位置传感器的信号	运行时	交流信号
53	凸轮轴位置传感器信号屏蔽线	永久	蓄电池负极
54	自曲轴位置传感器的信号	运行时	交流信号
57	至机油压力/温度传感器的搭铁	永久	蓄电池负极
58	自 DOC 前排温传感器的信号	ON/运行	变化信号
59	自机油压力/温度传感器的温度信号	ON/运行	变化信号
60	至增压器控制阀的电源	ON 时	正极 24V

说明:有效针脚 52 个

第三节　电装电控高压共轨燃油系统的结构与原理

一、概述

日本电装公司（DENSO）是世界上著名的生产油泵、油嘴的公司之一。1995 年正式开始投放市场的第一代 ECD-U2 系列共轨系统，喷射压力可以达到 130～145MPa。4 年后的第二代共轨系统喷射压力可达 160～180MPa，在主喷射前后可以分别实现两次预喷射：第一次是先导喷射，目的是为了提供冷机的启动性能；第二次是预喷射，目的是为了提高发动机的稳定性、降低噪声和 NO_x 排放，已经在轿车及货车上得到了应用，可以满足国四排放法规要求。第三代的喷射压力为 200～220MPa，第四代喷射压力要控制在 250MPa 左右。

电装电控高压共轨系统在我国主要应用在上柴、上海日野、中国重汽等车型上。

1. 特色

电装公司共轨式喷射系统的特色有以下几点：

1）由于在所有运转范围均系高压喷射，故可得低排放污染及高输出，如图 2-107a 所示。

2）相对于发动机转速与负荷，可独立控制喷射压力，如图 2-107b 所示。

3）由于燃油喷射的控制，可减小噪声并降低排放污染，如图 2-107c 所示。

4）由于喷射正时的弹性变化，可提高发动机的性能，如图 2-107d 所示。

2. 基本组成与功能

共轨式喷射系统的基本组成，如图 2-108 所示，**该系统由高压供油泵、共轨管、喷油器、ECU（电子控制器）和传感器组成**。大体可分为燃油系统与电子控制系统两大部分。

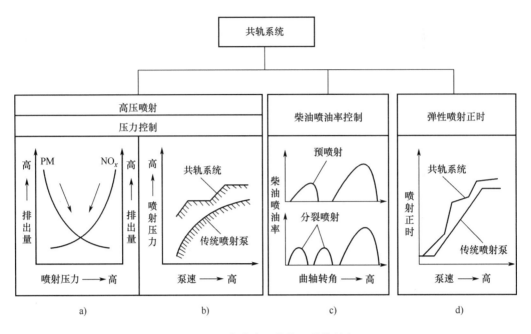

图 2-107 电装高压共轨系统的特色

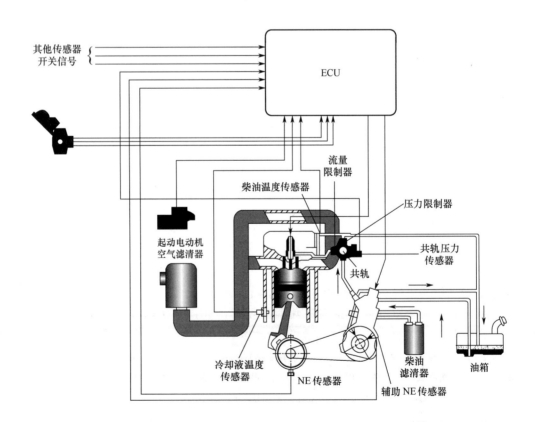

图 2-108 电装公司共轨式喷射系统的基本组成

（1）燃油系统的基本作用 燃油系统的基本作用如图 2-109 所示。高压柴油由高压泵产生，送至共轨，喷油器内的电磁阀使喷油嘴的针阀打开或关闭，以控制喷油开始或结束。具体作用如下：

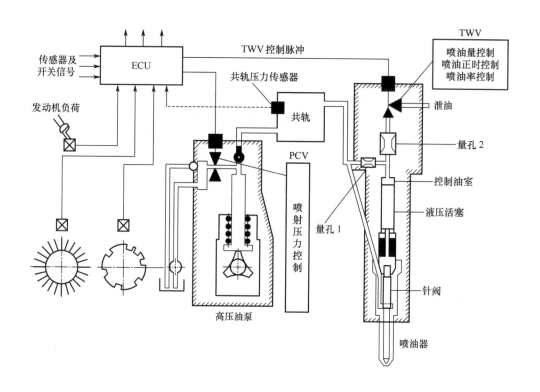

图 2-109　共轨式柴油喷射系统的基本作用

1）高压泵产生的油压送入共轨内，油压的大小是由 ECU 所控制的泵控制阀（PCV）的打开与关闭所调节。

2）共轨内的油压是由装在共轨上的油压传感器进行监测，以使实际的压力与所要求的压力吻合。

3）共轨内柴油送入喷油器内的喷油嘴与控制油腔内。喷油时间与喷油量是由双向阀的电磁阀的打开与关闭控制，当电磁阀通电时，量孔 2 上方的油路打开，控制油腔内的柴油从量孔 2 流出，故喷油嘴针阀被油压向上推，柴油开始喷射；当电磁阀断电时，柴油从量孔 1 进入控制油腔，针阀下移，柴油结束喷射。

4）因此，电磁阀通电时，即决定柴油的喷射开始时间；而电磁阀通电时间的长短，即决定柴油的喷射量。

（2）电子控制系统的基本作用　如图 2-110 所示，电子控制系统所控制的喷油量与喷油正时，比传统采用机械式调速器或正时器的喷油泵更精确。**ECU 通过各传感器及开关的信号，经必要的计算后，控制各喷油器电流的正时与持续的时间，及控制供油泵上压力控制阀，即可获得各种精密的控制。**

1）出油率控制系指在一定时间内，控制通过喷油孔柴油量的比例。

① 主喷射：与传统式喷射系统的作用相同。

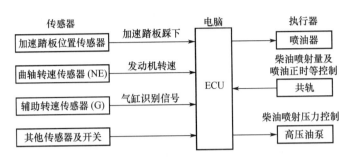

图 2-110　电子控制系统的基本作用

② 引燃喷射：

a. 在主喷射前，先将少量柴油喷入气缸中燃烧，如图 2-111 所示。

b. 极高压力的喷射，会使出油率增加，造成初期累积在燃烧室的柴油量增加，多量柴油同时燃烧的结果，热产生率骤升，使 NO_x 与噪声提高。因此在主喷射前先行引燃喷射，喷出极少量刚好需要的柴油量，以缓和初期燃烧作用，可以减少 NO_x 与噪声，如图 2-112 所示。

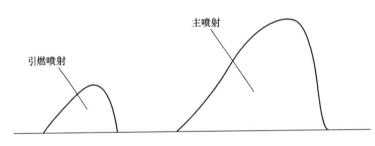

图 2-111　主喷射前的引燃喷射

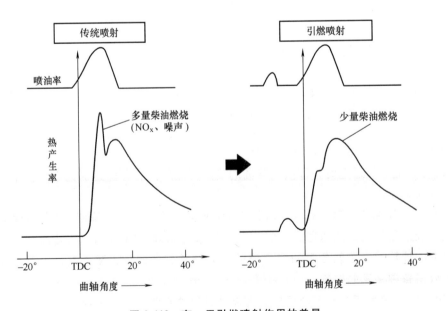

图 2-112　有、无引燃喷射作用的差异

③ 分段喷射：当发动机起动转速较低时，在主喷射前，会分成数次少量的柴油喷射，如图 2-113 所示。有预热塞装置时，则不需要少量喷射。

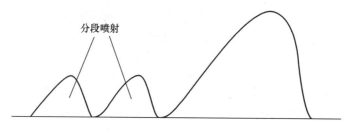

图 2-113　分段喷射的作用

2）喷油量控制。**取代传统式喷射系统的调速器，基本上根据发动机转速与加速踏板行程来精确控制喷油量。**

① 基础喷油量：由发动机转速与加速踏板行程决定。

② 起动喷油量：依发动机转速、水温等而定。

③ 瞬间喷油量修正：当猛踩加速踏板时，喷油量延迟增加，以抑制黑烟排放，如图 2-114 所示。

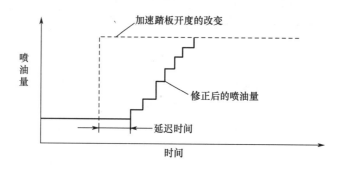

图 2-114　猛踩加速踏板时的喷油量修正

④ 最高转速设定喷油量：相对发动机的最高转速，调节喷油量至一定值，发动机超速时即断油。

⑤ 最大喷油量限制：当进气压力低时，限制最大喷油量，使黑烟排放减至最小。

⑥ 怠速转速控制：调节喷油量，控制怠速转速，以符合目标转速。ISC 可分成：

a. 自动 ISC：根据冷却液温度以控制怠速转速。

b. 手动 ISC：由驾驶室内旋钮调整怠速。

⑦ 自动巡航控制：调节喷油量控制车速，以符合经电脑计算后的目标速度。

3）喷油正时控制。**取代传统喷射系统的正时器，基本上根据发动机转速与喷油量来精确控制柴油的喷射正时。**

① 引燃喷射正时：根据最后喷油量、发动机转速及冷却液温度而定。当在启动时，则根据水温及发动机转速来决定。

② 主喷射正时：根据最后喷油量、发动机转速及冷却液温度而定。当在启动时，则依水温及发动机转速来决定。

4）喷射压力控制。**根据最后喷油量及发动机转速计算压力值，如图 2-115 所示。当在启动时，则根据冷却液温度及发动机转速来决定。**

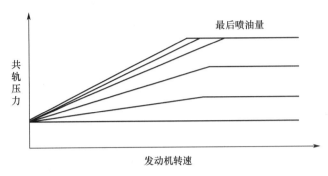

图 2-115　喷射压力控制

电装公司高压共轨燃油系统中除了提供喷油量控制、喷射正时控制、喷射压力控制等功能外，并提供以下的功能：

① 自诊断及报警功能，针对电控系统中主要的传感器和执行器出现超出正常工作参数范围以外时，通过显示装置进行报警。

② 失效安全功能，依问题之所在，必要时使发动机熄火。

③ 备用功能，可以改变柴油的调节方法，使发动机能继续运转。

二、高压共轨燃油系统的构造与原理

电控高压共轨燃油系统为蓄压式共轨系统，**该系统主要由燃油箱、柴油滤清器、供油泵**（包括内置式输油泵）、**高、低压燃油管、油轨、电控喷油器和 ECU 等组成，**图 2-116 所示为燃油系统基本工作原理框图。各主要零部件的结构与原理如下。

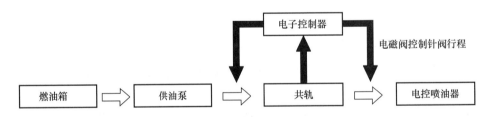

图 2-116　共轨燃油系统工作原理框图

1. 摆动式燃油泵

装在高压泵内，由凸轮轴驱动，从油箱吸出柴油，经柴油滤清器后，送入高压泵柱塞内，如图 2-117 所示为摆动式燃油泵的构造及作用。

2. 高压泵

电装公司的供油泵从 20 世纪 90 年代开始研发到 2001 年是第一阶段，也即第一代产品，主要有直列泵型的 HP0 型供油泵系列。HP0 系列供油泵有：HP0-UHD、HP0-HD 和 HP0-MD 包括 ECD-U2（P）型，电控共轨系统使用的 HP2 型供油泵，供油压力从 1998 年之前的 120MPa 到 2000 年以后提高到 145MPa。

从 2002 年开始到 2006 年是第二阶段，即第二代产品，其特征是 HP0 系列供油泵的供

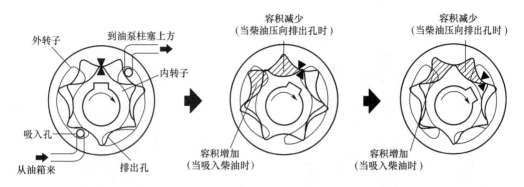

图 2-117　摆动式燃油泵的构造及作用

油压力提高到 180MPa，推出了 ECD-U2（P）用的转子式供油泵 HP3 和 HP4，在转子式供油泵中全部采用进油计量，供油压力均为 180MPa。

（1）任务　**供油泵的主要作用是将低压燃油加压成高压燃油，并将高压燃油供给并储存在共轨内，等待 ECU 的喷射指令**。供油压力可以通过压力限制器进行设定，所以，在共轨系统中可以自由地控制喷油压力。

HP0 系列供油泵的主要特征可以归纳如下：

1）可靠性高。可以满足高供油压力的要求：第一阶段：120~140MPa；第二阶段：160~180MPa；采用机油润滑，使用寿命长，使用过程中故障少。

2）效率高。因为采用电磁阀控制预行程，只对需要的供油量作功，不必对多余的燃油进行加压；实现同步控制，一副柱塞偶件用三个凸轮完成压油。

3）成本低。不同的发动机可以选用不同的供油泵。一般说来，大型柴油机选用类似于直列泵的供油泵，小型柴油机可以选用类似于分配泵的转子式供油泵。

（2）供油泵结构与原理　图 2-118 所示为 HP0 系列供油泵的外形，各部件的作用。

输油泵，位于高压油泵的左侧，与高压油泵集成在一起，提供高压油泵一定压力的燃油。

燃油计量单元（PCV 电磁阀）为压力控制阀，高压油轨内的压力因供油、渗漏、回油等因素导致压力波动，通过压力控制阀可保持压力的稳定。该阀实际为一执行器，在断电状态下，靠弹簧作用力，阀处于全开状态；当通电后电磁阀作用，克服弹簧力，将阀关闭。在柴油机起动或运转时，根据 ECU 的指令来控制电磁阀的动作，保证高压油轨内压力稳定在规定要求。

凸轮轴位置传感器用于判断发动机第 1 缸压缩上止点的到来时刻，作为喷油的基准信号，在曲轴转速传感器故障时可以维持发动机跛行功能。

供油泵产生的高压燃油经共轨分配到各个气缸的喷油器中，燃油压力由设置在共轨内的压力传感器检出，反馈到控制系统，并使实际压力值和事先设定的、与发动机转速和发动机负荷相适应的压力值始终一致。

HP0 型直列式供油泵结构和传统的直列式喷油泵的结构相似，通过凸轮和柱塞机构使燃油增压，各柱塞上方配置供油阀。凸轮有单作用型、双作用型、三作用型和四作用型等多

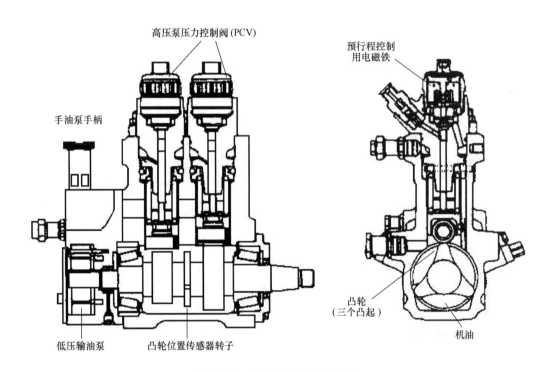

图 2-118 HP0 型供油泵的构造

种；采用三作用型凸轮可使柱塞单元个数减少到传统的 1/3。向共轨中供油的频率应和喷油频率相同，这样可使共轨中的压力波动平稳。HP0 型供油泵的基本工作原理如图 2-119 所示。

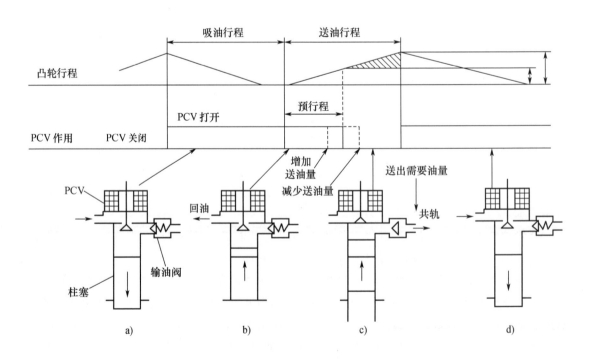

图 2-119 供油泵的工作原理（HP0 型）

高压泵的工作过程：

① 当柱塞下行，PCV 控制阀保持打开状态，低压燃油经控制阀被吸入柱塞上方，如图 2-119a 所示；

② 即使柱塞上行，但 PCV 控制阀中尚未通电，控制阀仍处于开启状态，原来被吸入的柴油并未升压，会经 PCV 控制阀被压回低压腔，如图 2-119b 所示；

③ ECU 计算出满足必要的供油量时，适时地向 PCV 控制阀供电，控制阀关闭，切断回油流路，柴油被柱塞压缩，柱塞腔内燃油增压，因此，高压燃油经出油阀（单向阀）压入共轨内，如图 2-119c 所示；控制阀开启后的柱塞行程与供油量对应。因此变化 PCV 的通电时间，即可改变送油量，则供油量随之改变，从而可以控制共轨压力；

④ 凸轮越过最大升程后，则柱塞进入下降行程，柱塞腔内的压力降低；这时出油阀关闭，压油停止；控制阀处于断电状态，控制阀开启，低压燃油再度被吸入柱塞上方，恢复到如图 2-119d 状态。

由以上的说明可以了解，PCV 控制阀调节送出的柴油量，以调整共轨内的油压，故控制阀通电时间的长短，即可控制共轨内压力的大小。

特别值得指出的是：在 HP0 型供油泵中 PCV 控制阀采用螺旋形磁铁，改变了传统的菱形磁铁，使得结构得到改善，性能提高。

电装公司的第二代供油泵（HP4）采用转子式，如图 2-120 所示。

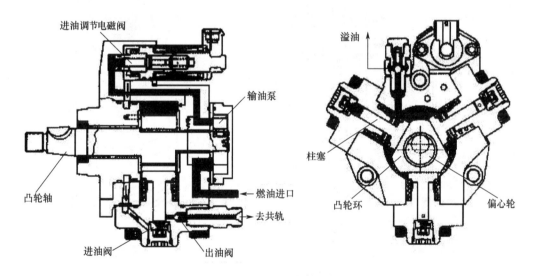

图 2-120　HP4 型转子式供油泵的构造

HP4 型转子式供油泵的体积更小、结构更加紧凑，采用进油计量法。HP3 型和 HP4 供油泵的设计中充分考虑到标准化，两种供油泵的零部件通用化率达到 80%。供油部分基本是通用的，充分考虑到生产工艺性；2 缸和 3 缸形成系列，如图 2-121 所示。

3. 燃油压力控制阀

（1）任务　燃油压力控制阀（PCV）的作用是根据 ECU 送来的控制信号，用于调整共轨内的燃油压力，使供油阀在适当的时刻开启或关闭来控制供油量，最终控制共轨内的燃油压力。

（2）结构与原理　电装公司 ECD-U2 系统的供油泵燃油压力控制阀的安装位置和外形如图 2-122 所示。燃油压力控制阀（PCV）的工作原理已在供油泵工作原理中介绍，这里不再赘述。

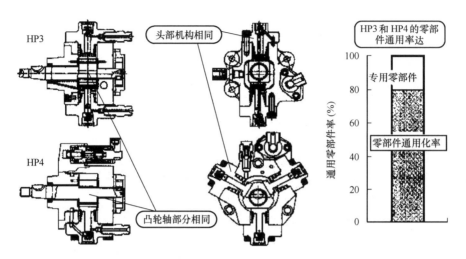

图 2-121　HP3 型和 HP4 型供油泵的标准化设计

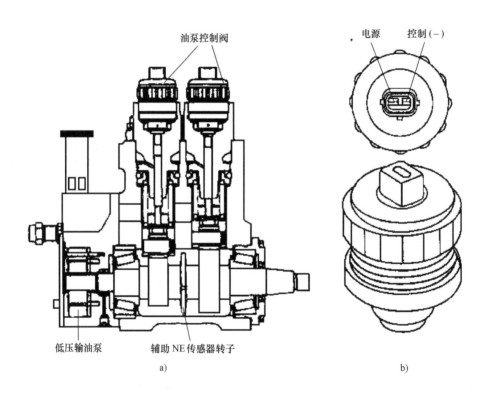

图 2-122　供油泵上控制阀的位置与外形

a）供油泵控制阀的安装位置　b）供油泵控制阀（PCV）

4. 电控喷油器

（1）任务　ECU 依据各种传感器及开关信号，控制电控喷油器在正确时间喷油，喷射正确的柴油量，正确的出油率以及良好的雾化。

（2）结构与原理　图 2-123 所示为电装公司二通阀电控喷油器的结构，可分为二通电磁阀（双向电磁阀）、液压活塞和喷油器等三部分。

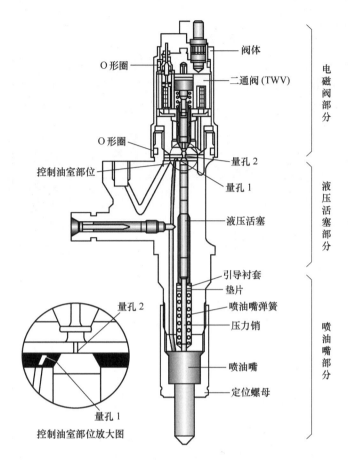

图 2-123　电控喷油器的结构

电磁阀受电控单元 ECU 的控制改变控制油腔内压力，以控制喷油开始及喷射结束，如图 2-124 所示。量孔用以限制喷油嘴针阀打开的速度，以调节出油率；液压活塞用以传送从控制油腔来的压力给喷油嘴针阀；而喷油嘴则用以使柴油雾化，功能与传统式喷油嘴相同。

喷油器电磁阀的阀门部分由两个阀所组成，如图 2-125 所示。内阀固定，外阀可以滑动，两个阀精密装配在同轴上，电磁阀受电控单元 ECU 控制，一般有三个过程：

① 不喷射：当电磁阀不通电时，阀弹簧力及液压力使外阀向下，外阀座封闭，由于共轨高压经量孔 1 进入控制油腔，故喷油嘴针阀在关闭状态，此时不喷油，如图 2-125a 示；

② 开始喷油：当电磁阀通电时，电磁吸力使外阀向上，外阀座打开，控制油室内柴油从量孔 2 流出，喷油嘴针阀向上，开始喷射柴油，如图 2-125b 所示；接着出油率逐渐增加，直至达最大出油率；

③ 结束喷油：当电磁阀断电时，阀弹簧力及液压力使外阀向下，外阀座封闭，此时由共轨来的高压柴油，立即进入控制油腔，使喷油嘴针阀向下，结束喷油行程，如图 2-125c 所示。

电控喷油器中由电磁阀直接控制喷油始点、喷油间隔和喷油终点，从而直接控制喷油量、喷油时间和喷油率。电控喷油器实际上完成了传统喷油装置中的喷油器、调速器和提前器的功能。

图 2-126 所示为二通阀式喷油器的喷油量特性曲线。图中表明脉宽和每次循环喷油量的关系；在不同的喷油压力下，脉宽相同，喷油量不同；喷油压力越高，喷油量越大，但是，

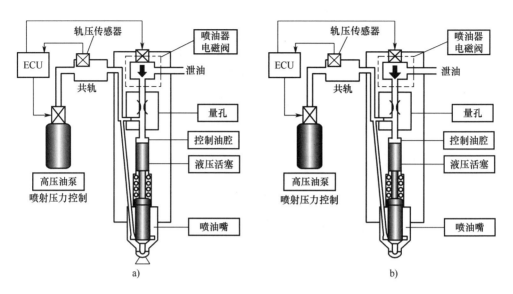

图 2-124　喷油器电磁阀 ON 和 OFF 时的作用

a）喷射开始（电磁阀有电）　b）喷射结束（电磁阀断电）

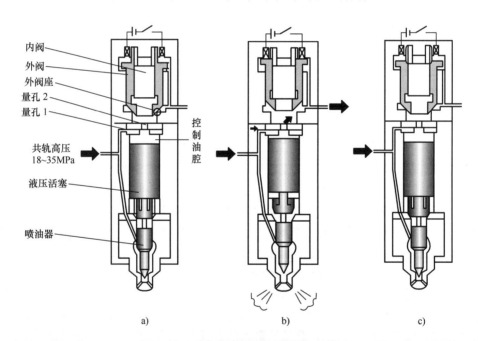

图 2-125　电磁阀的构造与喷油器的作用

a）不喷射　b）开始喷油　c）结束喷油

带补偿电阻的喷油器和不带补偿电阻的喷油量也有一定的区别。显然，带补偿电阻的喷油嘴的喷油量也有一定的区别，带补偿电阻的电控喷油器喷油量特性的线性度提高了，分散度降低了。

5. 共轨

（1）任务　高压共轨管的作用：共轨管将供油泵提供的高压燃油稳压后，分配到各喷

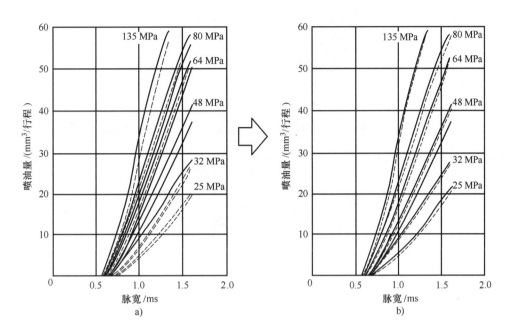

图 2-126　喷油量特性曲线

a）不带补偿　b）带补偿

油器中，起到蓄压器的作用，它的容积应削减高压油泵的供油压力波动和每个喷油器由喷油过程引起的压力震荡，使高压油轨中的压力波动控制在 5Mpa 之下。但其容积又不能太大，以保证共轨有足够的压力响应速度以快速跟踪柴油机工况的变化；将高压油泵输出的高压油蓄集在共轨油腔内，维持 ECU 所设定的共轨压力；向各缸喷油器供应高压燃油。

（2）结构与原理　高压共轨管上装有波动阻尼器、压力限制阀、流量限制阀（每缸一个）、共轨压力传感器，如图 2-127 所示，各零件结构与作用如下：

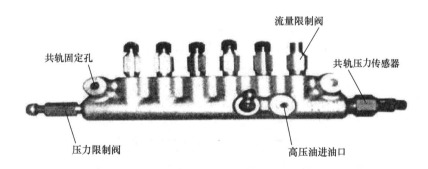

图 2-127　高压共轨的构造

① 流量限制阀或称流动缓冲器也有称波动阻尼器的，在油轨的上部有六个流量限制阀，分别与六个缸的高压油管相连。

当某一缸的高压油管有泄漏或喷油器故障而导致燃油喷射量超过限值时，高压柴油施加在活塞上，就使活塞与钢球向右移，钢球与座接触，封闭柴油通道，切断该缸的燃油供应，如图 2-128 所示。

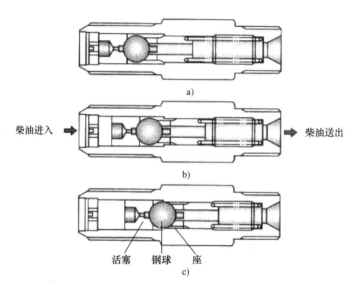

图 2-128 流量限制阀的构造与工作原理

a）发动机熄火时　b）阻尼作用时　c）过量柴油的不正常流动时

② 轨压限制阀。当共轨压力超过共轨管所能承受的最高压力时（140MPa），轨压限制阀会自动开启，将共轨压力降低到约 30MPa 时，压力限制阀的阀门关闭，如图 2-129 所示。

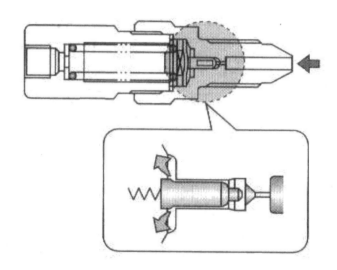

图 2-129 轨压限制阀的构造与作用

③ 共轨压力传感器为半导体式压力传感器，当油压变化时，半导体电阻发生改变，输出电压与油压成正比，油压越高，输出电压也越高。

三、电装共轨电控系统典型电路图

1. 六缸柴油机电控电路

（1）电装国六 DC1WC40 高压共轨电控系统电路图　图 2-130 为电装国六 DC1WC40 高压共轨电控系统电路图。

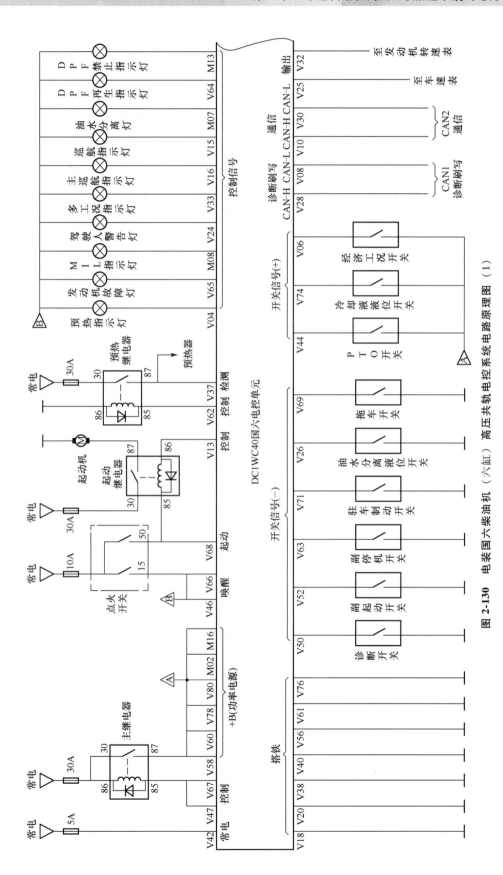

图 2-130　电装国六柴油机（六缸）高压共轨电控系统电路原理图（1）

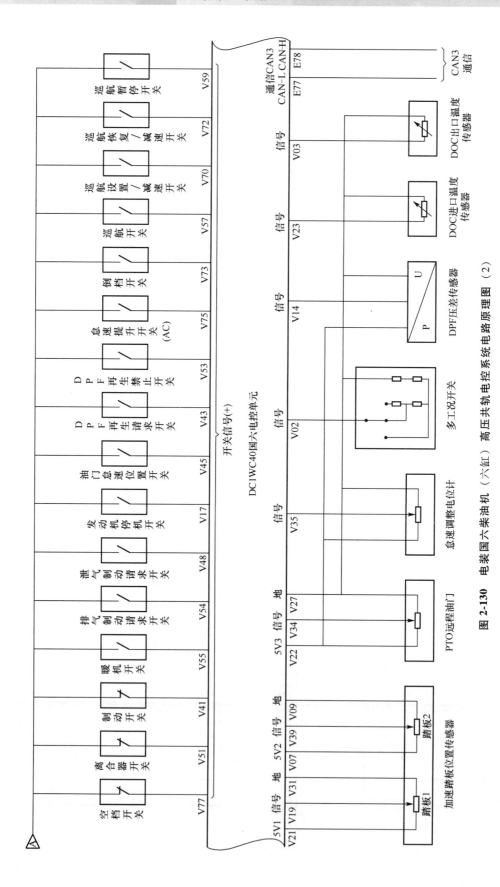

图2-130　电装国六柴油机（六缸）高压共轨电控系统电路原理图（2）

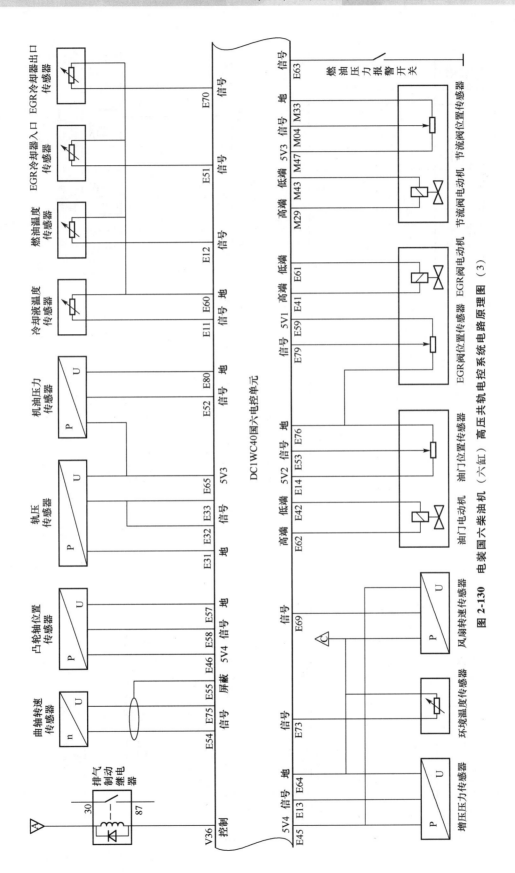

图 2-130　电装国六柴油机（六缸）高压共轨电控系统电路原理图（3）

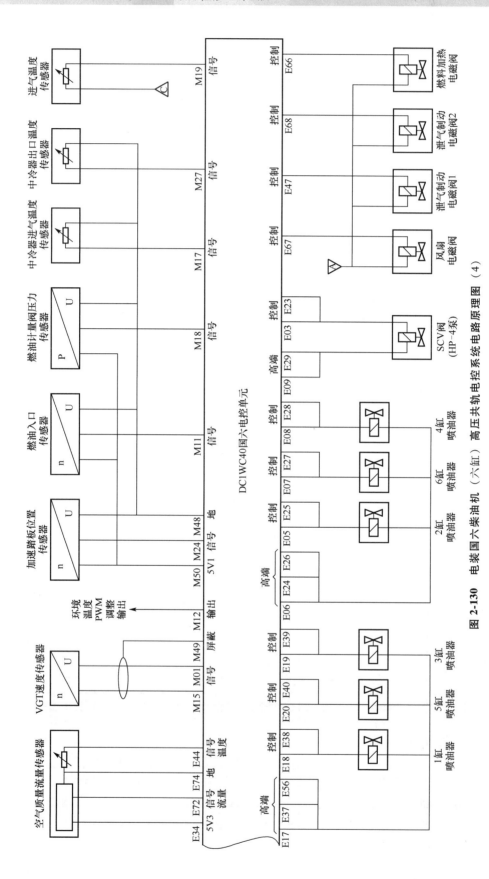

图2-130　电装国六柴油机（六缸）高压共轨电控系统电路原理图（4）

（2）电装国六 DC1WC40 电控单元插接器　图 2-131 为电装国六 DC1WC40 电控单元插接器。

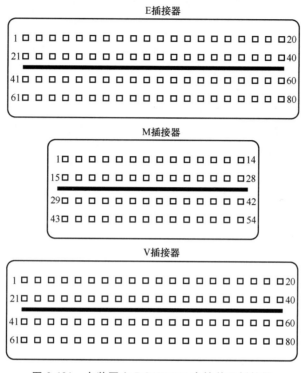

图 2-131　电装国六 DC1WC40 电控单元插接器

（3）电装国六 DC1WC40 电控单元针脚功能　电装国六 DC1WC40 电控单元针脚功能如表 2-8 所列。

表 2-8　电装 DC1WC40 电控单元针脚功能

端子	端子描述	条件	正常值
	V 插接器		
02	自多工况开关的信号	工作时	变化信号
03	自 DOC 出口温度传感器的信号	ON/运行	变化信号
04	至预热指示灯的控制信号	预热时	小于 1V
06	自经济工况开关的信号	工作时	24V
07	至加速踏板位置传感器 2 的电源（电源模块 2）	ON 时	5V
08	诊断刷写总线 CAN-L	ON 时	2.5V 以下
09	至加速踏板位置传感器 2 的搭铁	永久	蓄电池负极
10	通信总线 CAN-H	ON 时	2.5V 以上
13	至起动继电器线圈的控制信号	ST 时	小于 1V
14	自 DPF 压差传感器的信号	ON/运行	变化信号
15	至巡航指示灯的控制信号	工作时	小于 1V
16	至主巡航指示灯的控制信号	工作时	小于 1V
17	自发动机停机开关的信号	工作时	24V

（续）

端子	端子描述	条件	正常值
18	ECU 搭铁	永久	蓄电池负极
19	自加速踏板位置传感器 1 的信号	ON/运行	变化信号
20	ECU 搭铁	永久	蓄电池负极
21	至加速踏板位置传感器 1 的电源（电源模块 1）	ON 时	5V
22	至 PTO 远程油门传感器、息速调整电位计、DPF 压差传感器的电源（电源模块 3）	ON 时	5V
23	自 DOC 进口温度传感器的信号	ON/运行	变化信号
24	至驾驶人警告灯的控制信号	工作时	小于 1V
25	至车速表信号	运行时	脉冲信号
26	自油水分离液位开关的信号	工作时	小于 1V
27	至 PTO 远程油门传感器，息速调整电位计，多工况开关，DPF 压差传感器，DOC 进、出口温度传感器的的搭铁	永久	蓄电池负极
28	诊断刷写总线 CAN-H	ON 时	2.5V 以上
30	通信总线 CAN-L	ON 时	2.5V 以下
31	至加速踏板位置传感器 1 的搭铁	永久	蓄电池负极
32	至发动机转速表信号	运行时	脉冲信号
33	至多工况指示灯的控制信号	工作时	小于 1V
34	自 PTO 远程油门的信号	工作时	变化信号
35	自息速调整电位计的信号	工作时	变化信号
36	至排气制动继电器线圈控制信号	工作时	小于 1V
37	自预热继电器输出的检测信号	预热时	24V
38	ECU 搭铁	永久	蓄电池负极
39	自加速踏板位置传感器 2 的信号	ON/运行	变化信号
40	ECU 搭铁	永久	蓄电池负极
41	自制动开关信号（常闭触点）	未踏下	24V
42	经 5A 熔断器的常电源	永久	24V
43	自 DPF 再生禁止开关的信号	工作时	24V
44	自 PTO 开关的信号	工作时	24V
45	自油门息速位置开关的信号	工作时	24V
46	自点火开关运行档的唤醒信号	ON 时	24V
47	至主继电器线圈的控制信号	ON 时	小于 1V
48	自泄气制动请求开关的信号	工作时	24V
50	自诊断开关的信号	工作时	小于 1V
51	自离合器开关的信号	未踏下	24V
52	自副起动开关的信号	工作时	小于 1V
53	自 DPF 再生禁止开关的信号	工作时	24V
54	自排气制动请求开关的信号	工作时	24V
55	自暖机开关的信号	工作时	24V
56	ECU 搭铁	永久	蓄电池负极
57	自巡航开关的信号	工作时	24V
58	自主继电器输出的 ECU+B 电源	ON 时	24V
59	自巡航暂停开关的信号	工作时	24V

（续）

端子	端子描述	条件	正常值
60	自主继电器输出的 ECU+B 电源	ON 时	24V
61	ECU 搭铁	永久	蓄电池负极
62	至预热继电器线圈的控制信号	ON 时	24V
63	自副停机开关的信号	工作时	小于 1V
64	至 DPF 再生指示灯的控制信号	工作时	小于 1V
65	至发动机故障指示灯的控制信号	故障时	小于 1V
66	自点火开关的唤醒信号	ON 时	24V
67	至主继电器线圈的控制信号	ON 时	小于 1V
68	自点火开关起动档的起动信号	ST 时	24V
69	自拖车开关的信号	工作时	小于 1V
70	自巡航设置/减速开关的信号	工作时	24V
71	自驻车制动开关的信号	工作时	小于 1V
72	自巡航恢复/加速开关的信号	工作时	24V
73	自倒档开关的信号	工作时	24V
74	自冷却液液位开关的信号	工作时	24V
75	自怠速提升开关（AC）的信号	工作时	24V
76	ECU 搭铁	永久	蓄电池负极
77	自空档开关的信号	空档时	24V
78	自主继电器输出的 ECU+B 电源	ON 时	24V
80	自主继电器输出的 ECU+B 电源	ON 时	24V

说明：有效针脚 73 个

E 插接器			
03	至 SCV 阀低端控制	运行时	PWM
05	至 2 缸喷油器低端控制	运行时	PWM
06	至 2、6、4 缸喷油器高端电源	ON/运行	变化电源
07	至 6 缸喷油器低端控制	运行时	PWM
08	至 4 缸喷油器低端控制	运行时	PWM
09	至 SCV 阀高端控制		
11	自冷却液温度传感器的信号	ON/运行	变化信号
12	自燃油温度传感器的信号	ON/运行	变化信号
13	自增压压力传感器的信号	ON/运行	变化信号
14	至油门位置传感器的工作电源（电源模块 2）	ON 时	5V
17	至 1、5、3 喷油器高端电源	ON/运行	变化电源
18	至 1 缸喷油器低端控制	运行时	PWM
19	至 3 缸喷油器低端控制	运行时	PWM
20	至 5 缸喷油器低端控制	运行时	PWM
23	至 SCV 阀低端控制	运行时	PWM
24	至 2、6、4 缸喷油器高端电源	ON/运行	变化电源
25	至 2 缸喷油器低端控制	运行时	PWM
26	至 2、6、4 缸喷油器高端电源	ON/运行	变化电源

（续）

端子	端子描述	条件	正常值
27	至 6 缸喷油器低端控制	运行时	PWM
28	至 4 缸喷油器低端控制	运行时	PWM
29	至 SCV 阀高端控制		
31	至轨压传感器的搭铁	永久	蓄电池负极
32	自轨压传感器的信号	ON/运行	变化信号
33	自轨压传感器的信号	ON/运行	变化信号
34	至空气质量流量传感器的工作电源（电源模块 4）	ON 时	5V
37	至 1、5、3 喷油器高端电源	ON/运行	变化电源
38	至 1 缸喷油器低端控制	运行时	PWM
39	至 3 缸喷油器低端控制	运行时	PWM
40	至 5 缸喷油器低端控制	运行时	PWM
41	至 EGR 阀电动机的高端控制		
42	至油门电动机的低端控制	工作时	
44	自空气质量流量传感器的温度信号	ON/运行	变化信号
45	至增压压力、风扇转速传感器的电源（电源模块 4）	ON 时	5V
46	至凸轮轴位置传感器工作电源（电源模块 4）	ON 时	5V
47	至泄气制动电磁阀 1 低端控制	工作时	小于 1V
51	自 EGR 冷却器入口温度传感器的信号	ON/运行	变化信号
52	自机油压力传感器的信号	ON/运行	变化信号
53	自油门位置传感器的信号	ON/运行	变化信号
54	自曲轴转速传感器的信号	运行时	交流信号
55	曲轴转速传感器屏蔽线	永久	小于 1V
56	至 1、5、3 喷油器高端电源	ON/运行	变化电源
57	至凸轮轴位置传感器的搭铁	永久	蓄电池负极
58	自凸轮轴位置传感器的信号	运行时	数字信号
59	至 EGR 阀位置传感器的工作电源（电源模块 1）	ON 时	5V
60	至冷却液、燃油、EGR 冷却器入口、出口温度传感器的搭铁	永久	蓄电池负极
61	至 EGR 阀电动机的低端控制		
62	至油门电动机的高端控制	ON 时	24V
63	自燃油压力报警开关的信号	工作时	小于 1V
64	至增压压力、环境温度、风扇转速、进气温度传感器搭铁	永久	蓄电池负极
65	至轨压、机油压力传感器的工作电源（电源模块 3）	ON 时	5V
66	至燃料加热电磁阀低端控制	工作时	小于 1V
67	至风扇电磁阀低端控制	工作时	小于 1V
68	至泄气制动电磁阀 2 低端控制	工作时	小于 1V
69	自风扇转速传感器的信号	运行时	变化信号

（续）

端子	端子描述	条件	正常值
70	自 EGR 冷却器出口温度传感器的信号	ON/运行	变化信号
72	自空气质量流量传感器的流量信号	运行时	变化信号
73	自环境温度传感器的信号	ON/运行	变化信号
74	至空气质量流量传感器的搭铁	永久	蓄电池负极
75	自曲轴转速传感器的信号	运行时	交流信号
76	至油门、EGR 阀位置传感器的搭铁	永久	蓄电池负极
77	通信总线 CAN3-L	ON 时	2.5V 以下
78	通信总线 CAN3-H	ON 时	2.5V 以上
79	自 EGR 阀位置传感器的信号	ON/运行	变化信号
80	至机油压力传感器的搭铁	永久	蓄电池负极

说明:有效针脚 64 个

M 插接器			
01	自 VGT 速度传感器的信号	运行时	交流信号
02	自主继电器输出的 ECU+B 电源	ON 时	24V
04	自节流阀位置传感器的信号	ON/运行	变化信号
07	至油水分离指示灯的控制信号	工作时	小于 1V
08	至 MIL 指示灯的控制信号	工作时	小于 1V
11	自燃油入口传感器信号	ON/运行	变化信号
12	环境温度 PWM 调整输出	工作时	PWM
13	至 DPF 禁止指示灯的控制信号	工作时	小于 1V
15	自 VGT 速度传感器的信号	运行时	交流信号
16	自主继电器输出的 ECU+B 电源	ON 时	24V
17	自中冷器进气温度传感器信号	ON/运行	变化信号
18	自燃油计量阀压力传感器信号	ON/运行	变化信号
19	自进气温度传感器信号	ON/运行	变化信号
24	自加速踏板位置传感器信号	工作时	变化信号
27	自中冷器出口温度传感器信号	ON/运行	变化信号
29	至节流阀电动机的高端控制		
33	至节流阀位置传感器的搭铁	永久	蓄电池负极
43	至节流阀电动机的低端控制		
47	至节流阀位置传感器工作电源(电源模块 3)	ON 时	5V
48	至加速踏板位置、燃油入口、燃油计量阀压力、中冷器进气、出口温度传感器搭铁	永久	蓄电池负极
49	VGT 速度传感器屏蔽线	永久	蓄电池负极
50	至加速踏板位置、燃油入口、燃油计量阀传感器工作电源(电源模块 1)	ON 时	5V

说明:有效针脚 22 个

2. 四缸柴油机电控电路

（1）电装国六 DC1WC40 高压共轨电控系统电路图　图 2-132 为电装国六 DC1WC40 高压共轨电控系统电路图。

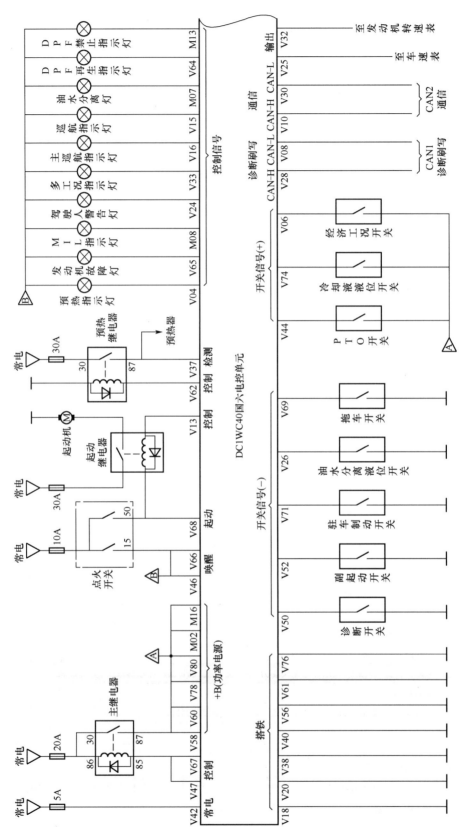

图 2-132 电装国六柴油机（四缸）高压共轨电控系统电路原理图（1）

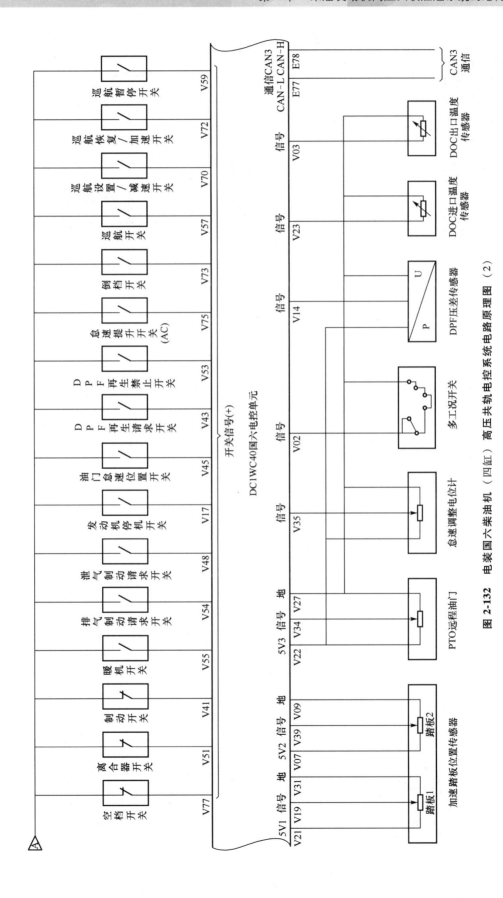

图 2-132 电装国六柴油机（四缸）高压共轨电控系统电路原理图（2）

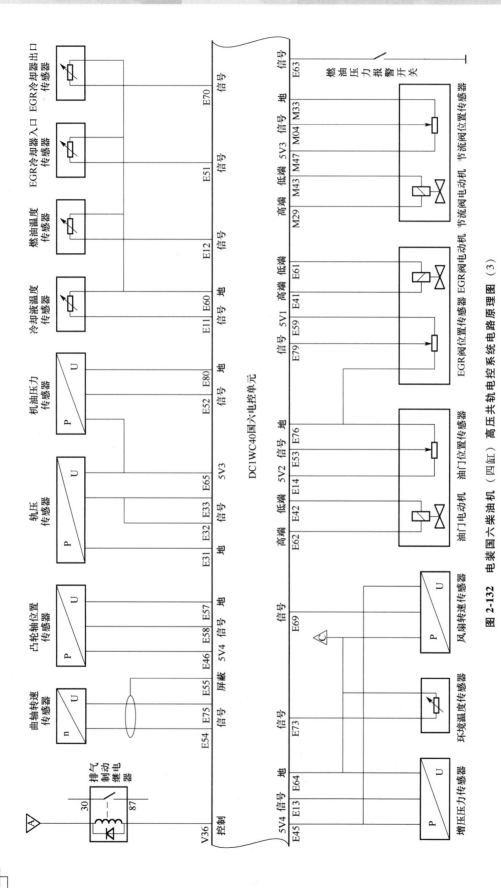

图 2-132 电装国六柴油机（四缸）高压共轨电控系统电路原理图（3）

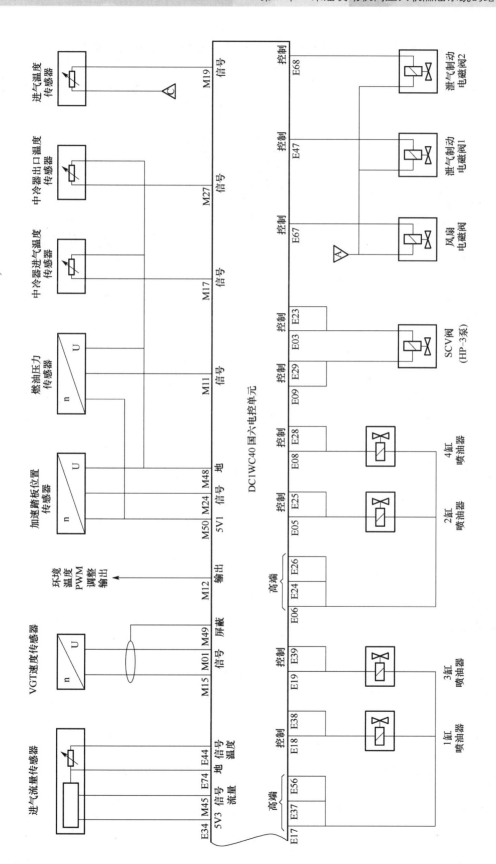

图 2-132　电装国六柴油机（四缸）高压共轨电控系统电路原理图（4）

（2）电装国六 DC1WC40 电控单元插接器　电装国六 DC1WC40 柴油机电控单元插接器四缸和六缸相同。

（3）电装国六 DC1WC40 电控单元针脚功能　电装国六 DC1WC40 电控单元针脚功能如表 2-9 所列。

表 2-9　电装 DC1WC40 电控单元针脚定义

端子	端子描述	条件	正常值
	V 插接器		
02	自多工况开关的信号	工作时	变化信号
03	自 DOC 出口温度传感器的信号	ON/运行	变化信号
04	至预热指示灯的控制信号	预热时	小于 1V
06	自经济工况开关的信号	工作时	24V
07	至加速踏板位置传感器 2 的电源（电源模块 2）	ON 时	5V
08	诊断刷写总线 CAN-L	ON 时	2.5V 以下
09	至加速踏板位置传感器 2 的搭铁	永久	蓄电池负极
10	通信总线 CAN-H	ON 时	2.5V 以上
13	至起动继电器线圈的控制信号	ST 时	小于 1V
14	自 DPF 压差传感器的信号	ON/运行	变化信号
15	至巡航指示灯的控制信号	工作时	小于 1V
16	至主巡航指示灯的控制信号	工作时	小于 1V
17	自发动机停机开关的信号	工作时	24V
18	ECU 搭铁	永久	蓄电池负极
19	自加速踏板位置传感器 1 的信号	ON/运行	变化信号
20	ECU 搭铁	永久	蓄电池负极
21	至加速踏板位置传感器 1 的电源（电源模块 1）	ON 时	5V
22	至 PTO 远程油门传感器、怠速调整电位计、DPF 压差传感器的电源（电源模块 3）	ON 时	5V
23	自 DOC 进口温度传感器的信号	ON/运行	变化信号
24	至驾驶人警告灯的控制信号	工作时	小于 1V
25	至车速表信号	运行时	脉冲信号
26	自油水分离液位开关的信号	工作时	小于 1V
27	至 PTO 远程油门传感器，怠速调整电位计，多工况开关，DPF 压差传感器，DOC 进、出口温度传感器的搭铁	永久	蓄电池负极
28	诊断刷写总线 CAN-H	ON 时	2.5V 以上
30	通信总线 CAN-L	ON 时	2.5V 以下
31	至加速踏板位置传感器 1 的搭铁	永久	蓄电池负极
32	至发动机转速表信号	运行时	脉冲信号
33	至多工况指示灯的控制信号	工作时	小于 1V
34	自 PTO 远程油门的信号	工作时	变化信号
35	自怠速调整电位计的信号	工作时	变化信号

（续）

端子	端子描述	条件	正常值
36	至排气制动继电器线圈控制信号	工作时	小于1V
37	自预热继电器输出的检测信号	预热时	24V
38	ECU 搭铁	永久	蓄电池负极
39	自加速踏板位置传感器2的信号	ON/运行	变化信号
40	ECU 搭铁	永久	蓄电池负极
41	自制动开关信号（常闭触点）	未踏下	24V
42	经5A熔断器的常电源	永久	24V
43	自DPF再生禁止开关的信号	工作时	24V
44	自PTO开关的信号	工作时	24V
45	自油门怠速位置开关的信号	工作时	24V
46	自点火开关运行档的唤醒信号	ON 时	24V
47	至主继电器线圈的控制信号	ON 时	小于1V
48	自泄气制动请求开关的信号	工作时	24V
50	自诊断开关的信号	工作时	小于1V
51	自离合器开关的信号	未踏下	24V
52	自副起动开关的信号	工作时	小于1V
53	自DPF再生禁止开关的信号	工作时	24V
54	自排气制动请求开关的信号	工作时	24V
55	自暖机开关的信号	工作时	24V
56	ECU 搭铁	永久	蓄电池负极
57	自巡航开关的信号	工作时	24V
58	自主继电器输出的ECU+B电源	ON 时	24V
59	自巡航暂停开关的信号	工作时	24V
60	自主继电器输出的ECU+B电源	ON 时	24V
61	ECU 搭铁	永久	蓄电池负极
62	至预热继电器线圈的控制信号	ON 时	24V
64	至DPF再生指示灯的控制信号	工作时	小于1V
65	至发动机故障指示灯的控制信号	故障时	小于1V
66	自点火开关的唤醒信号	ON 时	24V
67	至主继电器线圈的控制信号	ON 时	小于1V
68	自点火开关起动档的起动信号	ST 时	24V
69	自拖车开关的信号	工作时	小于1V
70	自巡航设置/减速开关的信号	工作时	24V
71	自驻车制动开关的信号	工作时	小于1V
72	自巡航恢复/加速开关的信号	工作时	24V
73	自倒档开关的信号	工作时	24V

（续）

端子	端子描述	条件	正常值
74	自冷却液液位开关的信号	工作时	24V
75	自怠速提升开关（AC）的信号	工作时	24V
76	ECU 搭铁	永久	蓄电池负极
77	自空档开关的信号	空档时	24V
78	自主继电器输出的 ECU+B 电源	ON 时	24V
80	自主继电器输出的 ECU+B 电源	ON 时	24V

说明:有效针脚 72 个

E 插接器			
03	至 SCV 阀低端控制	运行时	PWM
05	至 2 缸喷油器低端控制	运行时	PWM
06	至 2、6、4 缸喷油器高端电源	ON/运行	变化电源
08	至 4 缸喷油器低端控制	运行时	PWM
09	至 SCV 阀高端控制	ON/运行	变化信号
11	自冷却液温度传感器的信号	ON/运行	变化信号
12	自燃油温度传感器的信号	ON/运行	变化信号
13	自增压压力传感器的信号	ON/运行	变化信号
14	至油门位置传感器的工作电源（电源模块 2）	ON 时	5V
17	至 1、5、3 喷油器高端电源	ON/运行	变化电源
18	至 1 缸喷油器低端控制	运行时	PWM
19	至 3 缸喷油器低端控制	运行时	PWM
23	至 SCV 阀低端控制	运行时	PWM
24	至 2、6、4 缸喷油器高端电源	ON/运行	变化电源
25	至 2 缸喷油器低端控制	运行时	PWM
26	至 2、6、4 缸喷油器高端电源	ON/运行	变化电源
28	至 4 缸喷油器低端控制	运行时	PWM
29	至 SCV 阀高端控制	ON/运行	变化信号
31	至轨压传感器的搭铁	永久	蓄电池负极
32	自轨压传感器的信号	ON/运行	变化信号
33	自轨压传感器的信号	ON/运行	变化信号
34	至空气质量流量传感器的工作电源（电源模块 4）	ON 时	5V
37	至 1、5、3 喷油器高端电源	ON/运行	变化电源
38	至 1 缸喷油器低端控制	运行时	PWM
39	至 3 缸喷油器低端控制	运行时	PWM
41	至 EGR 阀电动机的高端控制	ON/运行	变化信号
42	至油门电动机的低端控制	ON/运行	变化信号
44	自空气质量流量传感器的温度信号	ON/运行	变化信号

（续）

端子	端子描述	条件	正常值
45	至增压压力、风扇转速传感器的电源（电源模块4）	ON 时	5V
46	至凸轮轴位置传感器工作电源（电源模块4）	ON 时	5V
47	至泄气制动电磁阀1低端控制	工作时	小于 1V
51	自 EGR 冷却器入口温度传感器的信号	ON/运行	变化信号
52	自机油压力传感器的信号	ON/运行	变化信号
53	自油门位置传感器的信号	ON/运行	变化信号
54	自曲轴转速传感器的信号	运行时	交流信号
55	曲轴转速传感器屏蔽线	永久	小于 1V
56	至 1、5、3 喷油器高端电源	ON/运行	变化电源
57	至凸轮轴位置传感器的搭铁	永久	蓄电池负极
58	自凸轮轴位置传感器的信号	运行时	数字信号
59	至 EGR 阀位置传感器的工作电源（电源模块1）	ON 时	5V
60	至冷却液、燃油、EGR 冷却器入口、出口温度传感器的搭铁	永久	蓄电池负极
61	至 EGR 阀电动机的低端控制	ON/运行	变化信号
62	至油门电动机的高端控制	ON/运行	变化信号
63	自燃油压力报警开关的信号	工作时	小于 1V
64	至增压压力、环境温度、风扇转速、进气温度传感器搭铁	永久	蓄电池负极
65	至轨压、机油压力传感器的工作电源（电源模块3）	ON/运行	5V
67	至风扇电磁阀低端控制	工作时	小于 1V
68	至泄气制动电磁阀2低端控制	工作时	小于 1V
69	自风扇转速传感器的信号	运行时	变化信号
70	自 EGR 冷却器出口温度传感器的信号	ON/运行	变化信号
73	自环境温度传感器的信号	ON/运行	变化信号
74	至空气质量流量传感器的搭铁	永久	蓄电池负极
75	自曲轴转速传感器的信号	运行时	交流信号
76	至油门、EGR 阀位置传感器的搭铁	永久	蓄电池负极
77	通信总线 CAN3-L	ON 时	2.5V 以下
78	通信总线 CAN3-H	ON 时	2.5V 以上
79	自 EGR 阀位置传感器的信号	ON/运行	变化信号
80	至机油压力传感器的搭铁	永久	蓄电池负极

说明：有效针脚58个

M 插接器			
01	自 VGT 速度传感器的信号	运行时	交流信号
02	自主继电器输出的 ECU+B 电源	ON 时	24V
04	自节流阀位置传感器的信号	ON/运行	变化信号
07	至油水分离指示灯的控制信号	工作时	小于 1V

（续）

端子	端子描述	条件	正常值
08	至 MIL 指示灯的控制信号	工作时	小于 1V
11	自燃油入口传感器信号	ON/运行	变化信号
12	环境温度 PWM 调整输出	工作时	PWM
13	至 DPF 禁止指示灯的控制信号	工作时	小于 1V
15	自 VGT 速度传感器的信号	运行时	交流信号
16	自主继电器输出的 ECU+B 电源	ON 时	24V
17	自中冷器进气温度传感器信号	ON/运行	变化信号
19	自进气温度传感器信号	ON/运行	变化信号
24	自加速踏板位置传感器信号	工作时	变化信号
27	自中冷器出口温度传感器信号	ON/运行	变化信号
29	至节流阀电动机的高端控制	ON/运行	变化信号
33	至节流阀位置传感器的搭铁	永久	蓄电池负极
43	至节流阀电动机的低端控制	ON/运行	变化信号
45	自进气流量传感器的信号	ON/运行	变化信号
47	至节流阀位置传感器工作电源(电源模块 3)	ON/运行	5V
48	至加速踏板位置、燃油入口、燃油计量阀压力、中冷器进气、出口温度传感器搭铁	永久	蓄电池负极
49	VGT 速度传感器屏蔽线	永久	蓄电池负极
50	至加速踏板位置、燃油入口、燃油计量阀传感器工作电源(电源模块 1)	ON 时	5V

说明:有效针脚 22 个

第三章　高压共轨电控系统电路与检修

第一节　ECU 电源电路

ECU 电源电路是发动机电控系统正常工作的前提保障。电源控制电路大体有两种形式，一种是无主继电器的 ECU 电源电路，另一种是有主继电器的 ECU 电源电路。主继电器在一些车辆上称为上电继电器，在有些车辆上它包括燃油泵的控制功能。

> 无论采用哪种控制方式，ECU 必须满足提供，常供电电源、点火供电电源以及搭铁回路。其中：常供电电源的主要作用是故障存储及一些功率用电；点火供电电源的主要作用是对 ECU 的唤醒。
>
> 正常情况下，打开点火开关后，ECU 要进行自检，故障指示灯应点亮 3~5s 后熄灭，同时 ECU 会提供各传感器、信号开关的工作电源（大多为 5V），以及为相关执行器提供工作电源（12V 或 24V），这说明 ECU 供电基本正常。

一、无主继电器的 ECU 电源电路

图 3-1 所示为博世国六 MD1CE100 高压共轨电控系统 ECU 电源电路。

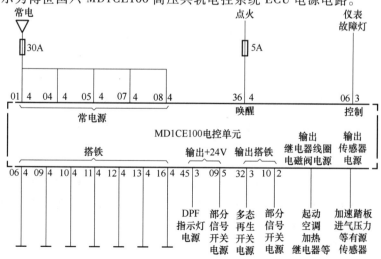

图 3-1　博世国六 MD1CE100 高压共轨电控系统 ECU 电源电路

电路说明：

图 3-1 中，4/01、04、05、07、08 号 5 个端子经 30A 熔断器直接连接蓄电池正极，作为电控单元的记忆兼功率电源（由 ECU 直接控制负载的电源），4/06、09、10、11、12、13、16 号 7 个端子直接连接蓄电池负极，作为 ECU 的搭铁回路，具备了电源电路工作的条件。

接通点火开关，正极电源经 5A 熔断器进入电控单元 4/36 号端子作为 ECU 的唤醒信号，ECU 内部电路工作，通过 3/06 号端子输出控制仪表板故障指示灯的信号，点亮故障指示灯。此时作为自检，若电控系统没有故障存在，故障指示灯在 3~5s 后自动熄灭，同时 ECU 通过 3/45、5/09 号端子输出 DPF 指示灯和部分信号开关工作的正极 24V 电源，3/32、2/10 号端子输出多态开关、DPF 开关、部分信号开关的负极工作电源，并为相关继电器线圈、电磁阀输出工作电源，以及为有源传感器输出工作电源，为发动机起动、运行做好一切准备工作。

二、有主继电器的 ECU 电源电路

1. 电装国六 DC1WC40 高压共轨电控系统 ECU 电源电路

图 3-2 所示为电装国六 DC1WC40 高压共轨电控系统 ECU 电源电路，主继电器是由电控单元控制的。

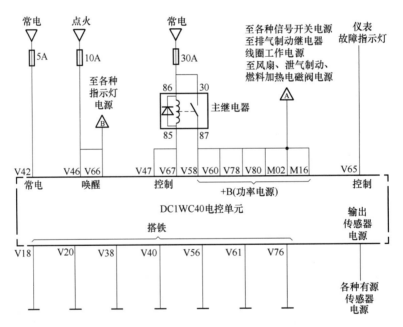

图 3-2　电装国六 DC1WC40 高压共轨电控系统 ECU 电源电路

电路说明：

图 3-2 中，V42 号端子经 5A 熔断器直接连接蓄电池正极，作为电控单元的记忆电源，V18、V20、V38、V40、V56、V61、V76 号 7 个端子直接连接蓄电池负极，作为 ECU 的搭铁回路，具备了电源电路工作的条件。

打开点火开关，点火供电经 10A 熔丝送入电控单元 ECU 的 V46 和 V66（两路供电）号端子，作为电控单元 ECU 的唤醒信号，ECU 内部电路工作，通过 ECU 的 V47 和 V67（两路

输出）号端子输出主继电器控制（搭铁）信号，同时，由ECU的V65号端子输出故障指示灯控制（搭铁）信号。

主继电器工作情况如下。

控制电路：蓄电池常电源经30A熔丝至主继电器的86号端子，由主继电器的85端子至ECU的V47和V67号端子搭铁，主继电器线圈磁化，吸合触点。

主电路：蓄电池常电源经30A熔丝至主继电器的30脚，内部已经闭合的触点，由主继电器的87号端子输出，分别送至ECU的V58、V60、V78、V80、M02、M16号端子作为ECU功率电源（+B），同时为各种信号开关、排气制动继电器线圈、风扇、泄气制动电磁阀、燃料加热电磁阀提供工作电源，并为有源传感器提供工作电源。

2. 潍柴自主WISE10A高压共轨电控系统ECU电源电路

图3-3所示为潍柴自主WISE10A高压共轨电控系统ECU电源电路，主继电器是由点火开关控制的。

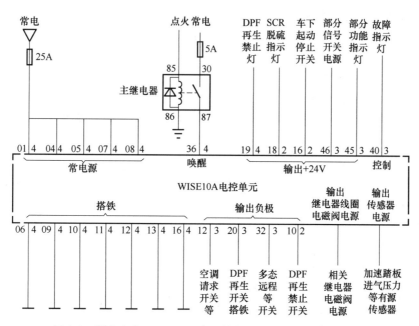

图3-3 潍柴自主WISE10A高压共轨电控系统ECU电源电路

电路说明：

图3-3中，4/01、04、05、07、08号5个端子经25A熔断器直接连接蓄电池正极，作为电控单元的记忆兼功率电源，4/06、09、10、11、12、13、16号7个端子直接连接蓄电池负极，作为ECU的搭铁回路，具备了电源电路工作的条件。

主继电器工作情况如下。

控制电路：打开点火开关，点火供电至主继电器85号脚，86号脚直接搭铁，主继电器线圈磁化、吸合触点。

主电路：常电源经5A熔断器至主继电器30脚，87号脚至电控单元4/36号端子作为电控单元ECU的唤醒信号，ECU内部电路工作，通过3/40号端子输出故障指示灯控制信号，同时为相关指示灯、信号开关、继电器线圈、电磁阀等提供正极或负极工作电源，包括为有源传感器提供工作电源，为起动、运行做好一切准备工作。

三、电控单元 ECU 电源电路的检查

电控单元 ECU 电源电路是整个电控系统工作的前提，必须根据不同的故障现象对电控单元 ECU 电源电路进行检查。ECU 电源电路一般分为有主继电器和无主继电器两种电路形式，但无论哪一种电路形式，有一个共同的特点就是 ECU 电源电路正常的情况下，打开点火开关后故障指示灯会点亮，并在自检结束后自动熄灭，这个过程有 3~5s 的时间，这就给驾驶人一个提示，系统基本正常。对于修理人员来说，在检修故障时也要仔细观察故障指示灯反应。

在检修故障车辆时有时会遇到打开点火开关后故障指示灯不亮的情况，这时就有必要对 ECU 电源电路进行检查，除了了解 ECU 电源电路的控制方式外，还必须掌握电路的检查方法。下面以图 3-2 所示电路图为例，介绍一些常用的检查方法。

1. 故障指示灯及线路的检查

故障指示灯一般位于组合仪表板内，指示灯的一端一般与其他仪表或指示灯共用一个点火电源，导致指示灯不亮的原因一般包括仪表电源没有供电，它可以通过其他仪表或指示灯的工作情况进行确认，这种可能性不大；另一种原因是故障指示灯本身损坏，但由于故障指示灯工作时间短，且工作电流小，一般不易损坏；再一种就是故障指示灯线路故障导致故障指示灯不亮，这种情况也不多见；而由于电控单元没有输出导致故障指示灯不亮的情况却较为多见。

故障指示灯不亮的检查方法如下。

在关闭点火开关的情况下，将 ECU 线束插头拔下，如果有电路图或熟悉电路，知道故障指示灯是由 ECU 的 V65 脚控制，则可将测试灯的一端搭铁，另一端触碰 ECU 线束插头的 V65 脚，如图 3-4 所示。接通点火开关后，若故障指示灯点亮（微弱），则说明故障指示灯以及线路正常，若故障指示灯不亮，则可从 ECU 线束插头 V65 脚至故障指示灯的相关线路查找问题。如果没有电路图或不熟悉电路，则可将测试灯一端搭铁，用另一端在 ECU 线束插头上逐个针脚触碰，若某个针脚触碰时，故障指示灯点亮，即可认为该针脚

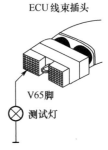

ECU 线束插头

V65 脚

⊗ 测试灯

图 3-4 故障指示灯测试

即为故障指示灯控制端。检查故障指示灯正常与否，主要目的是要确认 ECU 有无故障指示灯控制输出，进而确认 ECU 电源供电情况。

2. ECU 点火供电的检查

若故障指示灯线路正常，而故障指示灯不亮，一般是 ECU 没有得到点火供电或 ECU 搭铁断路，点火供电检查方法如图 3-5 所示。

在关闭点火开关的情况下，将 ECU 线束插头拔下，将测试灯的一端搭铁，如果知道 ECU 点火供电是 V46、V66 号，则直接将测试灯的另一端触碰 V46 或 V66 脚，测试灯能点亮说明点火供电正常，否则，应查找相关熔丝或供电线路是否出现故障。

3. ECU 搭铁的检查

在确认 ECU 点火供电正常的情况下，故障指示灯仍然不亮，就

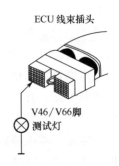

ECU 线束插头

V46/V66 脚

⊗ 测试灯

图 3-5 点火供电检查

要检查 ECU 的搭铁情况。如果了解电路知道 ECU 的搭铁端子，则可找一个电源正极或直接将测试灯的一端连接于已知的 ECU 点火供电端子，另一端在已知的 ECU 的搭铁端触碰，如图 3-6 所示，若测试灯点亮，则说明 ECU 搭铁正常，否则，应查找 ECU 相关线路是否出现故障。

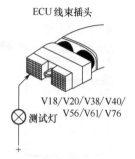

ECU 线束插头

V18/V20/V38/V40/
V56/V61/V76
测试灯

图 3-6　ECU 搭铁的检查

4. 主继电器电路的检查

在确认 ECU 点火供电、搭铁正常的情况下，故障指示灯仍然不亮，应该检查主继电器的工作情况。除了了解主继电器的控制方式外，还应该了解继电器及继电器工作原理。

（1）电磁继电器的工作原理　电磁继电器主要由电磁铁（线圈和铁心）、衔铁（金属触点臂）和触点等组成，它是用较小电流、较低电压去控制较大电流、较高电压的一种"自动开关"。即线圈通电产生磁力，吸动触点接通或断开，故在电路中起着自动调节、安全保护、转换电路等作用。

车用电磁继电器一般有常开型和混合型两种。通用型继电器，在继电器的插脚处会有数字标注，如图 3-7 所示。

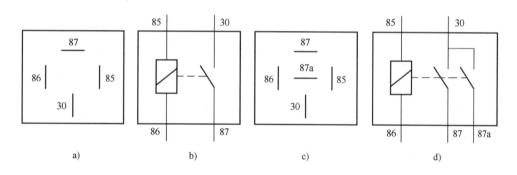

图 3-7　通用型继电器

a）常开型继电器端子　b）常开型继电器原理　c）混合型继电器端子　d）混合型继电器原理

另外还有专用继电器，虽然端子标注不一样，同样符合电磁继电器的所有参数和工作原理。

（2）继电器的检查　继电器的检查要做两项工作，一是静态检查，二是动态检查。

1）静态检查主要是检查继电器线圈电阻值和触点闭合情况。对于 12V 的继电器，电磁线圈的电阻值一般为 80Ω 左右；对于 24V 的继电器，电磁线圈的电阻值一般为 200～300Ω，如图 3-8 所示；常开型继电器要检查 30 与 87 是否处于断开状态，若是混合型继电器，则要检查 30 与 87a 是否处于导通状态，如图 3-9 所示。

2）动态检查即检查电磁线圈通电

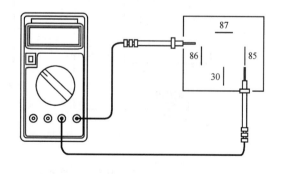

图 3-8　电阻档测量继电器线圈电阻值

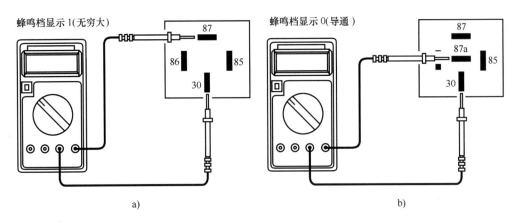

图 3-9　继电器触点的检查

a）30 与 87　b）30 与 87a

后，触点是否动作。常开型继电器，30 与 87 应处于导通状态，若是混合型继电器，30 与 87a 应该断开，30 与 87 应该闭合，如图 3-10 所示。

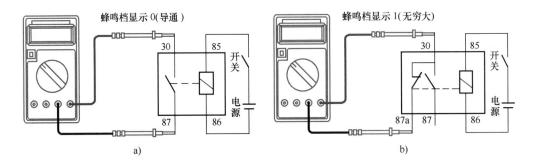

图 3-10　继电器的通电检查

a）30 与 87 闭合　b）30 与 87a 断开、30 与 87 闭合

利用测试灯也可很方便地对继电器进行检查，图 3-11a 所示为常开型继电器的测试方

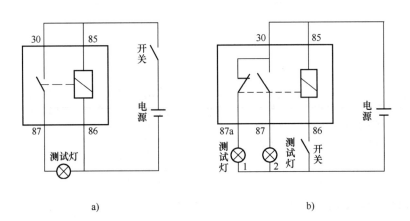

图 3-11　继电器通电检查（测试灯）

a）常开型继电器　b）混合型继电器

法，按照电路图将测试灯与继电器连接好，将开关闭合后，测试灯应点亮，说明继电器工作正常；图 3-11b 所示为混合型继电器的测试方法，按照电路将测试灯连接于 87a 脚与电源负极之间，此时测试灯应点亮，说明常闭触点正常，将开关闭合后，测试灯应熄灭，随后将测试灯改接在 87 脚上，测试灯能够点亮，说明继电器工作正常，将开关频繁接通与断开，再将测试灯频繁地在 87a 与 87 脚之间变换，则可看到测试灯闪烁的情况。

特别需要注意的是，主继电器有时装用的是普通继电器，有时是图 3-12 中所示具有保护功能的特殊继电器。此种继电器内部与电磁线圈反向并联一只续流二极管，其作用是防止电路中电压、电流的突变，为反向电动势提供耗电通路。电感线圈（继电器线圈）可以经过它给负载提供持续的电流，以免负载电流突变，起到平滑电流的作用。当二极管截止时，续流电路可以释放掉线圈中储存的能量，如图 3-12 所示。

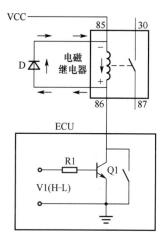

图 3-12　续流二极管的作用

在用万用表检查线圈电阻值时，正反向电阻值或有所区别，特别是通电试验时一定要严格按照原电路连接方法，否则会击穿二极管导致继电器损坏。

（3）主继电器控制信号的检查　从图 3-2 可知，主继电器是由 ECU 的 V47 和 V67 脚控制的，在确认主继电器的 86 脚已有电源正极的前提下，主继电器是否工作取决于 ECU 是否有控制信号输出。这有两种情况，一是要检查 ECU 的 V47 和 V67 脚至主继电器的线路导通情况，二是需要确认 ECU 是否有输出。

首先要检查线路导通情况，在关闭点火开关的情况下，将 ECU 线束插头拔下，用万用表蜂鸣档检查 ECU 的 V47 和 V67 脚至主继电器的 85 脚的导通情况。正常情况下，万用表在蜂鸣器鸣响的同时显示值应与校表数值吻合，否则应检查相关的线路连接，如图 3-13 所示。

确认主继电器与 ECU 控制信号线路正常的情况下，将 ECU 线束插头恢复，把测试灯的一端连接于主继电器座的 85 脚，另一端连接于 86 脚，如图 3-14 所示。打开点火开关后，测试灯应点亮。否则，说明 ECU 没有输出控制信号，应检查 ECU 内部或更换 ECU。

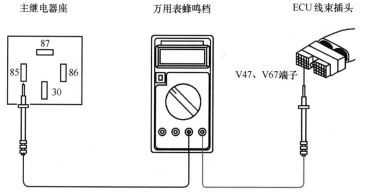

图 3-13　主继电器线圈控制线路的检查

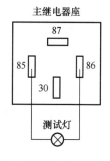

图 3-14　主继电器
控制信号的检查

第二节 信 号 电 路

一、电装公司传感器电路

1. 主要传感器电路

图 3-15 所示为电装国六 DC1WC40 高压共轨电控系统主要传感器（类型）电路图。下面以图 3-15 为例分析主要传感器电路，图中传感器大体可分为有源传感器和无源传感器两大类型。

无源传感器主要是指磁电式传感器，图 3-15 中包括曲轴位置传感器和 VGT 速度传感器，这种传感器工作时相当于一个小型发电机，向 ECU 传输交流信号电压。

有源传感器又分为传感器工作电源和传感器参考电源两种类型。

采用传感器工作电源的主要是指电位计式、霍尔式、压力式等大多数三端子传感器，图 3-15 中对采用工作电源的传感器由 4 个 5V 供电模块分别供电。

其中：

5V1（即 5V 供电模块 1）为燃油入口传感器、燃油计量压力传感器、EGR 阀位置传感器、加速踏板位置传感器 1 提供工作电源。

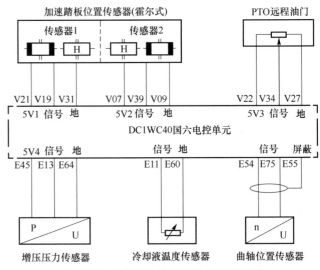

图 3-15 电装国六 DC1WC40 电控系统
主要传感器（类型）电路图

5V2 为节气门位置传感器、加速踏板位置传感器 2 提供工作电源。

5V3 为空气流量传感器、轨压传感器、机油压力传感器、节流阀位置传感器、PTO 远程油门、怠速调整电位计、DPF 压差传感器提供工作电源。

5V4 为增压压力传感器、风扇转速传感器、凸轮轴位置传感器提供工作电源。

采用 1 个 5V 供电模块给若干个传感器提供电源时，若某个传感器出现电源线路短路情况，则有可能导致 ECU 内部该 5V 电源模块损坏或者暂时保护而无输出，其他传感器也会因没有工作电源而无法工作，在分析判断故障时要考虑到这一点。

采用传感器参考电源的主要是指温度类传感器，这种温度传感器基本上都是两个端子，图 3-15 中只能采取独立供电的形式，因为温度传感器是温度信号电路中串联的一个可变电阻。当温度传感器开路时，温度传感器线束侧能检测到 ECU 提供的 5V 参考电源（修理工俗称假 5V）；当温度传感器与 ECU 连接时，则输出为温度信号电压（随温度变化）。

除此之外，还有 ECU 输出的传感器公共搭铁，例如 E60（E64、E48）就是冷却液温度、燃油温度、EGR 冷却器入口、EGR 冷却器出口温度传感器的公共搭铁，一旦 E60 无搭铁输出（ECU 内部）或者 E60 导线断路，将导致以上传感器全部无法工作，了解这一供电情况，有助于分析判断故障。

2. 信号开关电路

图 3-16 所示为电装国六 DC1WC40 高压共轨电控系统主要信号开关（类型）电路图。下面以图 3-16 为例分析主要信号开关电路，图中信号开关按照供电方式的不同，大体可分为四种：

1）点火开关直接提供的正极电源。

2）主继电器输出提供的正极电源。

3）蓄电池直接提供的负极电源。

4）电控单元提供的传感器、信号开关公共负极电源。

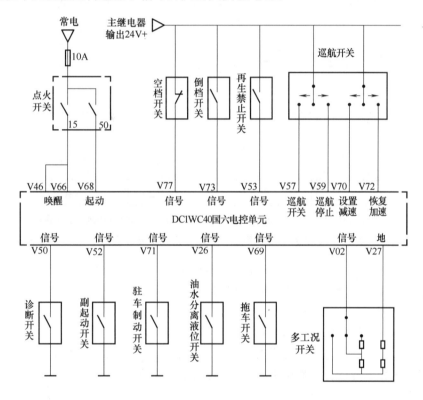

图 3-16 电装国六 DC1WC40 电控系统部分信号开关（类型）电路图

按照开关结构大体可分为单触点常开型开关、常闭型开关、档位开关、选择开关四种类型；按照开关动作性质大体可分为手动开关、机械开关、液位开关。

图 3-16 中，点火开关属于多档位手动开关，开关电源为蓄电池电压；多工况开关也属于多档位开关，但开关电源为 ECU（V27）提供的蓄电池负极电源；巡航开关属于手动选择开关；空档开关（常闭型）、倒档开关（常开型）属于单触点开关，是典型的机械开关，再生禁止开关是手动单触点开关，这些开关的电源是主继电器输出的蓄电池电压；驻车制动开关、拖车开关属于单触点常开型机械开关，但开关电源则是蓄电池负极；诊断开关、副起动开关为手动开关，开关电源则为蓄电池负极；油水分离液位开关属于液位开关，开关电源为蓄电池负极。

二、博世公司传感器电路

1. 主要传感器电路

图 3-17 所示为博世国六 MD1CE100 高压共轨电控系统主要传感器（类型）电路图。下面以图 3-17 为例分析主要传感器电路，图中传感器大体可分为有源传感器和无源传感器两大类型。

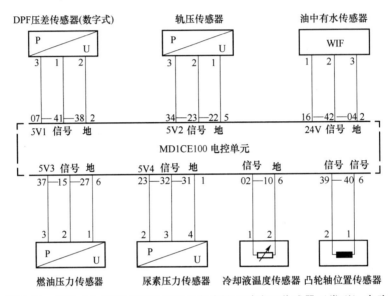

图 3-17　博世国六 MD1CE100 高压共轨电控系统主要传感器（类型）电路图

无源传感器主要是指磁电式传感器，图 3-17 中包括曲轴位置传感器和凸轮轴位置传感器和车速传感器，这种传感器工作时相当于一个小型发电机，向 ECU 传输交流信号电压。

有源传感器又分为传感器工作电源和传感器参考电源两种类型。

采用传感器工作电源的主要是指电位计式、霍尔式、压力式等大多数三端子传感器，图 3-17 中对采用工作电源的传感器由 4 个 5V 供电模块分别供电。

其中：

5V1（即 5V 供电模块 1）为加速踏板位置传感器 1、远程加速踏板位置传感器 1、DPF 压差传感器、TFI4 进气流量传感器提供工作电源。

5V2 为轨压传感器、燃油滤清器压差传感器、涡轮增压器压力/温度传感器、TVA 位置传感器提供工作电源。

5V3 为进气压力/温度传感器、EGR 阀位置传感器、燃油压力传感器、加速踏板位置传感器 2、远程加速踏板位置传感器 2、机油压力/温度传感器、增压器转速传感器、电控转速传感器提供工作电源。

5V4 为 HCI 上游压力/温度传感器、HCI 下游压力/温度传感器、SENT 传感器、尿素压力传感器提供工作电源。

除此之外，油中有水传感器是由 ECU 提供的 24V 正极电源。

采用 1 个 5V 供电模块给若干个传感器提供电源时，若某个传感器出现电源线路短路情况，则有可能导致 ECU 内部该 5V 电源模块损坏或者暂时保护而无输出，其他传感器也会因没有工作电源而无法工作，在分析判断故障时要考虑到这一点。

采用传感器参考电源的主要是指温度类传感器，这种温度传感器基本上都是两个端子，图 3-17 中温度类传感器包括冷却液温度传感器、环境温度传感器、DOC 前温度传感器、DPF 前温度传感器、EGR 温度传感器、中冷上游温度传感器、尿素箱温度传感器、SCR 上游温度传感器、SCR 下游温度传感器。这些温度传感器的搭铁均由 ECU 单独提供。

2. 信号开关电路

图 3-18 所示为博世国六 MD1CE100 电控系统主要信号开关电路图。下面以图 3-18 为例分析主要信号开关电路，图中信号开关按照供电方式的不同，大体可分为三种：

1）点火开关直接提供的正极电源。

2）ECU 提供的正极电源。

3）ECU 提供的负极电源。

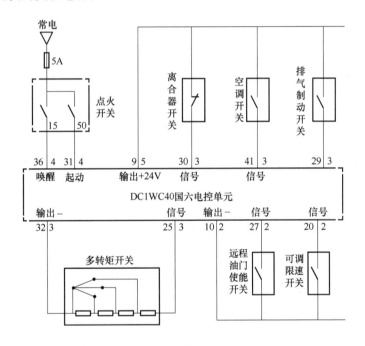

图 3-18　博世国六 MD1CE100 电控系统主要信号开关电路图

按照开关结构大体可分为单触点常开型、常闭型、档位开关、选择开关 4 种类型；按照开关动作性质大体可分为手动开关、机械开关。

图 3-18 中，点火开关属于多档位手动开关，开关电源为蓄电池电压；多转矩开关也属于多档位开关，但开关电源为 ECU（32/3）提供的蓄电池负极电源；离合器开关属于单触点常闭型开关，是典型的机械开关；空调开关、排气制动开关属于单触点常开型开关，属于手动开关，开关电源是由 ECU（9/5）提供的 24V 正极电源；远程油门使能开关、可调限速开关均为手动开关，开关电源是由 ECU（10/2）提供的蓄电池负极电源。

三、传感器电路的检查

传感器在发动机电子控制系统中，随时监测发动机及车辆的有关运行状态，将温度、压力、负荷、转速等工作状态通过电信号的方式传输给电控单元ECU，为喷油时刻和喷油量提供精确的信息。参照上述图3-15和图3-17中的电路，按输出信息的性质，传感器可分为开关型、模拟型和数字型，根据传感器的工作原理和检测方法，可分为温度传感器、电磁传感器、霍尔传感器、电位计传感器和电子式传感器几个类型。

1. 温度传感器的检查

车辆上的温度传感器大多采用负温度系数的热敏电阻，受温度影响，该类热敏电阻的电阻值随之变化，温度高时电阻值小，反之，电阻值大，以冷却液温度传感器为例。在电控电路中温度传感器是ECU内部分压电路的一部分，工作时利用温度传感器电阻值的变化，改变内电路的电压，ECU就是利用这一变化来感知需检测的温度，用以控制燃油系统的喷油增量，冷却液温度传感器电路原理如图3-19所示。

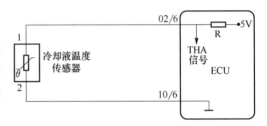

图3-19　冷却液温度传感器与ECU的连续电路（电装国六）

> 冷却液温度传感器在电控系统电路中需要进行静态特性和动态特性两种检查。

（1）冷却液温度传感器的静态特性检查　静态特性即传感器本身电阻值与温度变化的关系、传感器与ECU之间的线路连接。

传感器电阻值正常与否可用万用表电阻档进行测量，就车检查时，关闭点火开关，拔下冷却液温度传感器线束插接器，用高阻抗万用表电阻档，两表笔分别触接传感器两个插脚，观察电阻值与温度的关系，作为粗略的检查；需要进一步确定时，可按照图3-20a所示进行检查，关闭点火开关，拔下传感器线束插接器，拆下冷却液温度传感器，将传感器置于烧杯

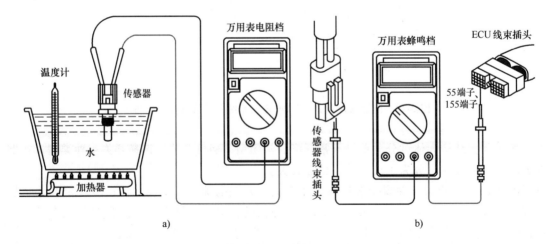

图3-20　冷却液温度传感器静态特性检查
a）电阻值检查　b）线路检查

中，加热杯中的水，同时用万用表电阻档测量不同温度条件下传感器两插脚之间的电阻值变化，然后将所测得值与标准值比较，如果不符合标准，则应更换冷却液温度传感器，表 3-1 所列为冷却液温度传感器电阻值与温度的关系。

表 3-1 冷却液温度与冷却液温度传感器电阻值的关系

温度/℃	电阻值/kΩ	温度/℃	电阻值/kΩ
−40	40.49~50.13	25	1.94~2.17
−30	23.58~28.64	40	1.11~1.23
−20	14.09~16.82	60	0.57~0.61
−10	8.64~10.15	80	0.31~0.33
0	5.46~6.32	100	0.18~0.19
20	2.35~2.64	120	0.10~0.11

冷却液温度传感器线束插接器与 ECU 之间的线路检查如图 3-20b 所示。关闭点火开关，将冷却液温度传感器从线束拔下，再将 ECU 线束插头拔下，用万用表蜂鸣档测量其线路导通情况，用万用表的一支表笔分别连接于 ECU 线束插头的 55 脚和 155 脚（表笔线长度不够，可连接延长线），另一支表笔分别连接于冷却液温度传感器的线束插接器的两个插座，测量结果蜂鸣器应鸣响，同时显示屏为 0（或接近 0），说明线路正常，否则，应查找线路故障。

（2）冷却液温度传感器的动态检查 动态即检查传感器侧信号端子的参考电源以及信号电压与温度的关系。

在确认传感器与 ECU 之间的线路连接正常的情况下，关闭点火开关，将 ECU 线束插头恢复，冷却液温度传感器保持断开状态，在冷却液温度传感器线束插接器侧，用万用表直流电压档测量两插座之间是否有 5V 参考电源，如图 3-21a 所示。打开点火开关，有 5V 参考电源为正常，否则，为 ECU 内部故障或 ECU 没有工作；关闭点火开关，将冷却液温度传感器恢复，用背插式方法检查传感器温度与信号电压的关系，所测得电压值应与冷却液温度成反比变化，如图 3-21b 所示，传感器在各种温度下的信号电压值见表 3-2。

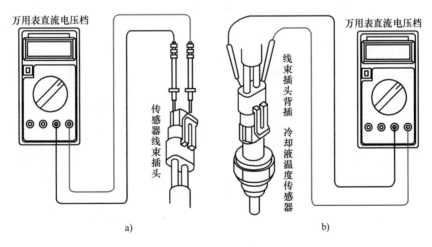

图 3-21 冷却液温度传感器动态检查

a）测量 5V 参考电压 b）测量信号电压

表3-2　温度与传感器信号电压的关系

温度/℃	信号电压/V	温度/℃	信号电压/V
-30	4.02	40	1.50
-20	3.66	50	1.22
-10	3.30	60	0.94
0	2.94	70	0.66
10	2.58	80	0.38
20	2.22	90	—
30	1.86	100	—

2. 电磁式传感器的检查

电磁式传感器在电控系统中常用于曲轴位置、凸轮轴位置、车速和转速传感器，曲轴位置传感器（博世国六）电路如图3-22所示。

电磁式传感器是由永久磁铁和绕制在永久磁铁上的电磁感应线圈等组成的，安装在能够检测曲轴或凸轮轴（或其他转动的轴）的地方，当轴转动时，轮齿与感应线圈的磁头之间的间隙发生变化，导致通过感应线圈的磁场发生变化而产生感应电动势。轮齿靠近及远离磁头时，将产生一次增减磁通的变化，所以每个轮齿通过磁头时，都将在感应线圈中产生一个完整的交流电压信号。

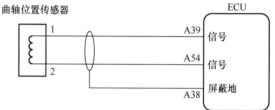

图3-22　曲轴位置传感器（博世国六）电路

以曲轴位置传感器为例介绍其静态和动态的两种检查方法。

（1）电磁式传感器静态检查　电磁式传感器**静态时，需要检查其线圈电阻值、绝缘程度以及传感器与ECU的线路连接情况**。

电磁线圈电阻值用万用表电阻档就可测量，其线圈电阻值因车型不同会有区别，一般以1000Ω作为经验参数，如图3-23a所示；绝缘程度的检查选用数字式绝缘电阻表兆欧级量

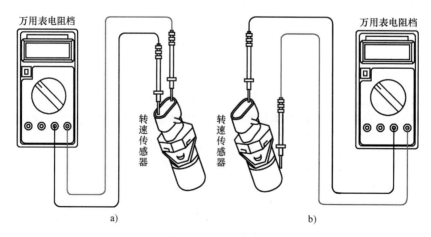

图3-23　转速传感器的静态特性检查

a）传感器电阻值检查　b）传感器绝缘检查

程，一支表笔的一端连接传感器金属外壳，另一支表笔连接传感器的任意一脚，测量结果万用表应显示为 1（无穷大），或指针式万用表的 R×10kΩ 档，测量结果应为无穷大（表针基本不动），如图 3-23b 所示。

线路检查即传感器与 ECU 之间的导通情况，选用万用表蜂鸣档，分别测量 ECU/A39 脚、A54 脚与对应的转速传感器线束插接器两个插孔的导通情况，正常情况下蜂鸣档应鸣响显示屏应与校表时数值吻合，如图 3-24a 所示；而传感器信号屏蔽线接地则应与车身搭铁保持良好导通，如图 3-24b 所示。

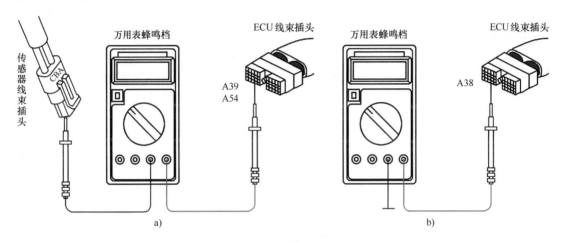

图 3-24 曲轴位置传感器线路、信号屏蔽接地的检查
a）线路检查 b）信号屏蔽接地的检查

（2）电磁式传感器动态检查 电磁式传感器动态检查**主要是指发动机工作时是否有信号电压输出**，也就是说无论是曲轴、凸轮轴还是其他转动的轴，电磁式传感器的信号电压都应和转速成正比关系。信号电压常用的检查方法是：电控系统电路连接正常的情况下，用万用表交流电压档，将两支表笔用背插式方法连接于传感器的线束插头，设法转动发动机，会有交流电压显示，转速越高，信号电压越高，如图 3-25 所示。

3. 霍尔式（开关性质）**传感器的检查**

霍尔式（开关性质）传感器在发动机电控系统中大多用于曲轴位置或凸轮轴位置传感器，安装在曲轴或凸轮轴齿轮的外缘上。传感器的内部由永久磁铁、霍尔集成电路和

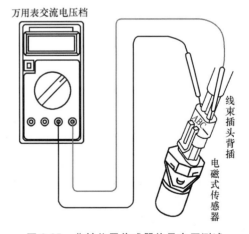

图 3-25 曲轴位置传感器信号电压测试

导磁板等组成，传感器的齿顶与齿轮留有一定的间隙。利用霍尔效应的原理，转动的齿轮与传感器的齿顶之间的间隙改变，传感器内部永久磁铁的磁通会发生变化，这时产生霍尔电压，将霍尔元件间隙产生的霍尔电压经霍尔集成电路放大整形后，即向 ECU 输送电压脉冲信号，霍尔式传感器（电装国六）电路如图 3-26 所示。

霍尔式传感器上大多数有"+、-、0"标注,明确各端子的功能。"+、-"表示传感器的工作电压,电控系统传感器的工作电源一般为5V、12V,目前采用5V的较多;"0"表示信号,信号电压在0到电源之间变化(例如:0~5V)。

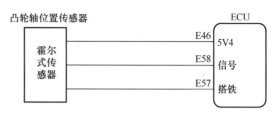

图3-26　霍尔式传感器(电装国六)电路

霍尔式传感器与热敏电阻式、电磁式传感器不同,对传感器本身一般不进行静态检查,所以重点检查传感器与ECU之间的线路连接、传感器的工作电源和输出信号。

(1) 传感器的线路检查　主要是传感器线束插头与ECU线束插头之间线路的导通情况,检查时将点火开关关闭,拔下传感器与ECU的线束插头,用万用表的蜂鸣档对传感器与ECU之间的连接线路分别进行导通检查。正常情况下,传感器侧与ECU侧的导线在蜂鸣器鸣响的同时显示数值应与校表数值吻合,否则应查找相关线路连接,找到并排除故障,检查方法如图3-27所示。

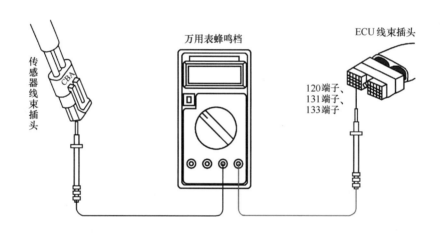

图3-27　传感器线路检查

(2) 传感器工作电源的检查　关闭点火开关,拔下传感器线束插头,接通点火开关,用万用表直流电压档在传感器线束插头(标注+、-的插孔)上测量其工作电源,正常时应符合规定的工作电源电压等级,检查方法如图3-28a所示。

(3) 信号电压的检查　指发动机工作或曲轴转动时在传感器信号线上的电压变化,检查时用万用表的直流电压档,将一支表笔背插在传感器线束的信号端子(输出有时为正有时为负),另一支表笔连接于传感器的电源正极(或负极),若是曲轴转动得慢一些,可在电压表上看到0~5V的脉冲信号(即0~5V之间变化),若是曲轴转动得快一些万用表显示为0~5V之间的平均值,这是粗略的检查(在没有示波器的情况下),检查方法如图3-28b所示。

4. 霍尔式(线性性质)传感器的检查

霍尔式(线性性质)传感器在柴油电控系统中可用于加速踏板位置传感器或远程油门控制,以加速踏板位置传感器为例介绍其工作情况。

霍尔式(线性性质)传感器以其非接触式的独特优势得到了广泛的应用,当加速踏板

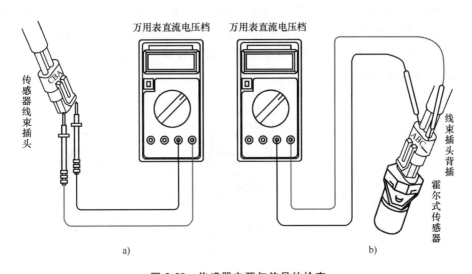

图 3-28　传感器电源与信号的检查

a）传感器工作电源的检查　b）传感器信号电压的检查

位置发生变化时，与加速踏板同轴的永久磁铁转动，从而使永久磁铁与霍尔元件之间的相对位置发生改变，使永久磁铁作用在霍尔元件上的磁场强度发生变化，导致霍尔元件输出的电压发生变化，ECU 接收霍尔元件输出的电压信号，以确定加速踏板位置及位置变化。从而精确地判断发动机的运行工况，配合其他传感器的信号，对喷油器的喷油量进行控制，霍尔式（线性性质）加速踏板位置传感器电路如图 3-29 所示。

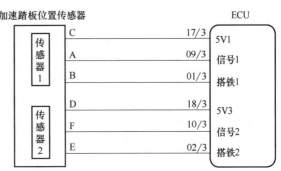

图 3-29　加速踏板位置传感器与 ECU 的连接电路（博世国六）

（1）传感器工作电源的检查　关闭点火开关的情况下，拔下加速踏板位置传感器线束插头，选择万用表直流电压档，如图 3-30 所示，黑表笔触接线束插头 B、E 插孔（可判断搭铁是否正常），或者直接搭铁，红表笔分别触接线束插头 C、D，接通点火开关，均应显示有 5V 工作电源，否则，说明线路问题或 ECU 没有输出。

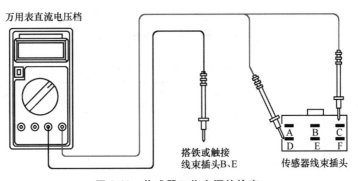

图 3-30　传感器工作电源的检查

（2）传感器线路的检查 可采用万用表蜂鸣档，关闭点火开关，拔下传感器和 ECU 线束插头，一支表笔连接传感器侧的线束插孔，另一支表笔触碰 ECU 侧的线束插座，对传感器与 ECU 之间的每条导线进行检查，正常情况下应该在蜂鸣器鸣响的同时显示数值应与校表数值吻合，具体方法如图 3-31 所示。

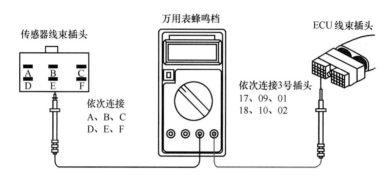

图 3-31 传感器线路的检查

（3）传感器信号电压的检查 确认点火开关关闭，恢复传感器与线束插头的连接，选择万用表直流电压档，如图 3-32 所示，黑表笔搭铁，红表笔分别背插在传感器线束插头 A、F 插孔，打开点火开关，观察静止状态和踩下加速踏板至最大行程时信号 1 和信号 2 的电压是否符合表 3-3。

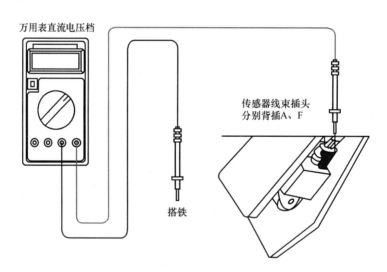

图 3-32 传感器信号电压的检查

表 3-3 加速踏板位置传感器信号电压

端子	条件	正常值/V
A——搭铁	不踩加速踏板	约 0.7
	加速踏板踩到底	约 4.2
F——搭铁	不踩加速踏板	约 0.35
	加速踏板踩到底	约 2.1

5. 电位计式传感器的检查

电位计式传感器在柴油机电控系统中可用于加速踏板位置传感器或远程油门控制（现已很少采用）、EGR 阀位置传感器等，在汽油机电控系统用于节气门位置传感器。下面以 EGR 阀位置传感器为例介绍其工作情况。

电位计式传感器内部主要由滑动触头和电阻器组成，EGR 阀受 ECU 控制动作时，通过联动机构使滑动触头改变在电阻器上的位置，电阻器的电阻值发生变化引起施加在电阻器上的电压变化，不同的位置电位计的电阻值也不同，从而将 EGR 阀位置的移动转变为电压信号输送给 ECU，ECU 据此信号实现对废气再循环的闭环控制。EGR 阀位置传感器电路如图 3-33 所示。

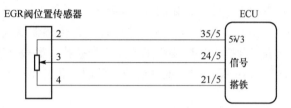

图 3-33　EGR 阀位置传感器与 ECU 连接电路（博世国六）

EGR 阀位置传感器的静态检查主要是检查传感器本身电位计的电阻值是否为线性变化、是否与标准值相符，以及传感器与 ECU 之间线路的导通情况。

（1）传感器电阻值的检查　可用万用表电阻档，在关闭点火开关的状态下，将传感器线束插头拔下，用万用表的两支表笔按照图 3-34 所示的方法，分别检查传感器的固定电阻值（2 与 4）和传感器动作时可变电阻的线性变化（2 与 3 或 4 与 3），正常情况固定电阻和可变电阻线性变化应与标准值相符，否则，应更换传感器。

（2）传感器线路的检查　可采用万用表蜂鸣档，关闭点火开关，拔下传感器和 ECU 线束插头，一支表笔连接传感器侧的线束插孔，另一支表笔触碰 ECU 侧的线束

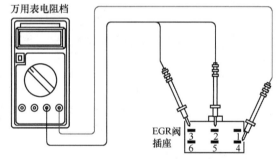

图 3-34　传感器电阻值的检查

插座，对传感器与 ECU 之间的每条导线进行检查，正常情况下应该在蜂鸣器鸣响的同时显示数值应与校表数值吻合，具体方法如图 3-35 所示。

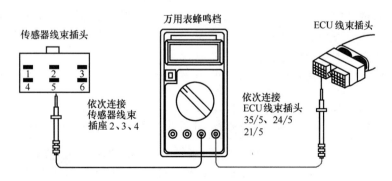

图 3-35　传感器线路的检查

> EGR 阀位置传感器的动态检查主要是传感器的工作电源和 EGR 阀动作时的信号电压。

（3）传感器工作电源的检查 是在关闭点火开关的情况下将传感器线束插头拔下，然后接通点火开关，用万用表的直流电压档，根据电路图端子功能的标注，在相应的线束插座检查工作电源是否正常，红表笔应接 EGR 阀线束插头的 2 号插孔，黑表笔应接 EGR 阀线束插头的 4 号插孔，如图 3-36a 所示。

（4）传感器信号电压的检查 在传感器恢复连接的情况下，用背插式方法将万用表的红表笔背插于传感器线束插头 3 号插孔，黑表笔直接搭铁，接通点火开关，通过踩加速踏板促使 EGR 阀动作，观察信号电压的变化值是否符合标准值，如图 3-36b 所示。

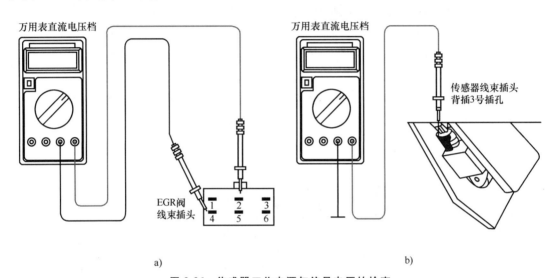

a) b)

图 3-36 传感器工作电源与信号电压的检查

a）传感器工作电源的检查 b）传感器信号电压的检查

6. 电子式传感器的检查

电子式传感器是众多传感器的统称，不同于热敏电阻、电位计、电磁式和霍尔式传感器，这种划分不一定准确，但在**性能检查方面却有许多共同的特点，一般为三端子，即传感器电源、传感器接地和信号端子**。例如空气流量传感器、进气压力传感器、共轨压力传感器等，都不易做传感器本身的静态检查，只能通

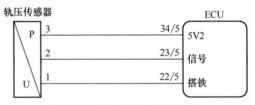

图 3-37 轨压传感器与 ECU 连接电路（博世国六）

电检查。下面以共轨压力传感器为例介绍其检查方法，图 3-37 所示为共轨压力传感器的电路原理图。

> 电子式传感器的检查主要是线路检查、工作电源检查和信号电压的检查。

（1）传感器线路的检查 关闭点火开关，将传感器和 ECU 分别从线束插头上拔下，用万用表蜂鸣档，一支表笔接传感器线束插座，另一支表笔接 ECU 的线束插座，按照线路连接的对应关系，对线路导通情况进行检查，正常情况下，传感器侧至 ECU 侧的线路在蜂鸣器鸣响的同时显示数值应与校表数值吻合，否则，检查相关线路，如图 3-38 所示。

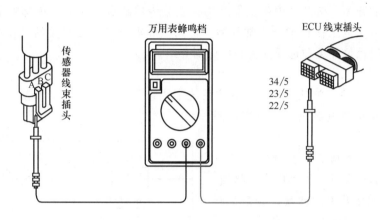

图 3-38　传感器线路的检查

（2）传感器工作电源的检查　将点火开关关闭，拔下传感器线束插头，接通点火开关，选择万用表直流电压档，将万用表的红表笔连接于传感器线束插头的 3 号插孔，黑表笔连接于传感器线束插头的 1 号插孔，接通点火开关，一般为 5V 工作电源，否则，检查相关线路或 ECU，如图 3-39a 所示。

（3）传感器信号电压的检查　将传感器、ECU 线束插头恢复，用万用表的直流电压档，采用背插式的方法，将红表笔背插在传感器线束插头的信号端 2 号插孔，黑表笔背插在传感器线束插头的搭铁端 1 号插孔或则直接搭铁，接通点火开关，在发动机不同的负荷状态下，信号电压也不同，如图 3-39b 所示。

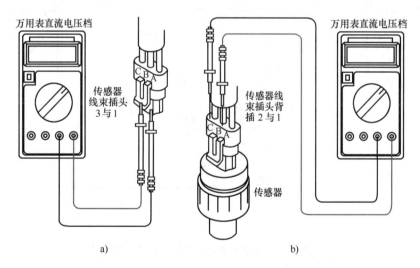

图 3-39　传感器工作电源与信号电压的检查

a）传感器工作电源的检查　b）传感器信号电压的检查

四、开关电路的检查

发动机电子控制系统中使用的开关很多，按开关动作方式一般可分为手动开关、非手动开关两大类型，手动开关即由驾驶人直接用手操作的开关，非手动开关即通过温度、压力或机械作用动作的开关；按开关内部电器结构一般分为单触点（单刀、单掷）和多触点（多掷）开关；按开关的工作状态分为常开型、常闭型和混合型；按开关的操作分为档位开关和选择开关。以档位开关和选择开关为例分别介绍。

1. 档位开关

（1）单触点开关　单触点开关在电控系统中用途很广，有常开型和常闭型，开关输送的信号有电源正极或电源负极，电路如图3-40所示。

1）开关性能的检查。在开关断电且线束插头拔下的情况下，用万用表蜂鸣档，两个表笔分别触接开关的两端，若是常开型开关，静态时开关两端称断路状态，万用表蜂鸣档不鸣响，显示屏显示为1（表示断路），动作时为闭合状态，万用表蜂

图 3-40　单触点开关电路（博世国六）

鸣器鸣响的同时，显示屏显示0或接近0（表示导通）；若是常闭型开关，静态时称通路状态，两个表笔触接开关两端子时蜂鸣器鸣响，显示屏显示为0或接近0，动作时为断路状态，两表笔触接开关两端子时，万用表蜂鸣器鸣不鸣响，同时显示屏显示为1（表示断路），如图3-41所示。

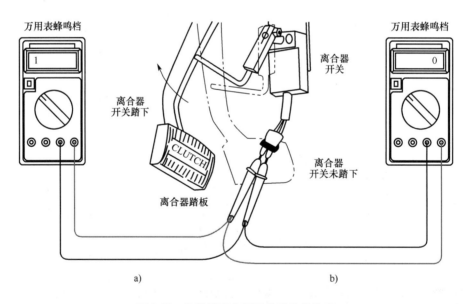

图 3-41　常闭型离合器开关的性能检查

a）踏下离合器开关（断开）　b）未踏下离合器开关（闭合）

2）开关电源极性的检查，也就是开关的输入端的检查，开关的输入一般有正极性的电源（12V或24V）、电源搭铁，还有可能是ECU提供的正极性的开关（传感器）电源（5V、12V、24V）或由ECU提供负极性的开关（传感器）接地等，用万用表电压档进行确认。

将万用表的黑表笔搭铁，红表笔触接开关线束插头的任意一脚，接通点火开关前有电源

电压，说明开关输入为常火，接通点火开关后有电源电压显示，开关输入即为点火供电，若是接通点火开关后显示为 5V 即为 ECU 提供，这样可确认开关输入电源，还可以确认开关输入端子；若是上述检查未发现开关输入正极，可将万用表红表笔找一正极连接，黑表笔触接开关任意端子，同上方法可确认开关输入为电源负极以及开关上的输入端子，如图 3-42 所示。

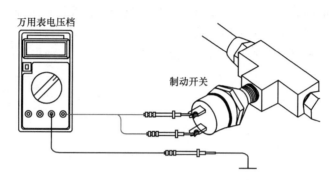

图 3-42 常开型制动开关输入电源极性的检查

3）开关线路的检查。用万用表蜂鸣档，将一支表笔触接开关线束侧插头应该与 ECU 连接的端子，一支表笔触接 ECU 线束插头应该与开关侧连接的那个端子，正常情况下，万用表蜂鸣器鸣响的同时显示屏应显示为 0 或接近 0，否则，查找线路故障，如图 3-43 所示。

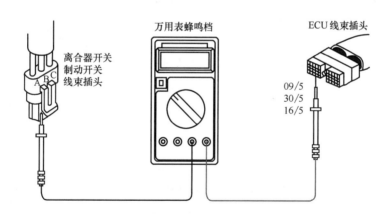

图 3-43 离合器、制动开关线路的检查

（2）多触点开关 多触点开关在电气设备中主要用于鼓风机调速或灯光开关，在发动机电控系统中使用很少，但柴油机电控系统中的多功能省油开关就是多触点开关，如图 3-44 所示。

图 3-44 所示开关内部电路结构为一掷（滑动臂）三位（1、2、3）档位开关，ECU

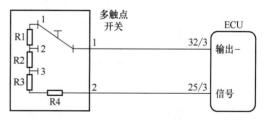

图 3-44 多触点开关电路（博世国六）

的 32/3 号脚为电源输出端子，开关 1 脚即为电源输入端子；开关 2 脚即为输出端子，ECU 的 25/3 脚就是信号输入端子。静止位置时（空载），开关 1 号端子经滑动臂、1 位串接 R1、

R2、R3、R4 四个电阻器由开关 2 号端子输出，通过 ECU 的 25/3 脚送入信号；如果将开关置于 2 位（轻载）时，开关 1 号端子经滑动臂、2 位串接 R2、R3、R4 三个电阻器由开关 2 号端子输出，通过 ECU 的 25/3 脚送入信号；以此类推，每改变一个档位，开关内部电阻数量就改变，ECU 将得到电压等级不一样的信号电压。

1）开关性能的检查。常用万用表电阻档进行，方法是：在开关断电且拔下线束插头的情况下，将万用表的两支表笔分别连接于开关的两个端子，首先记录原始位置时的电阻值，然后依次改变档位，观察显示屏电阻值应该有规律的依次递减，如图 3-45 所示。若出现个别档位电阻表显示为断路，说明开关内部触点或电阻器损坏，应该更换。

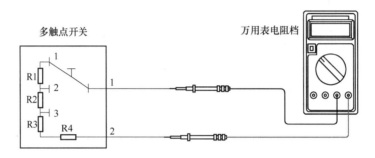

图 3-45　多触点开关的检查

2）线路的检查。常用万用表蜂鸣档检查开关侧与 ECU 侧的线路应保持良好的导通状态。

2. 选择开关

选择开关在电气设备电路中常用于转向信号灯开关，在发动机电控系统中主要用于巡航控制开关，电路如图 3-46 所示。

（1）静态检查　静态时开关没有输出，滑动触点停留在中间位置，根据工作需要可以选择左侧或右侧，检查开关一般采用万用表蜂鸣档，在关闭点火开关的情况下，拔下巡航开关线束插头，如图 3-47 中开关检查方法说明如下。

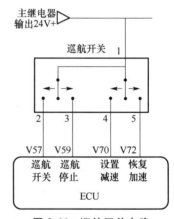

图 3-46　巡航开关电路
原理图（电装国六）

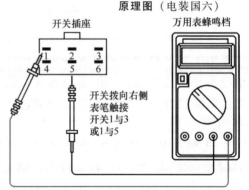

图 3-47　选择开关性能的检查

开关拨向左侧时，端子 1 与端子 2 导通（或 1 与 4），即 +24V 电源输入 ECU 的 V57 号端子（或 V70）；开关拨向右侧时，端子 1 与端子 3 导通（或 1 与 5），即 +24V 电源输入 ECU 的 V59 号端子（或 V72）。

（2）线路的检查　同样是用万用表蜂鸣档检查开关侧与 ECU 侧的线路，应保持良好的导通状态。

第三节　执行器电路

一、电装公司执行器电路

下面以图 3-16 所示的电装国六 DC1WC40 共轨电控系统电路为例，介绍主要执行器的几种类型的电路工作情况。

1. 喷油器控制电路

喷油器电磁阀是电控系统中的主要执行器之一，受电控单元 ECU 的控制完成各种工况下的喷油任务，喷油器控制电路如图 3-48 所示。

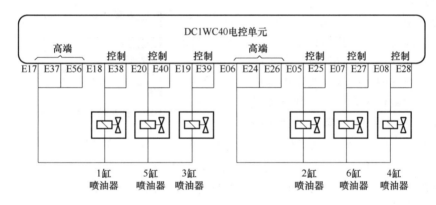

图 3-48　电装国六共轨电控系统喷油器控制电路原理图

该喷油器控制电路不同于其他车型喷油器控制电路，其特点是每三个喷油器的高端并联连接在一起，由 ECU 统一提供高端电源（可变）；而喷油器的控制端则分别由 ECU 采取双路单独控制（顺序）。

1、3、5 缸为一组，三个公共电源端子为 E17、E37、E56 号端子，2、4、6 缸为一组，三个公共电源端子为 E06、E24、E26 号端子，作为喷油器的高端电源，以确保喷油器的电源供电正常。

喷油器控制端子分别是：

1 缸喷油器控制端——E18、E38 号端子，2 缸喷油器——E05、E25 号端子，3 缸喷油器——E19、E39 号端子，4 缸喷油器——E08、E28，5 缸喷油器——E20、E40，6 缸喷油器——E07、E27 号端子。

ECU 根据相关传感器提供的信息，对喷油器的控制端通过喷油时刻、喷油时间的脉冲控制，实现喷油量的精确控制。

2. 燃油计量电磁阀控制电路

燃油计量电磁阀是高压共轨系统燃油压力控制的主要执行器，其主要作用是维持高压共轨内的压力稳定保持在规定范围内，所以也叫燃油计量单元或燃油压力控制阀，燃油计量电磁阀控制电路如图 3-49 所示。

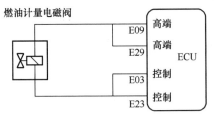

图 3-49　燃油计量电磁阀控制电路

该燃油计量电磁阀控制电路有别于其他电路，其特点是高端和控制端均采用双路控制，其中高端在打开点火开关后，由 ECU 的 E09、E29 号端子提供正极性的蓄电池电源，做好起动运行的准备工作。

发动机工作后，ECU 根据轨压传感器反映的共轨压力信息，对燃油压力控制阀的控制端 E03、E23 号端子进行脉冲控制，共轨压力偏高时使 PCV 电磁阀开度增大，共轨压力偏低时使 PCV 电磁阀开度减小，以保证共轨压力符合燃油系统在各工况的实际压力。

3. 预热电路

预热电路由预热继电器、加热器（预热塞）和电控单元以及预热指示灯（冷起动灯）等组成，电路如图 3-50 所示。

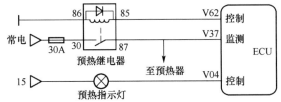

图 3-50　预热控制电路原理图

接通点火开关后，电控单元 ECU 的 V04 脚输出搭铁信号点亮预热指示灯，预热继电器线圈由 ECU 的 V62 脚输出正极控制信号，与线圈的另一端永久搭铁构成闭合回路，线圈磁化吸合触点；常电源经 30A 熔断器、继电器 30 号脚、闭合的继电器触点、87 号脚，一方面送给预热器进行加热，另一方面把预热器工作信号送入 ECU 的 V37 号端子，作为 ECU 对预热器工作的监测信号，ECU 接收相关温度传感器提供的温度信息，适时切断 V62 脚的控制信号，同时切断 V04 脚对预热指示灯的控制，表示预热结束。

4. 起动机控制电路

起动机控制电路由起动开关、副起动开关、副停机开关、起动继电器、起动机、ECU、空档开关、离合器开关组成，电路如图 3-51 所示。

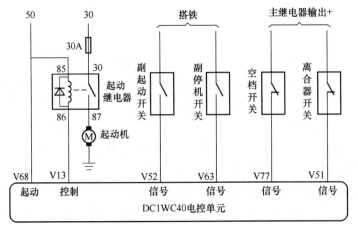

图 3-51　起动机控制电路原理图

起动机的工作方法有两种，但前提是档位、离合器应符合起动要求。

车上起动时，起动开关将起动信号（50）送给起动继电器线圈 85 号端子的同时，也送给了 ECU 的 V68 号端子，作为 ECU 启用起动程序的信号。

当 ECU 的 V68 号端子得到起动信号后，若满足起动条件即 ECU 的 V77 号端子得到来自空档开关的 24V 正极信号，而 V51 号端子则因离合器开关断开失去正极信号（相当于 V77 为高电平、V51 为低电平），ECU 的 V13 号端子则输出控制起动继电器线圈 86 号端子的搭铁信号，继电器线圈磁化，吸合触点；常电源 30 经 30A 熔断器至继电器 30 号脚、87 号脚输出至起动机，起动机工作。

如果是车下起动时，ECU 的 V52 号端子得到来自副起动开关的负极性的起动信号后，若满足起动条件即 ECU 的 V77 号端子为高电平，V51 号端子也为高电平，ECU 的 V13 号端子则输出控制起动继电器线圈 86 号端子的搭铁信号，继电器线圈磁化，吸合触点；常电源 30 经 30A 熔断器至继电器 30 号脚、87 号脚输出至起动机，起动机工作。

5. EGR 阀控制电路

EGR 全称是废气再循环。这是一种燃烧后将一部分废气从排气管路中分离出来，然后引入进气侧进行再燃烧的技术。它主要目的是在分担部分负荷时，减少废气中的氮氧化物（NO_x）排放，提高燃油效率。EGR 阀是废气再循环（EGR）控制系统的执行器，EGR 阀位置传感器则是构成废气再循环系统闭环控制的关键信号，其电路组成如图 3-52 所示（EGR 位置传感器与 EGR 阀同轴动作）。

EGR 阀通常在下列条件下开启：

① 发动机暖机运转。

② 转速超过怠速。

ECU 根据发动机冷却液温度传感器、加速踏板位置传感器和空气流量（进气压力）传感器的实时信息，通过 PWM 控制 EGR 阀的占空比（即阀门开启多少），而 EGR 阀位置传感器则将 EGR 阀动作位置信号反馈至 ECU，用于对 EGR 的闭环控制。

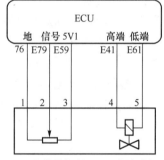

图 3-52　EGR 阀控制电路
（电装国六）

二、博世公司执行器电路

1. 喷油器控制电路

喷油器电磁阀是电控系统中的主要执行器之一，受电控单元 ECU 的控制完成各种工况下的喷油任务，喷油器控制电路如图 3-53 所示。

博世公司的喷油器控制电路与电装公司喷油器控制电路相比，外电路中没有喷油器公共高端电源端子，采用了每个喷油器独立供电（可变）的方式，喷油器的作用和控制过程则完全一致，其电路结构、控制方式非常普遍。

2. 燃油计量电磁阀控制电路

博世公司的高压泵燃油计量电磁阀与电装公司的相比，计量电磁阀的两个端子与大多数车辆一样，都是独立端子连接 ECU，电路如图 3-54 所示。

打开点火开关后，由 ECU 的 07/7 号端子提供正极性的蓄电池电源，做好起动运行的准

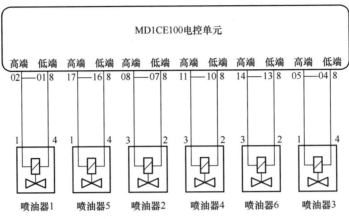

图 3-53 博世国六 MD1CE100 共轨电控系统喷油器控制电路

备工作；发动机工作后，ECU 根据轨压传感器反映的共轨压力信息，对燃油计量电磁阀控制端 08/7 号端子进行脉冲控制，共轨压力偏高时使燃油计量电磁阀开度增大，共轨压力偏低时使燃油计量电磁阀开度减小，以保证共轨压力符合燃油系统在各工况的实际压力。

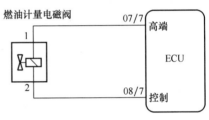

图 3-54 燃油计量电磁阀控制电路

3. 起动机控制电路

起动机控制电路由起动开关、车下起动开关、车下停机开关、起动继电器、起动机、ECU、空档开关、离合器开关组成，电路如图 3-55 所示。

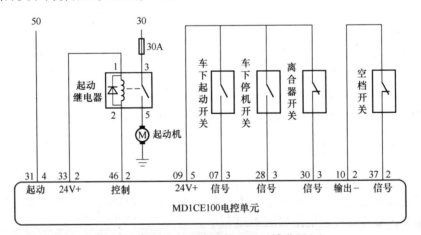

图 3-55 起动机控制电路原理图（博世国六）

起动机的工作方法有两种，但前提是档位、离合器应符合起动要求。

车上起动时，起动开关将起动信号（50）送给 ECU 的 31/4 号端子，作为 ECU 启用起动程序的信号，若满足起动条件即离合器踏板踏下，ECU 的 30/3 号端子失去正极信号（相当于低电平），而 37/2 号端子则因空档位置开关处于断开状态（相当于低电压），ECU 的 46/2 号端子则输出控制起动继电器线圈 2 号端子的搭铁信号，继电器线圈磁化，吸合触点；常电源 30 经 30A 熔断器至继电器 3 号脚、5 号脚输出至起动机，起动机工作。

如果是车下起动时，ECU 的 07/3 号端子得到来自车下起动开关的正极性的起动信号后，若满足起动条件即 ECU 的 30/3 号端子为高电平、37/2 号端子为低电平，ECU 的 46/2 号端子则输出控制起动继电器线圈 2 号端子的搭铁信号，继电器线圈磁化，吸合触点；常电源 30 经 30A 熔断器至继电器 30 号脚、87 号脚输出至起动机，起动机工作。

4. 排气制动控制电路

排气制动电路由排气制动开关、排气制动电磁阀和电控单元 ECU 等组成（图 3-56）。

打开点火开关，电控单元的 11/5 号端子输出 24V 电源正极，给排气制动电磁阀 1 号端子提供了工作电源。当使用排气制动时，驾驶人将排气制动开关接通，ECU 的 29/3 端子得到排气制动的请求信号（正极），ECU 要综合考虑发动机转速、车辆速度等信息，若满足排气制动条件时，由 ECU 的 10/5 号端子输出电磁阀的搭铁控制信号，电磁阀通电，排气制动工作，以减少制动器的磨损。

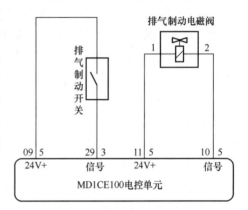

图 3-56 排气制动阀控制电路

5. 尿素管路加热控制电路

现在的柴油机废气后处理中采用选择性催化还原（SCR）技术已经成为标配，给柴油机安装 SCR 后处理系统的主要目的是，在排气管中喷入还原剂（尿素），尿素在尾气管路中与氮氧化物发生反应，将尾气中的氮氧化物（NO_x）转化为纯净无污染的水和氮气，然后从排气管中排出，从而达到降低氮氧化物浓度的目的，减少大气污染。

尿素管路加热控制是 SCR 控制系统的必备技术，因为在 -11℃ 的时候尿素溶液就会结冰，因此必须保证所有工况下尿素管路都保持在理想的温度范围内，才能使 SCR 系统正常工作。

图 3-57 所示为博世国六共轨电控系统尿素管路加热控制电路原理图。

打开点火开关，ECU 正常工作的前提下，ECU 的 06/1 号端子输出尿素管路加热继电器线圈工作正极电源 24V，为尿素管路加热做好准备工作，发动机工作后 ECU 根据尿素箱温度传感器、环境温度传感器，以及相关管路温度传感器（图 3-57 中没有出现）的温度信息，若需要对相关管路进行加热，则由 ECU 的 03/1 号端子输出对加热继电器线圈的搭铁控制信号，加热继电器线圈磁化，吸合触点，常电源经 30A 熔断器，继电器 3 号端子、5 号端子送给各个

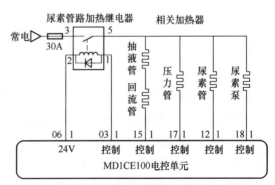

图 3-57 博世国六共轨电控系统尿素管路加热控制电路原理图

加热器正极电源，ECU 根据温度信息判断哪路管路需要加热就为哪路加热提供搭铁，比如尿素泵需要加热，即由 ECU 的 18/1 号端子提供搭铁。

6. 尿素喷嘴控制电路

尿素喷嘴是 SCR 后处理系统的执行器,受 ECU 的控制,其作用是将尿素泵提供的一定压力的尿素溶液喷入排气管尾气中,尿素喷嘴与 ECU 的连接电路如图 3-58 所示。

打开点火开关,电控单元 ECU 正常工作后,由 ECU 的 10/1 号端子为尿素喷嘴电磁阀提供正极性的 24V 电源,发动机工作时,当尿素系统建压成功后,催化后温度传感器达到 200℃ 以上,ECU 的 07/1 号端子输出 PWM 控制信号驱动尿素喷嘴工作。

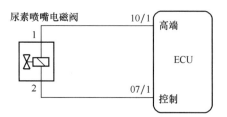

图 3-58　博世国六共轨电控系统尿素喷嘴控制电路

7. 尿素泵电动机控制电路

尿素泵电动机集成在尿素泵总成内,由 ECU 控制,其作用是对尿素供给量进行调节,尿素泵总成电路如图 3-59 所示。

打开点火开关,ECU 的 08/1 号端子为尿素泵电动机提供 24V 正极电源,22/1 号端子为尿素泵电动机提供负极电源,为尿素泵电动机工作做好准备工作。ECU 根据尿素压力传感器等相关信息,通过 ECU 的 02/1 号端子输出 PWM 控制信号,驱动尿素泵电动机工作,为系统正常工作提供所需工作压力。

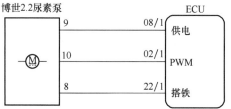

图 3-59　博世国六共轨电控系统尿素泵电动机控制电路

8. 尿素换向电磁阀控制电路

当发动机熄火后,点火钥匙转到 OFF 位置,系统进入吹扫阶段,尿素换向电磁阀(采用非气助式 SCR 系统)将尿素管路中残留的尿素溶液倒抽至尿素箱,所以,有时把换向电磁阀也称为倒抽阀、反向阀,其作用是防止尿素溶液残留在尿素管路中形成堵塞,特别防止冬季尿素结冰胀破管路和尿素泵,尿素换向电磁阀控制电路如图 3-60 所示。

尿素换向电磁阀集成在尿素泵总成内,受 ECU 控制,ECU 的 04/1 号端子为尿素换向电磁阀 12 号端子提供永久的负极电源,做好准备工作。当发动机熄火并关闭点火开关后,ECU 的 05/1 号端子输出正极性的 24V 电源至尿素换向电磁阀的 11 号端子,换向电磁阀工作,整个过程大约 90s,期间不允许关闭整车总电源。

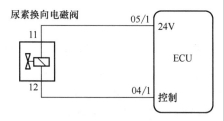

图 3-60　博世国六共轨系统尿素换向电磁阀控制电路

三、执行器电路的检查

在汽车电气设备中执行器一般可分为三大类型,即灯泡、电动机和电磁阀。在发动机电控系统中电磁阀采用较多,如喷油器电磁阀、燃油压力控制阀(燃油计量单元或 PCV 阀)、排气电磁阀等。

1. 电控喷油器的检查

喷油器电磁阀是电控喷油器中的电控部分，主要由电磁线圈和铁心等组成，根据发动机的气缸数安装相应数量的喷油器，喷油器电磁阀是电控系统中关键的执行器，燃油喷射系统燃油喷油量的多少，喷油时刻的确定，都是由电控单元 ECU 接收各种传感器的信息，经过分析、处理、计算之后，发出控制指令，由喷油器电磁阀来具体完成的。

（1）喷油器电磁阀线圈电阻值的检查　方法是用万用表电阻档，在关闭点火开关的情况下，将喷油器线束插头拔下，将万用表的红、黑表笔依次触接各缸喷油器的接线柱或插脚，正常线圈阻值应该在 0.5Ω 左右，如图 3-61 所示。

（2）喷油器电磁阀高端电源的检查　喷油器电磁阀高端电源一般均独立由 ECU 单独提供，但电装国六就是三个喷油器的高端并联在一起，由 ECU 的三个端子统一供电，检查时将点火开关关闭，拔下喷油器线束插头，如图 3-62 所示，在喷油器线束插头侧，用万用表蜂鸣档的一支表笔触接喷油器线束插头的某一插孔（假如 1 号），另一支表笔分别触接另外两个喷油器线束插头的 1 号插孔（很有规律），若蜂鸣器鸣响且显示屏数值与校表数值吻合，说明该端子即为公共电源端子，用同样方法找到另外一组喷油器线束插头的公共电源端子。

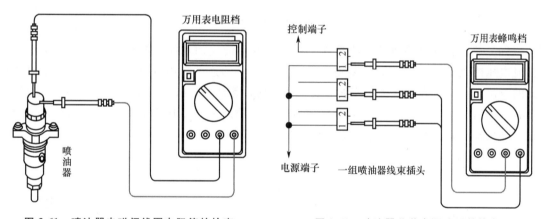

图 3-61　喷油器电磁阀线圈电阻值的检查　　　　图 3-62　喷油器公共电源端子的检查

电路中公共电源端与控制端一样，是直接连接在 ECU 上的，是属于电流控制型喷油器；由于共轨管压力随发动机工况变化很大，故喷油器电磁阀需同步调整电流，所以 ECU 内部喷油器电磁阀电源正极设有升压电路，根据发动机不同工况随时调整，发动机负荷小时可测到的喷油器电源正极电压较小，一般只有几伏电压，而发动机负荷较大或起动时电压较高，有时可达 50V 左右，检查时可通过万用表直流电压档进行测试。

接通点火开关，不起动发动机，

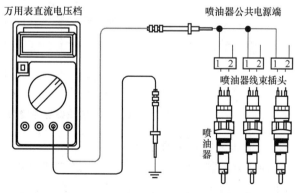

图 3-63　喷油器高端电源的检查

用万用表直流电压档，黑表笔搭铁，红表笔背插在喷油器电源端子，正常情况应为 4V 左右，发动机起动时，该电压应该升高，否则，检查相关线路或熔丝，如图 3-63 所示。

（3）喷油器线路的检查　主要是喷油器侧与 ECU 线束侧之间导线的导通状态，方法是用万用表蜂鸣档，一支表笔触接喷油器线束插头侧各缸插头的插孔，另一支表笔分别触接 ECU 线束侧对应喷油器的相关针脚，正常应该是蜂鸣器鸣响的同时，显示屏显示与校表数值吻合，如图 3-64 所示。

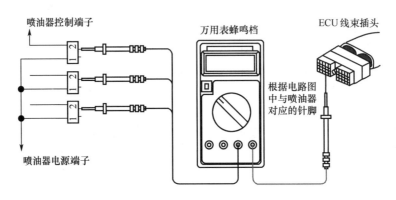

图 3-64　喷油器线路的检查

（4）喷油器脉冲控制信号的检查　在没有或不便使用示波器的情况下，可采用万用表直流电压档或 LED 测试灯，恢复喷油器与线束插头的连接，用万用表直流电压档采取背插式的方法，将两支表笔连接于喷油器线束插头内，起动发动机，在曲轴转动的同时，电压表应有脉动的信号电压显示；或将 LED 测试灯用背插式方法连接于喷油器线束插头内，同样在发动机转动的同时，应能看到测试灯闪烁，如图 3-65 所示。

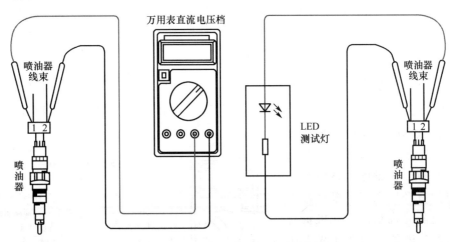

图 3-65　喷油器脉冲控制信号的检查

2. 燃油压力控制阀的检查

燃油压力控制阀安装在高压泵上，是典型的电磁阀，根据高压泵的不同结构，有装用一个的也有装用两个的，它的主要作用是，控制高压共轨管内的燃油压力保持在发动机各种工况下理想的设定值范围内，所以，燃油压力控制阀是工作在占空比状态。

（1）燃油压力控制阀电磁线圈电阻值的检查　关闭点火开关，将燃油压力控制阀的线束插头拔下，用万用表电阻档进行检查，正常情况下线圈阻值在 $3.2\sim3.6\Omega$ 左右，如图 3-66a 所示。

（2）燃油压力控制阀高端电源的检查　关闭点火开关，将燃油压力控制阀线束插头拔下，打开点火开关，用万用表直流电压档（或灯泡测试灯）检查其供电情况，红表笔触接压力控制阀线束插头对应插孔，黑表笔搭铁，正常情况下，应有蓄电池电源电压（12V 或24V），如图 3-66b 所示。

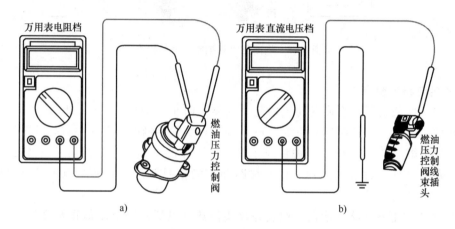

图 3-66　燃油压力控制阀的检查
a）电磁阀线圈电阻值的检查　b）电磁阀供电电源的检查

（3）燃油压力控制阀线路检查　在关闭点火开关的情况下，将燃油压力控制阀线束插头和电控单元线束插头拔下，用万用表蜂鸣档对其线路进行检查，正常情况下，线路导通应保持在蜂鸣器鸣响的同时显示屏数值与校表数值吻合，否则，检查相关线路，如图 3-67所示。

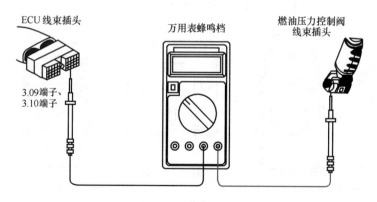

图 3-67　燃油压力控制阀线路的检查

（4）燃油压力控制阀控制信号的检查　将线路和元件恢复，用背插式方法，将万用表的表笔连接于燃油压力控制阀的线束插头上，或将 LED 测试灯背插在燃油压力控制阀的线束插头上，起动发动机，观察万用表是否有脉动电压显示或 LED 测试灯的闪烁情况，有电压显示或测试灯闪烁即为正常，否则，为 ECU 故障，如图 3-68 所示。

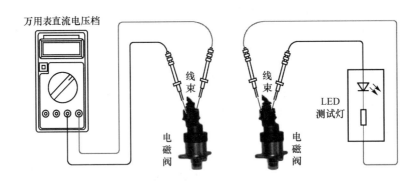

图 3-68 燃油压力阀控制信号的检查

3. 预热电路的检查

预热加热在低温下能改善发动机的起动性能，防止发动机冒白烟，ECU 根据冷却液温度传感器的温度信息，若低于 19℃ 时，ECU 通过控制预热继电器工作并点亮预热指示灯。

预热继电器工作是在 ECU 电源供电正常情况下才能工作，有关预热加热器的工作，需要对继电器的工作条件、加热器、以及线路和控制信号等进行检查，以图 3-50 为例进行介绍。

（1）预热继电器线路的检查 检查并核实预热继电器线圈电阻值正常之后，应对继电器线路检查。方法是用万用表蜂鸣档，在关闭点火开关的情况下，将继电器和 ECU 的线束插头拔下，分别对继电器线圈 86 号端子与搭铁的检查，和继电器线圈 85 号端子与 ECU 的线路检查。

将表笔的一端触接继电器座的 85 号插孔，表笔的另一端触接 ECU 的 V62 号插孔，如图 3-69a 所示，线路导通应保持在蜂鸣器鸣响的同时显示屏数值与校表数值吻合，然后将表笔的一端触接继电器座的 86 号插孔，表笔的另一端触接车身搭铁，正常情况下在蜂鸣器鸣响的同时，显示屏数值与校表数值吻合，如图 3-69b 所示。

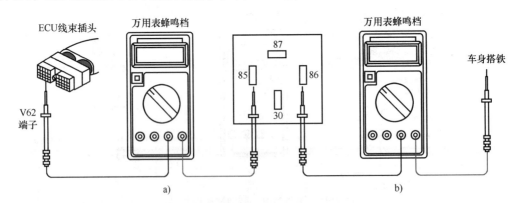

图 3-69 继电器线路的检查

a）继电器线圈控制线路的检查 b）继电器线圈搭铁的检查

（2）预热继电器电源的检查 关闭点火开关，将继电器拔下，用测试灯的一端触接继电器座的 30 号插孔，另一端搭铁，测试灯点亮说明供电正常；再将测试灯的一端连接继电器座的 30 号插孔，另一端触接继电器座的 86 号插孔，测试灯点亮说明继电器线圈搭铁正常，如图 3-70a 所示。

（3）继电器线圈控制信号的检查　用万用表电压档，两表笔触接继电器座的 85 和 86 号插孔，接通点火开关，应显示电源电压（12V 或 24V），说明 ECU 对预热继电器线圈 85 号控制正极输出正常，如图 3-70b 所示，或者在继电器座 85 和 86 号插孔连接灯泡测试灯，接通点火开关，测试灯点亮，说明 ECU 对继电器线圈的控制正常。

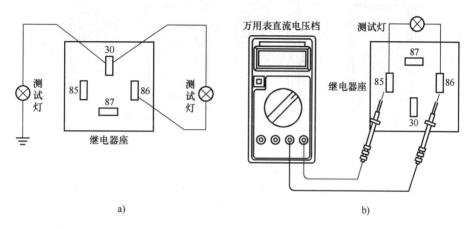

图 3-70　继电器电源和控制信号的检查
a）继电器电源正极、负极的检查　b）继电器线圈控制信号的检查

（4）加热器的检查　主要是检查加热器的电阻值，方法是关闭点火开关，将加热器的接线柱拆下，用万用表的电阻档，表笔的一端接加热器的搭铁端，表笔的另一端触接加热器的电源接线端子，正常时应为 1.5Ω 左右，如图 3-71 所示。

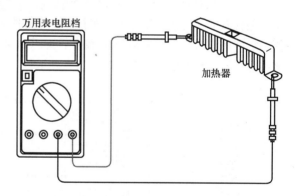

图 3-71　加热器的检查

4. 排气制动电路的检查

在发动机转速不低于 1500r/min 时，没有使用巡航控制、没有踏下加速踏板、没有踏下离合器踏板的情况下，将排气制动开关闭合时，ECU 的 29/3 号端子会收到排气制动开关送出的正极性的请求信号（见图 3-56），ECU 将通过 11/5 号端子输出电源正极、10/5 号端子输出搭铁控制信号至排气制动电磁阀，排气制动开始工作。

> 排气制动阀的工作要检查排气制动开关及线路、排气制动电磁阀、线路以及电源和控制信号。

（1）排气制动开关的检查　用万用表蜂鸣档，断电后拔下开关线束，将两个表笔分别连接于开关两端子，应为断开状态，即万用表蜂鸣器不鸣响，显示屏显示 1，将开关接通，万用表蜂鸣器鸣响，显示屏显示为 0 或接近 0 为正常，如图 3-72a 所示。

线路检查时，点火开关关闭，拔下 ECU 线束插头与开关线束插头，选择万用表蜂鸣档，将表笔一端连接于开关线束插座的任意插孔，另一表笔触接 ECU 的 09/5 和 29/3 号插孔，正常情况下两根导线都应在蜂鸣器鸣响的同时显示屏显示数值与校表数值吻合，如图 3-72b 所示。

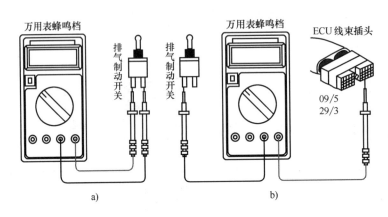

图 3-72　排气制动开关及线路的检查

a）开关性能的检查　b）开关线路的检查

（2）排气制动电磁阀的检查　主要是检查电磁线圈的电阻值，在关闭点火开关的情况下，将排气制动电磁阀和 ECU 的线束插头拔下，用万用表电阻档的两个表笔连接于排气制动电磁阀的接线柱上，正常电阻值在 50Ω 左右，如图 3-73a 所示。

线路检查时，再用万用表的蜂鸣档测量电磁阀线路的导通情况，方法是表笔的一端触接电磁阀的线束插座，另一端触接 ECU 线束插头的 11/5 和 10/5 号插孔，两条导线正常的导通状态应该在蜂鸣器鸣响的同时，万用表显示屏显示数值与校表数值吻合，如图 3-73b 所示。

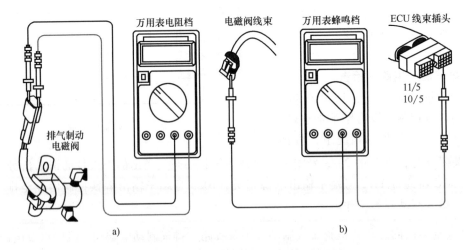

图 3-73　排气制动电磁阀及线路的检查

a）排气制动电磁阀线圈阻值的检查　b）排气制动电磁阀线路的检查

（3）排气制动电磁阀电源的检查　关闭点火开关，拔下电磁阀线束插头，选择万用表直流电压档，红表笔接电磁阀线束插头的电源端子，黑表笔搭铁，接通点火开关，应该有电源电压（12V 或 24V），或者用测试灯一端接电磁阀线束插头的电源端子，另一端搭铁（该方法较为常用），接通点火开关，测试灯应点亮，说明电磁阀供电正常，如图 3-74a 所示。

（4）排气制动电磁阀控制信号的检查　确认点火开关关闭，将电磁阀线束插头恢复，用背插式方法将万用表电压档的两个表笔背插在电磁阀线束插头，发动机工作时，打开排气制动开关后，若具备排气制动工作的条件，电压表应该显示电源电压（12V 或 24V），如图 3-74b 所示；或者把灯泡测试灯背插在排气制动电磁阀线束插头，在排气制动阀工作时，测试灯应点亮，说明 ECU 对排气制动电磁阀控制正常。

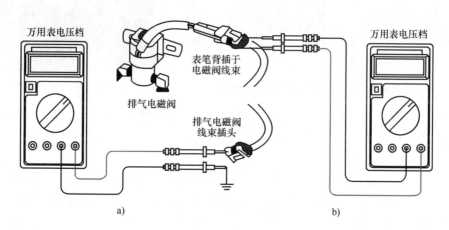

图 3-74　电磁阀电源和控制信号的检查

a）电磁阀电源的检查　b）电磁阀控制信号的检查

5. 尿素管加热电路的检查

尿素管加热电路一般由尿素管加热继电器、相关尿素管加热器和 ECU 等组成，以图 3-57 电路为例介绍相关检查。

（1）尿素管加热继电器电源的检查　主要包括继电器触点供电和继电器线圈工作电源两项检查。

如图 3-75a 所示，选择万用表或灯泡测试灯（该方法较为常用），在关闭点火开关的情况下，拔下尿素管加热继电器，把测试灯的一端搭铁，另一端连接继电器座的 3 号插孔，正常时测试灯应点亮，说明触点供电正常；再将测试灯的一端搭铁，另一端连接继电器座的 2 号插孔，接通点火开关，测试灯应点亮，说明线圈供电正常，如图 3-75b 所示。

（2）尿素管加热继电器线圈控制信号的检查　检查方法如图 3-76 所示，选择万用表直流电压档或灯泡测试灯，将万用表红表笔连接任意正极或继电器座 2 号插孔，黑表笔连接继电器座 1 号插孔，接通点火开关，电压表应有蓄电池电压显示，否则，线路断路或 ECU 没有输出。

（3）尿素管加热器的检查　包括加热器线路和加热器阻值的检查，尿素管

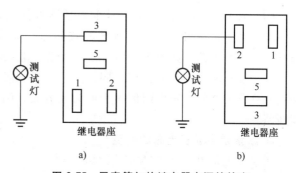

图 3-75　尿素管加热继电器电源的检查

a）继电器触点电源的检查　b）继电器线圈电源的检查

加热器是用特殊方法将电热丝缠绕在尿素管上，并用蛇形软管包裹在里边，如图 3-77 所示，其工作原理类似家用电热毯。

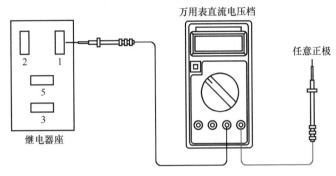

图 3-76　尿素管加热继电器线圈控制信号的检查

图 3-77　尿素管加热器位置

加热器线路检查的方法，确认关闭点火开关，拔下尿素管加热继电器和尿素管加热器线束插头（如压力管加热插头，其他加热器检查相同）以及 ECU 线束插头，如图 3-78a 所示，选择万用表蜂鸣档，表笔一端连接尿素管加热器继电器座 5 号插孔，表笔另一端连接压力管加热器线束插头 1 号插孔；然后再将表笔一端连接压力管加热器线束插头 2 号插孔，表笔另一端连接 ECU 线束插头的 17/1 号插孔，如图 3-78b 所示，两次测量数值均应与校表数值吻合，说明这两段导线正常。

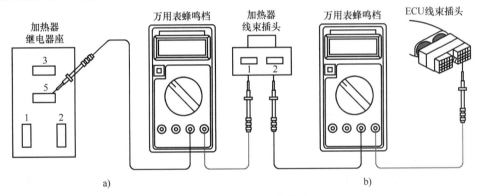

图 3-78　加热器线路的检查

a）继电器座至加热器线束插头线路检查　b）加热器线束插头至 ECU 线束插头线路的检查

（4）加热器的检查　加热器主要是检查加热丝的电阻值，确认关闭点火开关，拔下需要检查的加热器线束插头，选择万用表电阻档，如图 3-79 所示，两个表笔触接某个加热器插座，根据尿素管路的长短不同，测量结果一般为几十欧姆到几百欧姆之间，若电阻值很大或为无穷大，则加热丝可能断路。

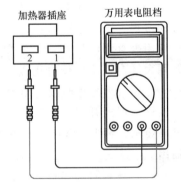

6. 尿素泵电动机电路的检查

尿素泵电动机安装在尿素泵总成内部，进液单向阀之前，尿素泵内部部分元件位置如图 3-80 所示。

尿素泵电动机是由电动机和其上集成的控制电路板组成

图 3-79　加热器的检查

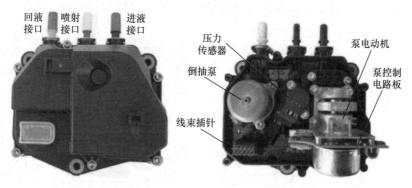

图 3-80　尿素泵外部接口与内部部分元件位置（博世 6.5）

的，由发动机 ECU 供电并驱动控制，尿素泵电动机属于不可修复件，非专业人员一般不做解体检修，所以，日常维修过程中，针对尿素泵电动机只做外部连接电路的检查，尿素泵总成电气接口如图 3-81 所示。

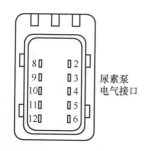

尿素泵电气接口针脚定义

针脚	定义	针脚	定义
2	尿素泵PWM控制	8	压力传感器搭铁
3	尿素泵电源24V	9	压力传感器信号
4	尿素泵搭铁	10	压力传感器电源5V
5	倒抽阀电源24V	11	加热板电源24V
6	倒抽阀搭铁	12	加热板控制搭铁

图 3-81　尿素泵总成电气接口及针脚定义（博世 6.5）

（1）尿素泵电动机电阻值的检查　主要是检查尿素泵电动机静态时的电阻值，确认关闭点火开关，拔下尿素泵线束插头，如图 3-82 所示，选择万用表电阻档，一个表笔触接电气接口的 2 号针脚，另外一个表笔分别触接电气接口的 3 号、4 号针脚均应显示 200kΩ，这个电阻值实际上不是电动机绕组的电阻值，而是电动机控制电路板的电阻值，是一个维修经验数值，不适用于所有尿素泵电动机。

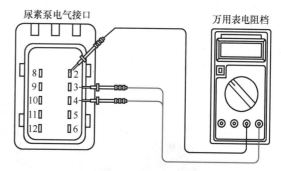

图 3-82　尿素泵电动机电阻值的检查

（2）尿素泵电动机工作电源的检查确认关闭点火开关，拔下尿素泵线束插头，如图 3-83 所示，选择万用表直流电压档，两表笔分别触接尿素泵线束插头对应的电源针脚（3 号、4 号），接通点火开关，应有 24V 电源电压，这样为尿素泵电动机工作就做好了准备。

（3）尿素泵电动机控制信号的检查　确认关闭点火开关，拔下尿素泵线束插头，图 3-84 所示，选择万用表直流电压档，黑表笔搭铁，红表笔触接尿素泵线束插头 2 号插孔，接通点火开关，此时可测到尿素泵电动机开路电压为 3.5V，若将线束插头于尿素泵连接，在尿素泵工作期间，通过示波器在 2 号导线测到 PWM 占空比信号。

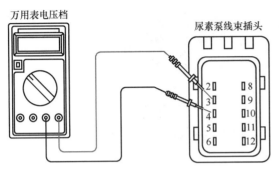

图 3-83 尿素泵电动机工作电源的检查

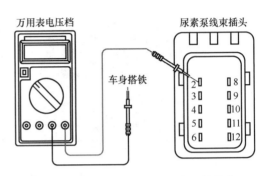

图 3-84 尿素泵电动机开路电压的检查

7. 尿素喷嘴电路的检查

尿素喷嘴是 SCR 后处理系统的执行元件，在维修过程中，除了吹洗阀门外，要对其线圈电阻值、工作电源、控制信号和线路进行检查。

（1）尿素喷嘴线圈电阻值的检查 确认关闭点火开关，拔下尿素喷嘴线束插头，图 3-85 所示为尿素喷嘴阻值的检查方法，选择万用表电阻档，两个表笔触接尿素喷嘴的两个插针，正常时应为 12Ω 左右。

（2）尿素喷嘴工作电源的检查 尿素喷嘴由 ECU 提供蓄电池电源电压，确认关闭点火开关，拔下尿素喷嘴线束插头，如图 3-86a 所示，选择灯泡测试灯，测试灯的一端搭铁，另一端触接尿素喷嘴线束插头的对应插孔，接通点火开关，测试灯应点亮，说明工作电源正常。若在喷嘴与

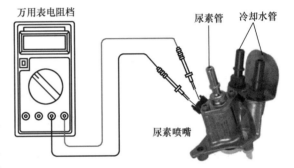

图 3-85 尿素喷嘴线圈电阻值的检查

线束连接的情况下，选择万用表直流电压档，如图 3-86b 所示，采用背插方式，黑表笔搭铁，红表笔背插在线束插头的正极导线，后处理未工作时，可测到 7.5V 的电压，说明 ECU 对其控制正常。

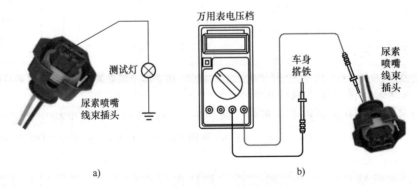

图 3-86 尿素喷嘴工作电源的检查

a）灯泡测试的检查 b）万用表电压档检查

（3）尿素喷嘴控制信号的检查　尿素喷嘴由 ECU 通过 PWM 信号进行控制，确认关闭点火开关，拔下尿素喷嘴线束插头，一般性的维修选择万用表直流电压档，或 LED 测试灯即可对喷嘴控制信号进行检查，特殊情况可采用示波器进行检查。

如图 3-87a 所示，将万用表电压表的一表笔背插在尿素喷嘴线束插头控制导线，黑表笔搭铁，在尿素喷嘴工作时可观察到脉动的电压显示，或者将 LED 测试的负极背插在尿素喷嘴线束插头的控制导线，LED 正极端连接任意正极或者背插在尿素喷嘴的供电导线，如图3-87b 所示，在尿素喷嘴工作时可观察到 LED 闪烁的情况，初步判断控制信号正常。

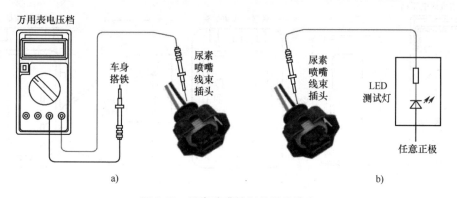

图 3-87　尿素喷嘴控制信号的检查

a）电压表检查　b）LED 测试灯检查

8. 倒抽泵电路的检查

当发动机熄火，尿素泵停止工作，由 ECU 控制倒抽泵将尿素管路残余的尿素溶液清空并收回尿素箱，倒抽泵的检查主要包括倒抽泵电动机线圈电阻值、工作电源和控制信号及线路导通情况的检查。

（1）倒抽泵电动机电阻值的检查　倒抽泵集成在尿素泵总成内（图 3-80），确认关闭点火开关，拔下尿素泵总成线束插头，如图 3-88 所示，选择万用表电阻档，两个表笔触接在尿素泵总成电气接口的 5 号、6 号针脚，应该测到约为 8Ω 的电阻值。

（2）倒抽泵电动机工作电源的检查　确认关闭点火开关，拔下泵总成线束插头，如图3-89 所示，选择灯泡测试灯，测试灯的一端连接尿素泵总成线束插头的 5 号针脚，黑表笔搭铁，接通点火开关，测试灯应点亮，说明供电正常。

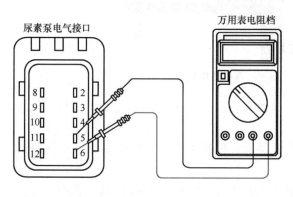

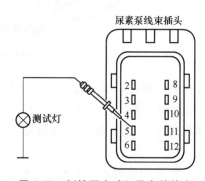

图 3-88　倒抽泵电动机阻值的检查　　　　图 3-89　倒抽泵电动机供电的检查

（3）倒抽泵控制信号的检查　确认关闭点火开关，拔下尿素泵总成线束插头，选择万用表直流电压档，如图3-90a所示，红表笔连接尿素泵总成线束插头的6号插孔，黑表笔搭铁，接通点火开关，应有4V左右电压，说明线路和ECU均正常；也可在尿素泵总成与线束插头连接的情况下，采用LED测试灯，如图3-90b所示，LED测试灯两端背插在尿素泵总成线束插头的5号和6号导线，当发动机熄火后，能观察到LED测试灯点亮并持续大约90s时间后熄灭，说明ECU对倒抽泵的控制正常。

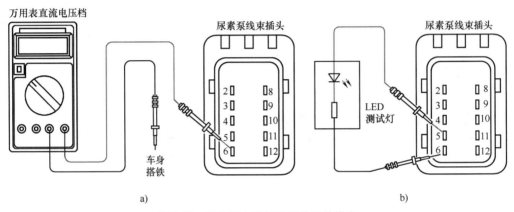

图3-90　倒抽泵电动机控制信号的检查

a）万用表检查　b）LED测试灯检查

9. EGR阀电路的检查

EGR就是废气再循环系统，通过将废气导入到燃烧室，从而降低发动机燃烧峰值温度，达到减少氮氧化物（NO_x）排放的目的。柴油车采用的是外部系统，即排气管与进气管之间用一个管路连通，管路中安装一个阀控制废气进入量。由此可见EGR阀是整个系统的核心部件，图3-91所示为EGR系统结构原理。

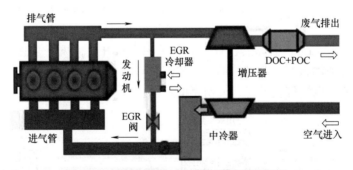

图3-91　废气再循环（EGR）系统结构原理

EGR阀目前常采用电磁阀和位置传感器组成的总成，如图3-92所示，便于实现废气再循环系统的闭环控制，电路图参见图3-52。

EGR阀包括EGR阀电磁线圈电阻值、正极供电、控制电路、位置传感器以及线路的检查。

（1）EGR电磁阀线圈电阻值的检查　确认关闭点火开关，拔下EGR阀线束插头，选择万用表电阻档，如图3-93所示，两表笔触接EGR阀插座的4号、5号针脚，车型不同阻值

图 3-92　常见 EGR 电磁阀

也不尽相同，一般在 $25\sim50\Omega$。

（2）EGR 阀正极供电的检查　EGR 阀正极供电大多由 ECU 提供，检查时确认关闭点火开关，拔下 EGR 阀线束插头，如图 3-94 所示，选择万用表直流电压档或灯泡测试灯（较为常用），若采用灯泡测试灯，将测试灯一端触接 EGR 阀线束插头 4 号插孔，另一端搭铁，接通点火开关，测试灯点亮，说明供电正常。

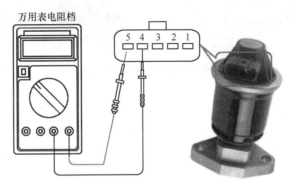

图 3-93　EGR 电磁阀线圈电阻值的检查

（3）EGR 阀控制信号的检查　EGR 阀在工作期间，选择 LED 测试灯即可初步检查，如图 3-95 所示，将 LED 测试灯的正极背插在 EGR 阀线束插头的 4 号导线，LED 测试灯的负极背插在 5 号导线，可观察到 LED 闪烁，初步判断 EGR 阀基本正常工作。

图 3-94　EGR 阀供电检查

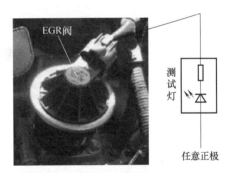

图 3-95　EGR 阀控制信号的检查

（4）EGR 阀位置传感器的检查　EGR 阀位置传感器大多采用电位计形式，可通过检查电位计的性能和供电来判断其正常与否。

1）EGR 阀位置传感器性能的检查。确认关闭点火开关，拔下 EGR 阀线束插头，如图 3-96 所示，选择万用表电阻档，首先，将两表笔分别触接在 EGR 阀插座的 1 号和 3 号针脚，观察并记录显示屏电阻值（固定电阻），然后将两个表笔分别触接 1 号和 2 号针脚，2 号和 3 号针脚，这两次测量电阻值相加，基本等于 1 号和 3 号所测的固定电阻值，说明电位计基本正常，因为，该阀很难模拟动作，所以，以上检查基本可以判断其正常。

2）EGR 阀位置传感器工作电源的检查。确认关闭点火开关，拔下 EGR 阀线束插头，如图 3-97 所示，选择万用表直流电压档，红表笔触接 EGR 阀线束插头的 5 号针脚，黑表笔触接车身搭铁或者 1 号针脚，接通点火开关，若显示 5V 即可判断 ECU 供电、线路正常。

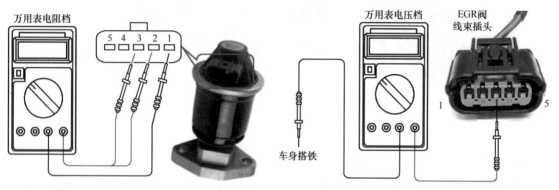

图 3-96　EGR 阀位置传感器的检查　　　图 3-97　EGR 阀位置传感器工作电源的检查

第四章 柴油机高压共轨电控系统故障诊断与维修

第一节 发动机电控系统故障检测程序和方法

电控燃油喷射系统的工作状况对发动机的运转性能有很大的影响，不论是该系统的控制电脑、控制线路还是其他任何一个传感器、执行器出现故障，都会在一定程度上影响发动机的起动性、运转稳定性、动力性、经济性等。因此，当发动机出现故障或性能下降时，首先应检查发动机的燃油喷射控制系统有无故障。

由于电控燃油喷射系统的构造和工作原理比较复杂，不同车型的电控燃油喷射系统往往有很大的差异，其故障形式既可能是电控方面的，也可能是机械方面的，因此给故障的检查和排除带来一定的困难。在检查和排除电控燃油喷射系统的故障时，首先应该了解各种燃油喷射系统的工作原理以及构造和特点，借助维修车型的技术资料，合理利用各种检测工具和检测手段进行诊断。除此之外，还应该有清晰的诊断思路和故障分析方法，遵循科学的诊断程序和步骤，这些都是十分重要的。

一、故障诊断的基本原则

发动机的电子控制系统是一个精密而又复杂的系统，故障的诊断也较为困难。而造成电喷发动机不工作或工作不正常的原因是多方面的，可能是电子控制系统，也有可能是电子控制系统以外其他部分的问题，故障检查的难易程度也不一样。检修故障时能够遵循故障诊断的一些基本原则，就可以少走一些弯路，提高效率进而准确迅速地找出故障所在。

1. 先外后内

发动机出现的故障，不一定全是由电子控制系统造成的，首先观察电控系统的故障指示灯，如果故障指示灯没有常亮、闪烁显示故障，则基本可以作为机械故障或电源、搭铁供电缺陷来进行处理。如果故障指示灯点亮，就可以通过闪码来寻找故障位置，进而进行相应处理。所以，必须先对电子控制系统以外的可能故障部位进行检查。这样可避免本来是一个与电子控制系统无关的故障，却对系统的传感器、控制电脑、执行器及线路等进行检查，这样既费时又耗力，真正的故障却往往是较容易查找到而又被忽视的。

2. 先简后繁

发动机出现的故障绝大多数是比较简单的故障，或者说简单故障所占的比例远远大于疑难故障，能以简单方法检查的可能故障部位应先予以检查。比如直观诊断最为简单，可以通过看、摸、听等直观检查方法，将一些较易发现的故障迅速地找出来。如果直观诊断未找出故障，需借助于仪器、仪表或其他专用工具来进行诊断时，也应对较容易检查的先予以检查。比如检查电控系统线束的连接状况，传感器或执行器有无明显的损伤，器件、线束间的电气连接是否良好，有无松动或断开，电线是否有明显磨破或搭铁现象，电气连接的插头和插座有无腐蚀现象等。

3. 先熟后生

现代汽车由于设计、制造和技术以及使用环境等原因，出现的故障往往带有某个车系或生产厂家的一些特点。例如，发动机的某一故障现象可能是以某些总成或部件的故障最为常见，**应先对这些常见故障部位进行检查**。若未找出故障，再对其他不常见的可能故障部位予以检查。这样做有利于迅速地找到故障，提高维修效率。

4. 故障码优先

现代车辆大多具有故障自诊断功能，发动机运行时，故障自诊断系统随时监测运行情况，一旦监测到故障后，便以故障码的形式将该故障储存到电脑的存储器内，同时通过"检测发动机"等故障指示灯向驾驶人报警。检修故障时，可通过人工或仪器读取故障码，根据对应的手册查出故障码指出的故障，从而排除故障。待故障码所指的故障消除后，如果发动机故障现象还未消除，或者开始就无故障码输出，则再对发动机可能的故障部位进行检查。

5. 先思后行

检修故障时首先应进行故障分析，了解可能的故障原因有哪些，然后再进行故障检查，这样可避免对与故障现象无关的部位做无效的检查，又可避免对一些有关部位漏检而不能迅速排除故障。

6. 先备后用

电控系统工作的好坏，往往与系统中的电器部件的性能和电气线路有一定的关系，一般情况下通过电压或电阻等参数来判断。如果没有这些维修数据，将会对电控系统的故障检查带来许多困难，所以有些时候常采取新件替换的方法。这些方法虽然简单，但有时新件不及时会影响工作，况且也难免会造成维修费用和工时费的增加。**因此在检修车辆时，应尽可能准备好有关的维修数据和相关的维修资料**。除了从维修手册、专业书刊上收集整理这些检修数据资料外，另一个有效的途径是利用无故障车辆对其系统的有关参数进行测量，并记录下来，作为日后检修同类型车辆的检测比较参数。

应特别注意：电喷发动机的故障并非一定出在电子控制系统。如果发现发动机有故障，而故障指示灯并未点亮（未显示故障码），大多数情况下该故障可能与发动机电控系统无关，此时，就应该像发动机没有装电控系统那样，按照基本诊断程序进行故障检查。否则，可能遇到一个本来与电控系统无关的故障，却检查电控系统的传感器、执行器和电路等，花费了很多时间，而真正的故障反而没有找到。

二、电喷发动机故障诊断的基本方法

电喷发动机故障诊断可分为初步诊断和深入诊断。初步诊断是根据故障现象，判断出故障产生原因的大致范围。深入诊断是根据初步诊断的结果对故障原因进行分析、查找，直到找出产生故障的具体部位。

电喷发动机故障诊断所采用的手段，可分为：直观诊断、利用自诊断系统诊断、简单仪表诊断和专用诊断仪器诊断等。

1. 直观诊断

> 直观诊断就是通过人的感觉器官对汽车故障现象进行看、问、听、试、嗅等，了解和掌握故障现象的特点，通过人的大脑进行分析、判断得出结论的诊断方法。

直观诊断方法根据诊断者的经验和对诊断车辆的熟悉程度，在运用的范围上有极大的差别。经验丰富的专家，可以利用直观诊断方法诊断出发动机可能出现的绝大多数故障，包括对确定故障性质的初步诊断和确定具体故障原因的深入诊断。

直观诊断的主要内容有：

看。即目测检查，其目的是了解电喷发动机的电控系统类型、车型，在进入更为细致的测试和诊断之前，能消除一些一般性的故障原因。

问。了解故障出现时的情形、条件、如何发生，以及是否已进行过检修等与故障有关的情况和信息。

听。主要是听发动机工作时的声音：有无爆燃、有无敲缸、有无失速、有无进气管或排气管放炮等。

试。根据前述检查，有针对性地试车，以便进一步确定故障。

2. 利用随车自诊断系统诊断

随车故障自诊断可以对系统的故障进行自诊断，在电喷发动机故障诊断中是一种简便快捷的诊断方法，但是其诊断的范围和深度远远满足不了实际使用中对故障诊断的要求，常常出现发动机运行不正常而故障产生的原因可能与发动机电喷系统无关，另一方面则是由于随车自诊断功能的局限性所造成的，不可能设计出一种自诊断系统对其所有可能产生的故障部位进行诊断。因此，以直观诊断方法为主进行检查和判断的工作，在任何时候对任何系统来说，都是不可替代的。

随车自诊断系统通常只能提供与电喷系统有关的电气装置或线路故障，一般只能做出初步诊断结论，具体故障原因，还需要通过直接诊断和常规仪器仪表进行深入诊断。

3. 利用常规仪器诊断

利用常规仪器诊断，就是利用以万用表和示波器为主的通用仪表，对电控发动机故障进行诊断的方法。**这种诊断方法的特点是：诊断方法简单、设备费用低，因此，这种诊断方法可用于对故障进行深入诊断**。其缺点是：对操作者的要求较高，在利用简单仪器诊断时，操作者必须对系统的结构和线路连接情况有相当详细的了解，才可能取得满意的诊断效果。

4. 利用专用诊断仪诊断

采用专用诊断仪可大大提高对电子控制系统的诊断效率。但是由于专用诊断仪器成本较高，因此各种电脑诊断仪一般适用于专业化的故障诊断和修理厂家。

三、电控发动机故障诊断的基本流程

通过与车主或有关人员的咨询，了解故障的产生、发展的全过程，以及过去的故障状况、检修状况和车辆状况等，从而为诊断寻找线索，为进一步检查指出方向。

直观诊断（前边已有介绍）。

人工或仪器读取并验证故障码，查清故障码表示的故障是否存在，即是否故障已排除，而其故障码仍未清除。

若无故障码，对有明显故障征兆的，可用诊断仪、示波器、万用表等读取有关发动机数据，进行数值、波形分析；并依据分析结果，检查有关部件，视需要进行维修或更换。若无明显故障征兆，则应采用症状模拟方法对故障进行分析，以进一步检查故障的原因。

若有故障码，则根据故障码的内容检查并排除故障。

重新起动发动机，验证故障是否已排除。若故障未排除，则继续检查故障原因。

四、故障征兆的模拟方法

在诊断中最困难的情形是有故障，但没有明显的故障征兆。在这种情况下必须模拟与车辆出现故障时相同或相似的条件和环境，然后进行彻底的故障分析。无论维修人员经验如何丰富，也无论他技术如何熟练，如果他对故障征兆不经验证就进行诊断，则将会在修理工作中忽略一些重要的东西，并且在有些地方会判断错误，这必将导致修复车辆再次出现运行故障。例如，对那些只有在发动机冷态下才出现的问题，或者由于车辆行驶时振动引起的问题等，这些问题决不能仅仅依靠发动机热态和车辆行驶时故障征兆的验证来确诊。这里介绍的故障征兆模拟试验是一种有效的措施，它可以帮助技师在停车条件下判断出故障所在。

在模拟试验中，故障征兆固然要验证，故障部位或零件也必须找出。为做到这一点，在开始试验之前，必须把可能发生故障电路范围缩小，然后进行故障征兆模拟试验，判断被测试的电路是否正常，同时也验证了故障征兆。

1. 振动模拟法

当认为振动可能是主要原因时，可在垂直和水平方向轻轻摇动线束或器件插接器，以及穿线孔处的配线，对可疑器件应轻轻摇晃或振动，以检查其接触情况，如图 4-1 所示。

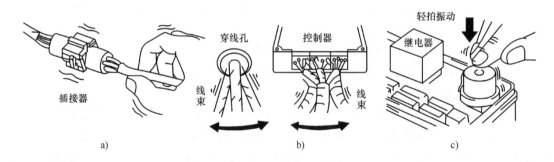

图 4-1 用振动法模拟故障

a）插接器检查 b）线束检查 c）器件检查

2. 加热模拟法

当怀疑某一电器或电子控制器件可能因某种原因受温度影响而引起故障时，可采用对怀疑器件加温试验的方法，通常较为方便的工具为电吹风机或类似工具对可能引起故障的器件进行加热试验，观察或检测是否故障再现。但对器件的加热温度一般不得高于

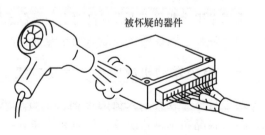

图 4-2 用加热法模拟故障

60℃，对电子控制器特别是ECU中的电子元件不可直接加热。如图4-2所示。

3. 加湿模拟法

当故障可能是在雨天或高湿度环境中出现时，可采用模拟试验的方法，检查故障是否发生，如图4-3所示。将水喷淋在车辆上，但不可将水直接喷在发动机电器件或电插接器上，而应喷在散热器前面间接改变温度和湿度，避免电子控制器特别是ECU进水引起短路故障，操作时要多加注意。

图4-3 用水淋法模拟故障

4. 电器全接通法

当怀疑故障可能是用电负荷过大而引起时，可将车辆上尽可能多的或者是所有电器负载接通，特别是空调压缩机、鼓风电动机、前照灯、后窗除雾、刮水器、冷却风扇电动机等大负荷用电器等，然后检查故障是否再现。

五、基本检查

检查电喷发动机故障，首先要掌握电喷发动机的控制原理、传感器和开关的信号类型和标准数值，能看懂电路图，了解机械系统的结构特点和参数。其次要掌握检测流程，先查什么，后查什么，查到某一个部件时产生两种情况，如果正常怎么继续检查，如果不正常又怎么检查。不同的故障现象，检查流程不完全一样，但基本流程差不多，根据不同的故障现象，有的项目可以省略不查，有的需重点检查。

检查发动机未工作时的蓄电池电压，应不低于本车型标定的电压（12V或24V）；发动机工作时，正常的发电量应该在规定的电压范围内（12V车辆为13.5~14.5V，24V的车辆26.5~28V）。

检查发动机能否转动，若发动机根本不转，则首先应当检查是起动电路还是发动机故障并排除故障。

检查发动机能否起动，若不能起动，则应分别检查油路和电路，确定故障后有目的有重点的加以排除。

检查空气滤清器，若脏污或堵塞，应清洗或更换滤芯。

检查怠速转速是否正常，若不正常，则应先检查影响怠速转速的相关故障部位。

检查喷油时刻（汽油发动机检查点火正时），若不正常，应进行调整或更换相应部件。

第二节　汽车自诊断系统

现代汽车电子控制系统愈来愈复杂，电控系统已不仅仅是独立的存在，各个电控系统或多或少都有一定的相互联系，当发生故障时要判断故障的部位相对困难。因此，在电子控制系统中，一般都具有故障自诊断功能。**系统工作时，对传感器的输入信号、软件的操作是否正确，以及电子控制器中的电源、驱动电路是否发生了故障都会进行监测，当诊断系统检测到故障时，就会在存储器中以故障码的形式记录下该故障和相应的发动机运行参数，同时诊断系统还将根据现行故障的类型和严重程度，点亮不同的故障指示灯，用于提醒驾驶人。故障指示灯包括报警指示灯"WARNING"、停机指示灯"STOP"、等待起动指示灯"WAIT-TO-START"和保养指示灯"MAINTENANCE"。**

例如，当发动机电控单元检测到来自传感器和执行器的故障时，立即将"检查发动机"（CHECK ENGINE）故障指示灯点亮，同时将故障信息以故障码的形式存入存储器中。故障码一旦存入，即使将点火开关关闭，故障指示灯熄灭，故障码仍然会保留在存储器中。

对车辆进行检修时，借助于电控系统的故障诊断接口（插座），通过人工或使用故障诊断仪（亦称电脑检测仪或电脑解码器），可以将ECU存储器中的故障码调出，并以灯光闪烁的方式，或直接由诊断仪显示屏以数字形式显示出来，从而帮助维修人员迅速正确地判断故障的类型和范围。故障排除后，同样按特定的程序，用人工方法或借助于诊断仪，将ECU存储器中储存的故障码清除掉，以免与新产生的故障码混淆，给检修带来困难。

一、自诊断原理与故障码

汽车在运行时，电子控制系统输入、输出信号的电压值都有一定的变化范围，当某一信号的电压值超出了这一范围，并且这一现象在一定时间内不会消失，**ECU便判断为这一部分出现了故障，并将其以故障码的形式存入内部存储器中，这样，维修人员在检修发动机故障时，可以调出ECU内储存的故障信息，以便进一步缩小故障范围，这就是自诊断原理。**

需要说明的是，故障码只表明故障的结果，它可以指明故障的大致范围，但不能直接确定故障的确切部位。在获取故障码后，还需进一步检查，以找出发生故障的部位和线路。

二、自诊断故障信息显示

位于仪表板上的"检查发动机"（CHECK ENGINE）指示灯等，在本系统发生故障时会点亮或闪烁。

故障指示灯在点火开关接通后，一般都会亮起，这是电控系统的自检程序，并不代表发生了故障，自检结束未发现故障，指示灯熄灭。发动机起动后，故障指示灯应处于熄灭状态，如果仍然点亮或闪烁，表示电控系统有故障。

通过一定的读码程序，可以从故障指示灯（仪表板的指示灯或电脑上的LED灯）读出灯光闪烁所代表的故障码。

1）故障指示灯。

2）故障指示灯闪烁故障码。

3）某些高级轿车中，仪表板上的显示屏可直接显示故障信息。

4）使用专用仪器，通过诊断接头输出故障码和故障信息。

三、第二代随车诊断系统（OBD-Ⅱ）

汽车故障自诊断系统为汽车维修提供了重要信息，但是过去由于缺乏统一标准，各汽车制造厂的故障自诊断座的形式多达几十种，位置各不相同，读取方法也各种各样，造成了自诊断工作的极大不便。为了解决这个问题，自 1994 年以来，美、日、欧各主要汽车制造厂生产的汽车逐步开始使用第二代随车诊断系统（OBD-Ⅱ），到目前为止绝大多数汽车都在使用统一的（OBD-Ⅱ）诊断插座。

1.（OBD-Ⅱ）诊断系统的主要功能

（OBD-Ⅱ）**系统是世界各个汽车制造厂商采用相同标准的诊断插座（16 针）、相同定义的故障码，以及相同的资料传输标准（SAE 或 ISO）的诊断系统，只要通过一台仪器，即可对各种汽车进行故障诊断。**

（OBD-Ⅱ）诊断模式采用高效的输出明码编码方式以及压缩数据包方式传递信息，读取与清除故障码可在瞬间完成。（OBD-Ⅱ）诊断座仍然保留了通过人工跨接诊断座的引脚从故障指示灯或 LED 灯、电压表上读取故障的功能，不过这种码多是两位数码，信息量远远少于（OBD-Ⅱ）标准码，有些故障码无法用此种方式输出。

（OBD-Ⅱ）随车诊断系统的特点是：

① 将各种车型的诊断座统一为 16 针，大多安装在仪表板下方左侧或右侧，也有的车型安装在变速杆旁等便于操作的地方。

② 具有数值分析和资料传输功能（DATA LINK CONNECTOR，简称 DLC）。数值传输有两个标准：一个是欧洲统一标准，即 ISO 标准，它利用 7#、15# 脚传输数据；另一个是美国汽车工程学会统一标准，即 SAE 标准，它利用 2#、10# 脚传输数据。

③ 统一各个车型的故障码含义。

④ 具有重新显示记忆故障码的功能。

⑤ 具有行车记录器的功能。

⑥ 具有可由仪器直接消除故障码的功能。

（OBD-Ⅱ）诊断座的结构如图 4-4 所示，各个针脚应用规定如表 4-1。

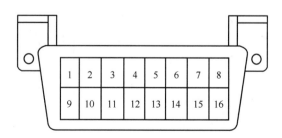

图 4-4 OBD-Ⅱ诊断座的结构

表 4-1 OBD-Ⅱ诊断座针脚应用规定

针脚	定义	针脚	定义	针脚	定义
1	由制造厂规定	7	ISO-9141 数据传输 K	13	由制造厂规定
2	SAE-J1850 数据传输	8	由制造厂规定	14	CAN-
3	由制造厂规定	9	由制造厂规定	15	ISO-9141 数据传输 L
4	车身接地	10	SAE-J1850 数据传输	16	蓄电池正极电源
5	信号反馈接地	11	由制造厂规定		
6	CAN+	12	由制造厂规定		

SAE 规定（OBD-Ⅱ）故障码由 5 位组成：

例如：P0122，其中第一位为英文字母，第二至第五位为数字，各位含义为：

第一位是英文字母，分别代表测试系统。其中：B 代表车身；C 代表底盘；P 代表动力系统（发动机、变速器）；U 未定义。

第二位为数字：代表汽车制造厂商。0 则代表 SAE 定义故障码；1、2、3 代表汽车制造厂。

第三位为数字：代表 SAE 定义的故障码范围。数字"1"或"2"，表示燃油或空气测试不良；数字"3"表示点火系统不良或发动机间歇熄火；数字"4"表示废气控制系统辅助装置不良；数字"5"表示汽车或怠速控制系统元件不良；数字"6"表示发动机控制系统或输出控制元件不良；数字"7"或"8"表示变速器控制系统不良。

第四、五位为数字，代表原厂故障码。

2. 故障码的读取与清除

故障码的读取与清除可分为两种方式，一种是人工方式，另一种是外接设备方式。

（1）人工读取与清除方式

> 人工读取与清除故障码是不使用任何外接仪器设备就可进行的方式。

1）人工读取。在这种方式下若要 ECU 的自诊断系统输出故障码，通常需要先给电脑一个触发信号，电脑接收到此信号后，就开始显示故障码。通常有对诊断座中的专用端子采取跨接线触发方式、外接 LED 测试灯触发方式、点火开关触发方式、加速踏板触发方式等；而显示故障码则有利用发动机故障指示灯、LED 测试灯、电脑板上 LED 指示灯等的形式，以及利用百分表读取百分比（%）值的方式，这是奔驰汽车专用方式。

利用发动机故障指示灯或 LED 测试灯显示故障码时，其故障码的闪烁方式有单灯闪烁、双灯闪烁和四灯显示方式，最常见、使用车型最多的还是利用发动故障指示灯闪烁的方式，如图 4-5 所示。

图 4-5 显示的为故障 23，用故障灯的闪烁时间来表示，先连续闪两下，中间间隔 0.5s，表示 2；再连续闪三下，

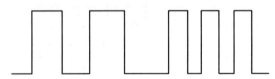

图 4-5 两位码显示方式

表示 3。如有多个故障，依次显示，两个故障之间间隔时间较长，4~5s。

柴油机高压共轨电控系统设有故障诊断开关，读取故障码时，接通点火开关，将诊断开关按下即可通过仪表板上的故障指示灯按上述方法读出故障码。

2）故障码的清除。**存储在控制单元中的故障码有两种清除方式，一种是人工清除，另一种是自动清除。**

人工清除是按照一定步骤用人工或仪器来清除。通常采取切断电源负极电缆 10~30s 以上或更长时间，这种方式适用于大多数车型，但全车电源切断可能会清除电脑的自适应值或其他系统的记忆（如音响）；人工清除还可按照触发方式遵循本车型规定的程序步骤操作，即可清除故障码。

故障码的自动清除则是在故障已经完全消除以后，在点火开关开、闭（ON-OFF）循环一定的次数（通常是 50~80 次）以上且该故障未再次出现时，ECU 将自动清除存储的故障码。人工清除可以清除所有的间歇性（软）故障的故障码和持续性（硬故障）故障码，而自动清除只能清除在一段时间内没有出现的间歇性故障的故障码和故障已经排除的持续性故障的故障码。

（2）外接设备方式

> 外接设备方式是使用读码器、扫描仪和诊断仪或类似工具（俗称解码器）进行故障码的读取与清除的。

1）读码器。读码器是各大汽车公司为各自生产的汽车专门设计的读取和清除故障码的专用工具。它将自诊断系统故障码的触发和显示功能集于一体，只需将连接插头插入诊断座，就可以从读码器中读取和清除故障码。读码器有两种显示方式，一种是用发光二极管显示闪码，另一种是直接显示故障码的编号。读码器通常用读码键触发读取故障码，用清除键清除故障码。读出的故障码还需要从维修手册中查找故障码的含义。

2）解码器。解码器是在读码器的功能上增加了故障码内容定义的显示功能，可用菜单方式进入读取故障码和清除故障码功能，解码器可以显示故障码的定义。所以解码器能够用不同文字直接显示故障码的含义，不必再从手册中去查找。

3）扫描仪和诊断仪。扫描仪和诊断仪除了故障码的读取和清除以外还有其他更重要的功能，它在读取和清除故障码的功能上与解码器完全相同，是电控系统故障诊断最常用的一种设备和诊断手段。

四、备用系统

> 备用系统也称为后备功能，它是当 ECU 内控制程序出现故障时，ECU 把燃油喷射和喷油时刻（汽油机的点火正时）控制在预定水平上，作为一种备用功能使车辆继续行驶。该系统只能维持发动机基本功能，而不能保持正常的运行性能。

在柴油发动机高压共轨电控系统中，当轨压传感器或加速踏板传感器等主要传感器信号电路，出现断路或短路故障时，微机无法检测共轨压力和发动机负荷情况，也就无法对共轨压力进行有效控制，燃油喷油量得不到精确控制，电控系统进入异常工作状态，发动机将会停机，车辆则不能行驶。若此时汽车处于行驶途中，又远离维修服务站，将会使驾驶人和乘客陷入十分困难的境地。此时，后备系统将投入工作，维持发动机转速在 1000~1500r/min，限制发动机转矩和巡航功能，汽车进入"跛行回家"模式继续行驶，以便能将汽车开到最近的维修站或适宜的地方。

后备系统为一专用后备电路，当监视器监测出电控系统出现异常情况而满足启用后备系统的工作条件时，首先"检查发动机"灯亮，告诉驾驶人应及时将汽车送到维修站检修；与此同时，ECU自动转换成简易控制的后备系统。**后备系统只能完成简易控制，只能维持基本功能；可以使车辆能继续行驶，而不是保持正常运行的最佳性能。**

第三节　故障码与数据流分析

一、故障码分析

在发动机电控系统的故障诊断中，利用故障诊断仪读取故障码的方法已经成为必不可少的工作之一，大多数情况下，技师总想试图把读取到的故障码，作为主要故障原因或故障点来判断故障，或通过更换故障码所指出的元器件来排除故障，但事实上并非如此简单。由于电控系统自诊断能力的局限性，以及各个元器件故障设定的条件不同，还有各个元器件之间的相互关联作用等诸多因素，电控模块内记录、储存的故障码的内容有些能相对准确地反映真实情况，有些则不能反映真实情况，故障码对于故障诊断只能作为一些参考信息，然后经过仔细分析，这样有助于缩小故障范围，进而确定检修重点。具体的器件性能、工作状况的鉴定、确认还需借助于常规仪器或仪表。

> 故障码是汽车电控系统电脑的自诊断系统根据检测出的故障状况所记录下的相应编码。

故障码分析是诊断汽车电子控制系统故障的第一步，是汽车电子控制系统故障诊断中最基本、最简单，也是最常用的方法之一。

故障码分析的过程是对汽车电控系统电脑自诊断系统纪录的故障码进行读取、清除和鉴别分类的分析过程。

1. 故障的确认方法

电控系统电脑自诊断系统对任何故障码的设定都有不同的设定条件，当自诊断系统检测到某一个或几个信号超出其设定条件（或范围），即出故障时，将设定故障码。一般通过以下几种方法进行确认。

（1）数值判定　当控制单元接收到的输入信号超出规定的数值范围时，自诊断系统就确认该输入信号出现故障。**例如：某些发动机电控系统中冷却液温度传感器，采用负温度系数的热敏电阻，正常使用温度范围为−40~135℃，输出电压为0.3~4.7V，当控制单元检测出信号电压小于0.15V或大于4.85V时，就判定冷却液温度传感器信号系统发生短路或断路故障。**

（2）时间判定　当控制单元检测时发现某一输入信号在一定的时间内没有发生变化或变化没有达到预先规定的标准时，自诊断系统就会确定该信号出现故障。**氧传感器就是一个典型的例子：在发动机达到正常温度且控制系统进入闭环控制后，而控制单元检测不到氧传感器的输出信号，超过了设定的时间，或者氧传感器信号电压在0.45V的基准上，没有发生上下变化的情况已超过了设定的时间，自诊断系统就会判定氧传感器信号系统出现故障。**

（3）功能判定　当控制单元给执行器发出驱动指令后，检测相应传感器或反馈信号的输出参数变化，如果输出信号没有按照程序规定的趋势变化，就会判定执行器或相关电路出现了故障。**例如：驾驶人使用了排气制动功能或是控制单元得到了排气制动的请求信号后，同时会检测进气压力传感器和发动机转速输出信号是否相应变化，用以确定排气制动阀及相关电路是否动作，若没有变化，则判定排气制动阀及相关电路故障。**

电装公司的电控系统采用了排气制动继电器，而博世公司的电控系统则是由发动机控制单元直接控制排气制动阀。

（4）逻辑判定　控制单元对两个或两个以上具有相互联系的传感器进行数据比较，当发现两个传感器信号之间的逻辑关系违反了设定的条件，就会判定其中一个或其相互之间有故障。**柴油机电控系统中加速踏板传感器就是一个典型的例子。在电控系统中设有两个加速踏板传感器且同步工作，两个传感器的工作电源相同，但信号电压却是1/2的关系，即油门2无论在什么情况下信号电压始终是油门1的1/2，若控制单元检测到两者信号电压的比例不成立时，则判定该传感器出现了故障，在点亮故障指示灯的同时，会记录故障码。同理，曲轴位置传感器和凸轮轴位置传感器也有同样的逻辑关系。**

2. 故障的分类

电控系统出现故障的形式一般分为软故障和硬故障两大类型：一种是间歇性的故障，另一种是持续性的故障。

（1）间歇性的故障　间歇性的故障即软故障，它的特点是时有时无，故障难以判断。因为要重现间歇性故障产生的状态，有很大困难，有时需要很长时间用于捕捉间歇性故障的重现，或者需要人为地创造可重现故障的条件，例如给可疑器件加温、晃动怀疑接触不良的电气连接等，同时更需要借助其他设备，捕捉故障出现时瞬间的各种数据、参数的变化情况。**间歇性故障的发生大多没有规律可循，重现的时间长短也不确定，所以维修难度较大。**

（2）持续性的故障　持续性的故障即硬故障，**它的特点是一旦发生就始终存在，故障判断比较容易。**

（3）故障和故障现象及故障码的关系　有故障码存在时，大多数情况下是确实有故障的，也会有不同程度的故障症状。如：有进气压力传感器故障码，说明进气压力信号有误，会产生明显的故障现象，如发动机加速不良、动力性下降、排放超标等。

但有些故障的故障症状并不明显，如出现进气温度传感器的故障码，则表示进气温度传感器信号可能有断路或短路故障发生，但这个故障所带来的影响，仅凭驾驶感觉不一定能够发现。

有故障码也不一定就会有故障，这里有好多因素，主要有外界或车上各种干扰源的干扰、检测过程的误操作、相关故障的影响和虚假的故障码等。

当有故障症状出现时，一定存在故障，但不一定产生故障码，因为故障码是由控制单元的自诊断系统定义的，控制单元监控以外导致的故障，就不可能设定故障码。例如，机械性故障自诊断系统就无法识别，但发动机会出现工作不良的故障症状。

> 所以，有故障码不一定有故障，没有故障码不一定没有故障。不能认为读出故障码，并按照故障码指示或说明就可以修好车，这只是诊断的开始而不是诊断的结果。应该清楚，我们修理的是故障，而不是故障码，而故障码仅仅是有助于缩小故障范围、指出较为明确的检测方向，以及对故障特性给出的一种提示。

3. 故障码分析方法

（1）故障码分析的步骤

1）首先读取并纪录所有故障码。

2）清除所有的故障码。

3）确认故障码已被清除（再次读取故障码时，应显示此时无故障码）。

4）模拟故障产生的条件进行路试以使故障重现。

5）再读取并纪录此时的故障码。

6）区分间歇性（软）故障码和当前（硬）故障码。

7）区分与故障症状相关的故障码和无关的故障码。

8）区分诸多故障码或相关故障码中的主要故障码（它可能是导致其他故障码产生的原因）。

9）按照上述分析，进一步精确地检查测量故障码所代表的传感器、执行器或控制单元及相关的电路状态，以便确定故障点发生的准确位置。

（2）**典型故障码分析**　电子控制系统是由传感器、执行器、插接器、线路和控制单元内部的电路所组成。因此反映系统故障的故障码所包含的内容不单是指该传感器或执行器出现故障，而是表示该系统的信号出现不正常的现象，至于不正常的原因则可能出现在组成该系统的任何一部分——器件、接头、线路或控制单元上。在整个分析和检查的过程中，我们应明确故障码仅为维修人员提供了进一步检测的大方向，而并不能也不是告诉我们究竟是什么地方和什么东西出现了故障。为真正确定是什么地方和什么东西的问题，还需要根据相应的技术资料（包括电路图、器件位置、标准值等），利用可能的检测手段进一步测量，这就是为什么不要以为读到故障码即可修好车的原因。

1）**断路故障码的分析。断路是指构成闭合回路的电路中的任意一处或一个连接点（器件、导线、插接器）的开路状态，切断了电路的通路，导致控制电路不能构成闭合回路。**在故障码中传感器、执行器、线路都有断路故障码。例如故障码 P0201，查阅故障码说明，故障描述为一缸喷油器开路，图 4-6 所示为一缸喷油器控制电路示意图。

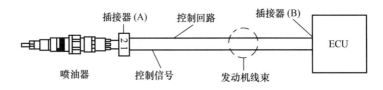

图 4-6　喷油器控制电路

　　根据图 4-6 所示电路图可以看出，故障码 P0201 描述的一缸喷油器开路，最少有五个故障点可以导致故障码的产生，它们分别是喷油器本身电磁线圈开路、喷油器与线束插头（插接器 A）严重接触不良或开路、喷油器与控制单元之间的控制线路中的任意一条（控制回路和控制信号）导线的断路，以及控制单元与线束的插接器（插接器 B）严重的接触不良或处于开路状态。所以，针对断路故障码的诊断，主要应采用万用表蜂鸣档或电阻档，对可能导致断路的任何一个连接点或插接器，包括器件本身进行认真仔细检查，这看似一种常规性的检查，但却需要操作者熟练的基本功。

　　喷油器电磁线圈的静态电阻值检查。关闭点火开关，拔下喷油器线束插头，选择万用表电阻档，两表笔分别触接喷油器接线柱，如图4-7a所示，所测电阻值应与标准值相符（一般不超过1Ω）。若电阻值偏差很大或无穷大，则说明出现了开路现象。

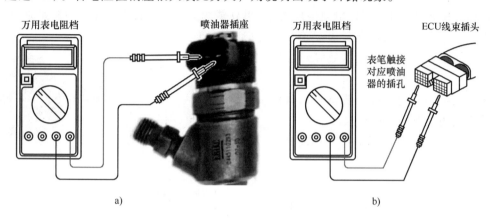

图4-7　喷油器线圈电阻值的检查

a）喷油器线圈电阻值的检查（喷油器上）　b）喷油器线圈电阻值的检查（ECU侧）

　　喷油器线束插头是导致喷油器开路现象的主要因素，它的工作温度较高、环境恶劣，所以对它的检查要特别仔细。确认关闭点火开关，将控制单元线束插头拔下，保持喷油器与线束插头的连接，选择万用表电阻档，如图4-7b所示，将两表笔分别触接在ECU线束插头对应喷油器的插孔，若测得与在喷油器上所测得数值相同，则可判断喷油器本身以及喷油器至ECU侧导线均正常，否则，说明这两条导线以及喷油器线束连接有断路现象。

　　上述检查未发现开路原因时，也不能排除控制单元侧线束插头接触不良的现象，但这种情况很少。若确实需要对其检查时，可在发动机工作的时候，用背插式方法，将专用测试灯连接于控制单元线束侧相对应的喷油器插接器上，观察有无脉冲信号，若有，说明控制单元侧线束插头接触不良。否则，该例开路故障的原因可能在控制单元内部，可视情况检修或更换控制单元。

　　2）短路故障码的分析。**短路是指控制回路中电流未按照规定的路径通过，而在中途与相邻导线搭接的地方通过的状态**。短路时的电流比正常通路时的电流大，极容易烧坏电源、中间环节及用电设备。短路现象产生的故障码很多，例如：故障码P0253，查阅故障码说明，故障码描述为燃油计量单元短路到地，如图4-8所示。

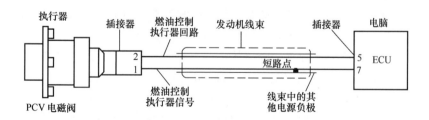

图4-8　燃油计量单元短路到地

　　图4-8所示为故障码P0253燃油计量单元短路到地的故障点示意图，这仅仅是一个假设，其实在燃油计量单元控制信号线的任何一点与线束中的其他电源负极导线或车身搭铁出

现非正常连接，都可以产生该导线与电源负极短路的故障码。在检查此类故障时，一般采用万用表电阻档，方法是关闭点火开关，将燃油计量单元线束插头和控制单元线束插头拔下，选择万用表电阻档，表笔一端搭铁，表笔另一端分别触接燃油计量电磁阀线束插头的两个插孔，如图4-9所示，观察对地电阻值应大于10kΩ或为无穷大。否则，应查明短路原因。

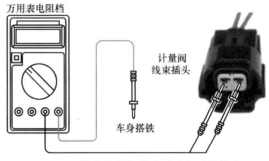

无论哪一条导线对电源负极短路都将造成对控制单元的损坏，短路故障对控制单元或其他电源、线束的危害性很大，所以对短路故障的检查、排除要格外认真对待，严格按照规范要求进行操作。

图4-10所示为故障码P0254燃油计量单元短路到电源的故障点示意图，对于燃油计量单元控制信号线的任何一点与线束中的其他电源正极导线出现非正常性的连接，都可以产生该导线与电源正极短路的故障码。

图4-9　燃油计量阀线路对地短路的检查

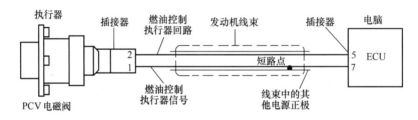

图4-10　燃油计量单元短路到电源

检查此类故障最方便最实用的方法是采用万用表电阻档，方法是关闭点火开关，将燃油计量单元线束插头和控制单元线束插头拔下，将万用表的一端触接燃油计量单元线束插头的两个插孔，万用表的另一端触接其他电源正极，正常时电阻值应大于10kΩ或为无穷大，否则，应查明短路原因。

3）信号电压高于最高限值故障码的分析。**发动机电控系统有源传感器的工作电源或参考电源一般多是由控制单元内部提供的5V稳压电源，所以传感器的信号电压一般设定在0.3~4.7V**（车型不同略有区别）**之间，当控制单元自诊断系统检测到信号电压高于设定最高限值，且超过或达到设定故障码的条件时，就会记录故障并设定信号电压高于最高限值的故障码。这类故障相对于短路、断路故障码的分析和检查难度要大，因为这种故障的故障点不是很明显，需要有较强的电路分析能力和熟练的操作技巧。**

在故障码中这类故障要比短路、断路故障码多，其原因是导致产生故障码的因素较多，以故障码P0118冷却液温度传感器信号电压高于最高限值为例进行分析，图4-11所示为冷却液温度传感器电路。

发动机电控系统冷却液温度传感器采用负温度系数的热敏电阻，温度越低电阻值越大，反之则小，传感器的参考电源为5V，由温度、电阻值和信号电压的关系可知，温度越低，电阻值越大，信号电压也就越高，能够导致产生信号电压高于最高限值故障码的原因主要有：

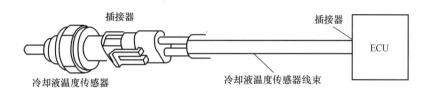

图 4-11　冷却液温度传感器电路

传感器本身电阻值发生变化，即相同温度条件下的电阻值高于标准电阻值。

传感器线束插头的接触部分和控制单元线束插头的接触部分，前者的故障率远远高于后者，因为传感器安装在发动机上，温度较高且工作环境差，容易导致传感器与线束插头内的插簧和插片的氧化、脏污，致使其产生接触电阻，增大了冷却液温度传感器的电阻值，使输入到控制单元的信号电压高于了正常温度时的电压值。

可选择万用表电阻档，分别从传感器侧和 ECU 侧进行检查。在确认冷却液温度传感器电阻值正常的前提下，关闭点火开关，拔下 ECU 线束插头，如图 4-12a 所示，选择万用表电阻档，将万用表的两个表笔分别触接在 ECU 线束插头对应冷却液温度传感器的两个插孔，正常测量值应与仅对冷却液温度传感器测量值相符，否则，说明传感器线束插接器或线路有接触不良的地方。

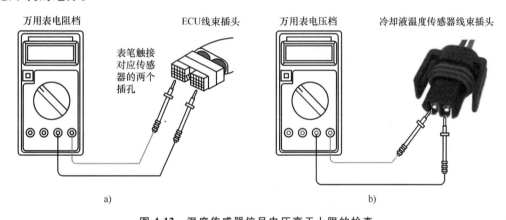

图 4-12　温度传感器信号电压高于上限的检查

a）ECU 侧测量温度传感器电阻值　b）温度传感器侧测量参考电源

然后，确认关闭点火开关，把冷却液温度传感器线束插头拔下，把 ECU 线束插头恢复，如图 4-12b 所示，选择万用表直流电压档，两个表笔分别触接温度传感器线束插头的两个插孔，接通点火开关，应显示 5V 参考电源，说明线路正常。

个别情况也有可能出现信号线与电源线短路，但这种情况可能产生与电源短路的故障码。

> 在分析和检查此类故障码时，除了核实传感器本身参数外，更多的要对线路特别是接触部分重点检查，确保线路连接可靠导通良好。

4）信号电压低于最低限值故障码的分析。信号电压低于最低限值的故障码在故障码中所占的比例也是很大的，因为它产生的原因也很多，有传感器本身的问题，也有线路接触问题，以 P0192 轨压传感器信号电压超下限为例进行分析，图 4-13 所示为轨压传感器电路。

这类型的传感器本身出现性能问题而产生故障码时，对传感器没有更好的测量鉴定手段，只能通过替换的方法进行检查；若是传感器电源线任意一处插接器接触不良，导致传感器工作电源不够同样可以产生这种故障码，而由于线路接触不良导致的故障

图4-13　轨压传感器电路

是可以检查并排除的，方法仍然是万用表电阻档，只要仔细认真检查完全可以排除；在个别情况下也有可能信号线对电源负极短路，同样也可能产生这种故障码，但有时会报告传感器信号对地短路的故障码（参照上述介绍方法）。

二、数据流分析

1. 数据流的概念

数据流是通过诊断接口，由专用诊断仪读取的控制单元与传感器、执行器交流的数据参数，是发动机控制单元接收传感器信息、控制执行器工作状态的数量表现形式，并且随时间、温度、负荷等工况而变化的动态参数。它能真实反映传感器、执行器的工作电压和工作状态，为故障诊断提供了必要的参考依据，将其作为发动机控制单元的输入、输出数据，使维修人员能随时了解发动机的工作状况，针对性地运用各种测试手段对控制系统的相关数据参数进行综合分析，及时诊断发动机故障。

2. 数据参数的分类

数据流只能通过故障诊断仪（专用诊断仪和通用诊断仪）读取，根据各类数据在诊断仪上的显示方式大体可分为两大类型：数值参数和状态参数；如果按照电子控制系统的工作原理，数据流的参数又可分为输入参数和输出参数。

> **数值参数**是有一定单位、一定变化范围的参数，主要反映电控系统工作中各部件的工作电压、温度、压力、时间和速度等，如电控装置中的温度传感器、进气压力传感器、加速踏板传感器等的工作状态。
>
> **状态参数**是指工作中只有两种工作状态的参数，如开或关、导通或断开、高或低、是或否等，如电控装置中的开关，一般电磁阀等元器件的工作状态。

输入参数是指提供给控制电脑的传感器信息或开关信号的各个参数，可以是数值参数，也可以是状态参数。

输出参数是指控制电脑输出对执行器进行控制的指令，大多数为状态参数，但也有少部分的数值参数。

3. 数据流的获取

电控系统中数据流参数的获取一般通过电脑通信式、电路在线测量式和元器件模拟式三种方式。

（1）电脑通信式　**电脑通信式即利用故障诊断仪（解码器、扫描仪），通过电控系统诊断座的数据传输线与控制单元（俗称电脑）实现有效沟通，将控制单元的实时数据参数以串行数据的方式传输给诊断仪。**在数据流中主要包括故障码信息、运行参数、控制指令等。

诊断仪在接收到这些信号数据后，按照预定的通信协议将其显示为相应的文字和数码，以使维修人员观察系统即时运行状态，用以在故障诊断时进行数据分析。

> 诊断仪一般可分为专用诊断仪和通用型诊断仪两个大类。

1）专用诊断仪。**专用诊断仪**是各汽车生产厂家专用的测试设备，主要是针对本厂生产的一种或多种车型的故障诊断，它具有控制单元版本的识别、读码、解码、数据扫描、动态参数显示、系统匹配、防盗设定等，有些还具有传感器输入信号和执行器输出信号的参数修正、电控系统参数调整，以及部分执行器的功能测试，适应车型较少但专业性很强，是专业修理厂的必备设备。

2）通用型诊断仪。**通用型诊断仪**的测试功能大体上与专用诊断仪不相上下，某些特殊功能的性能不及于专用诊断仪，但可测的车型较多、范围较广，因而称为通用型诊断仪。

（2）电路在线测量式　在线测量式主要是针对控制单元外部的电器部件和连接电路的在线检测，通常是将控制单元的输入信号、输出信号直接传输给电路分析仪的测量方式。电路分析仪最常用的是汽车专用万用表，其次是示波器（或汽车专用示波器）。

1）汽车专用万用表。**汽车专用万用表**一般为数字显示式，大多功能和外形与普通数字式万用表很相似，一般包括交、直流电压与电流，电阻、电容、频率、温度、占空比、闭合角及转速等。测量时需将万用表的测试笔直接触接被测导线或器件，用数字或模拟显示的方式反映电路中电参数的动态变化，是分析电路信号数值变化最常用、最实用的测试仪表，同时对大多数电器元件能够进行静态检查，以确定其功能的好坏。

2）汽车示波器。**示波器**是通过波形显示的方式反映电路参数的动态变化过程，是分析复杂电路信号波形变化的专业仪器，通常汽车专用示波器有两个或两个以上的测试通道，根据维修需要可同时对多路电信号进行同步测量和显示，具有高速动态分析的优点。有些专用示波器还具有连续记忆和重放功能，便于捕捉间歇性故障，还有的可通过一定的软件与 PC 连接，将采集的数据进行存储、打印和再现。

（3）元器件模拟式测量　元器件模拟式测量是通过信号模拟器替代传感器的方式，将模拟信号送入控制单元，再对控制单元的响应参数进行分析比较，用以判断传感器的性能。目前常用的信号模拟器有两种，一种是单路信号模拟器，另一种是同步信号模拟器。

1）单路信号模拟器。**单路信号模拟器**也称单通道信号发生器，它只有一路信号输出，只能模拟一个传感器的动态变化信号。一般有 0~15V 的可变电压信号，0~10kHz 的可变交、直流频率信号，0~200kΩ 的可变电阻信号。

2）同步信号模拟器。**同步信号模拟器**具有两路信号同时输出的功能，特别是曲轴位置和凸轮轴位置传感器两路信号同步输出，在发动机无法起动的故障诊断时，能够用于人工模拟发动机运转的情况，对控制单元进行动态响应数据分析，用以界定传感器或控制单元的工作情况。

信号模拟器在故障诊断中的功用主要有两个。一个是用对比的方法去判断被怀疑的传感器的好坏；另一个是用可变模拟信号去动态分析电控系统的响应，进而分析控制单元及系统的工作情况。

4. 数据分析的一般步骤

（1）有故障码时　在进行故障码分析并确认有故障码存在时，可以直接找出与该故障码相关的各组数据进行分析，并根据故障码设定的条件分析故障码产生的原因，进而对数据的数值及波形进行分析，找出故障点。

（2）无故障码时　在对故障码分析后确认无故障码存在时，可从故障现象入手，根据控制系统的工作原理和结构推断相关数据参数，再用数据分析的方法对相关数据参数进行观察和全面分析。

> 在进行数据分析时，常常需要知道所维修汽车系统的基本原理和结构、基本的控制参数，以及其在不同工况条件下的正确读值，并经过认真的分析，才有可能得出准确的判断。

5. 数据分析方法

（1）数值分析法　**数值分析是对数据的数值变化规律和数值变化范围的分析，即数值的变化，如转速、车速和控制单元读值与实际值的差异等。**

在控制系统运行时，控制单元将以一定的时间间隔不断地接收各个传感器的输入信号，并向各个执行器发出控制指令，对某些执行器的工作状态还根据相应传感器的反馈信号再加以修正。在诊断过程中可以通过诊断仪器读取这些信号参数的数值加以分析。

如系统电压，在发动机未起动时，其值应为当时的蓄电池电压（12V 或 24V），在起动后应等于该车充电系统的电压（13.5～14.5V 或 26.5～28V）。若出现不正常的数值，表示充电系统可能出现故障，应首先查明原因并予以排除。

对于发动机不能起动（起动系统正常）的情况，应注意观察发动机的转速信号（通过诊断仪或转速表），因大多数发动机控制系统在对发动机进行控制时，都必须获取发动机的转速信号，控制单元方可启用起动工况，否则将无法确定发动机是否在转动，也就不可能对燃油系统进行有效的控制。

（2）时间分析法　**控制单元在分析某些数据参数时，不仅要考虑传感器的数值，而且要判断其响应的速率，以获得最佳效果。**

例如氧传感器的信号，不仅要求有信号电压的变化，而且信号电压的变化频率在一定时间内要超过一定的次数（如某些车要求大于 6～10 次/10s），当小于此值时，就会产生故障码，表示氧传感器响应过慢。有了故障码是比较好解决的，但当次数并未超过限定值，而又反应迟缓时，并不会产生故障码。不仔细体会，可能不会感到一丝故障症状，此时应接上诊断仪观察氧传感器数据的变化状态以判断传感器的好坏。对采用 OBD-Ⅱ 系统的催化转化器前后氧传感器的信号变化频率是不一样的。通常后氧传感器的信号变化频率至少应低于前氧传感器的一半，否则可能催化转化器效率已降低了。

（3）因果分析法　**因果分析法是对相互联系的数据间响应情况和响应速度的分析。在**各个系统的控制中，许多参数是有因果关系的，如控制单元得到一个输入，肯定要根据此输入给出一个输出，在认为某个过程有问题时可以将这些参数连贯起来观察，以判断故障出现在何处。

例1：现代车辆的空调系统，通常按下空调（A/C）制冷开关后，它并不是直接接通空调压缩机电磁离合器，而是作为空调请求信号发送给发动机控制单元，发动机控制单元接收到此信号后，检查是否满足空调工作的条件（负荷、转速等工况），若满足，就会向压缩机继电器发出控制指令，接通继电器，使压缩机工作，否则，将不予执行。所以当空调不工作时，可观察在按下空调开关后，空调请求信号、空调控制信号、空调继电器等参数的状态变化来判断故障点。

例2：柴油机电控系统中，大多设计排气制动功能，当驾驶人按下排气制动开关时，只是将排气制动请求信号传输给了控制单元，是否执行排气制动功能，还取决于控制单元对车辆运行工况的综合分析（最关键的是发动机转速，各种车辆有不同的标准），当满足工作条件时，控制单元将发出对排气制动的控制指令，由排气制动继电器提供排气制动电磁阀的工作电流，或控制单元直接控制排气制动阀，实现排气制动功能。当有排气制动故障时，可通过数据流逐项对排气制动请求信号、控制单元对排气制动继电器的输出指令，以及排气制动继电器的工作状态等参数的变化来判断故障，是电控方面则按照相应的提示进行检查，否则应检查机械方面。

（4）关联分析法　**控制单元对故障的判断一般是根据几个相关传感器的信号进行比较，当发现相互之间的关系不合理时，会给出一个或几个故障码，或指出某个信号不合理。**此时一定不要轻易按照故障码所指定的传感器草率对其判为不良或有故障，而应该根据它们之间的相互关系做进一步的检测，以得出正确的结论。

一台解放重型货车搭载潍柴发动机，故障码中有轨压限压阀打开、油门1信号1/2不正确、排气制动对地短路和电源电压3低，但不论采用什么方法检查，或是替换确认良好的传感器，都没有发现传感器和其设定值有问题。而采取单个传感器独立检查时，发现将轨压传感器断开时，油门1信号不再出现故障码，而将轨压传感器恢复后故障依旧。

为什么断开轨压传感器后油门信号正常呢？根据电源电压3低的故障码分析，原来油门1与轨压传感器的传感器电源是同一电源，而轨压传感器出现了短路故障，同时并联于电路中，导致了油门1的信号不正确，报告了故障码，所以更换了共轨总成后故障排除。

（5）比较分析法　**比较分析法是对相同车种及系统在相同条件下的相同数据组进行的分析。**

在很多时候，没有足够详细的技术资料和详尽的标准数据，很难确认某个数据的正确与否，更无法准确地判定某个器件的好坏。如果有条件可与同类车型或相同系统的数据加以比较，或者方便时也会使用替换器件的方法进行试验以达到判断的目的，这都是一些简单的修理方法，但在操作时应首先做基本的诊断，在故障趋势基本确定后，替换被怀疑有问题的器件，千万不要随意盲目的替换器件，这样做既破坏了故障现象的原始状况，有可能制造了新的故障，其结果可能是换了所有的器件，仍未发现问题。**需要注意的是用于替换的器件一定要确认是良好的，而不一定是新的，因为新的未必是良好的，这是做替换试验的基本原则。**

6. 发动机主要数据分析

（1）电源分析

1）蓄电池电压分析。蓄电池电压是一个数值参数，它反映的是控制单元检测到的汽车蓄电池的电压，单位为V。柴油发动机高压共轨电控系统中没有专门检测蓄电池电压的传感器，它是根据其内部电路对输入控制单元的电源电压进行检测后获得这一数值的。发动机运转时，该参数实际数值接近正常的充电电压（12V 车辆为 13.5~14.5V；24V 车辆为 26.5~28V）。在数值分析时，可将该参数的数值与蓄电池接线柱上的电压进行比较。若电压过低，说明控制单元的电源线路有故障。

该参数主要用于控制单元自诊断。当蓄电池电压过高或过低时，控制单元的某些功能会

发生变化。例如：如果控制单元发现电压下降到低于极限以下，它将发出指令让发动机以怠速运转，以增加充电量。这样会对怠速控制、燃油控制等参数产生影响。在大部分车型中，如果控制单元发现蓄电池电压过高，它会切断由控制单元控制的所有电磁阀的电流。以防止控制单元因电流过大而损坏。

控制单元的电压过低，易引起以下故障：发动机怠速不稳、发动机熄火、加速不良、发动机起动困难。

2）5V基准电压分析。5V基准电压是一个数值参数。**它是发动机控制单元向电控系统大多数传感器提供的基准工作电源电压的数值，大部分汽车控制单元的基准电压为5.0V左右，一般有一路输出、两路输出或多路输出。**该电压是衡量控制单元工作是否正常的一个基本标志，若该电压异常，则表示控制单元内部有故障。

（2）转速分析

1）发动机转速分析。读取电控装置数据流时，在检测仪上所显示出来的发动机转速是由电子控制系统（ECU）根据发动机曲轴位置传感器的脉冲信号计算而得的，它反映了发动机的实际转速。发动机转速的单位一般采用r/min，其变化范围为0至发动机的最高转速。该读数本身并无分析的价值，一般用于对其他参数进行分析时作为参考基准。

2）发动机起动转速分析。该参数是发动机起动时由起动机带动的发动机转速，其单位为r/min，显示的数值范围为0~800r/min，**该参数是发动机控制单元控制起动喷油量的依据。**分析发动机起动转速可以分析其起动困难的故障原因，也可分析发动机的起动性能。

（3）进气量分析

1）大气压力分析。大气压力是一个数值参数，它表示大气压力传感器送给控制单元的信号电压的大小，或控制单元根据这一信号经计算后得出的大气压力的数值。该参数的单位依车型而不同，有V、kPa及mmHg三种，其变化范围分别为0~5.12V、10~125kPa和0~850mmHg。有些车型的电脑显示两个大气压力参数，其单位分别为V和kPa或mmHg。这两个参数分别代表大气压力传感器电压的大小及控制单元根据这一信号计算后得出的大气压力数值。大气压力数值和海拔有关：在海平面附近为100kPa左右，高原地区大气压力较低，在海拔4000m附近为60kPa左右，在数值分析中，如果发现该参数和环境大气压力有很大的偏差，说明大气压力传感器或控制单元有故障。

2）进气歧管压力分析。进气歧管压力是一个数值参数，表示由进气歧管压力传感器送给控制单元的信号电压，或表示控制单元根据这一信号电压计算出的进气歧管压力数值。该参数的单位依车型而不同，有V、kPa及mmHg三种，其变化范围分别为0~5.12V、10~125kPa和0~850mmHg。**进气歧管压力传感器所测量的压力是进气歧管内的绝对压力。在发动机运转时该压力的大小取决于油门的开度和发动机的转速。**在相同转速下，油门愈小，进气歧管的压力就愈低（即真空度愈大）；发动机转速愈高，该压力就愈低。涡轮增压发动机的进气歧管压力在增压器起作用时，则大于102kPa（大气压力）。在发动机熄火状态下，进气歧管压力应等于大气压力，该参数的数值应为100~102kPa。如果在数值分析时发现该数值和发动机进气歧管内的绝对压力不符，则说明传感器不正常或控制单元有故障。

3）空气流量的分析。空气流量是一个数值参数，它表示发动机控制单元接收到的空气流量传感器的进气量信号。该参数的数值变化范围和单位取决于车型和空气流量传感器的类型。采用热线式空气流量传感器及热膜式空气流量传感器的汽车，该参数的数值单位均为

V，其变化范围为 0~5V。**在大部分车型中，该参数的大小和进气量成反比，即进气量增加时，空气流量传感器的输出电压下降，该参数的数值也随之下降。**5V 表示无进气量，0V 表示最大进气量。也有部分车型该参数的大小和进气量成正比，即数值大表示进气量大，数值小表示进气量小。

采用涡旋式空气流量传感器的汽车，该参数的数值单位为 Hz 或 ms，其变化范围分别为 0~1600Hz 或 0~625ms。在急速时，不同排量的发动机该参数的数值为 25~50Hz。进气量愈大，该参数的数值也愈大。在 2000r/min 时为 70~100Hz。如果在不同工况时该参数的数值没有变化或与标准有很大差异，说明空气流量传感器有故障。**进气流量不准常会引起加速不良、发动机回火、排气管放炮等故障现象。**

（4）温度分析

1）冷却液温度分析。发动机冷却液温度是一个数值参数，其单位可以通过故障诊断仪选择为℃或℉。在单位为℃时其变化范围为-40~199℃。该参数表示控制单元根据冷却液温度传感器送来的信号计算后得出的冷却液温度数值。**该参数的数值应能在发动机冷车起动至热车的过程中逐渐升高，在发动机完全热车后急速运转时的冷却液温度应为 85~105℃。**当冷却液温度传感器或线路断路时，该参数显示为-40℃，若显示的数值超过 185℃，则说明冷却液温度传感器或线路短路。

在有些车型中，发动机冷却液温度参数的单位为 V，表示这一参数的数值直接来自冷却液温度传感器的信号电压。该电压和冷却液温度之间的比例关系根据控制电路的方式不同而不同，通常成反比例关系，即冷却液温度低时电压高，冷却液温度高时电压低，但也可能成正比例关系。在冷却液温度传感器正常工作时，该参数值的范围为 0~5V。

冷却液温度传感器损坏引发的故障现象较为典型的是发动机冒黑烟、冷车不易起动，若显示温度过高也有限制发动机转速，导致加速不良、急速不稳、有时熄火等现象。

2）起动时冷却液温度分析。某些车型的控制单元会将点火开关刚接通那一瞬间的冷却液温度传感器信号存在存储器内，并一直保存至发动机熄火后下一次起动时。在进行数值分析时，诊断仪会将控制单元数据流中的这一信号以起动温度的形式显示出来，可以将该参数的数值和发动机冷却液温度的数值进行比较，以判断冷却液温度传感器是否正常。**在发动机冷态起动时，起动温度和此时的发动机冷却液温度数值是相等的。**随着发动机在热状态下起动，发动机冷却液温度应逐渐升高，而起动温度仍然保持不变。若起动后两个数值始终保持相同，则说明冷却液温度传感器或线路有故障。

3）进气温度分析。进气温度是一个数值参数，其数值单位为℃或℉，在单位为℃时其变化范围为-50~185℃。**该参数表示控制单元按进气温度传感器的信号计算后得出的进气温度数值。**在进行数值分析时，应检查该数值与实际进气温度是否相符。在冷车起动之前，该参数的数值应与环境温度基本相同；在冷车起动后，随着发动机的升温，该参数的数值应逐渐升高，若该参数显示为-50℃，则表明进气温度传感器或线路断路；若该参数显示为 185℃，则表明进气温度传感器或线路短路。

（5）共轨压力分析

1）轨压传感器信号分析。轨压传感器适时检测轨管内的压力，通过电信号的方式把共轨压力送给发动机控制单元，它是一个数值参数，单位为 V，其数值范围为 1.5（急速时）~2.6V

（2500r/min 时）；在进行数值分析时，应检查轨压信号电压与实际转速的关系，转速越高，轨压信号电压越大，若低于最低下限或高于最高上限时，则表明传感器失效或线路故障，ECU 据此将加大高压泵的供油量，燃油压力超高，泄压阀打开，发动机进入保护状态。

2）共轨压力值分析。共轨压力是一个数值参数，单位为 MPa（或 bar），其数值范围为 30（起动）~130（高速）MPa，它是通过共轨压力传感器提供的压力信号由发动机控制单元计算出来的，主要用于燃油系统检修时的数值分析。

在数值分析时，应参考数据流中额定共轨压力与实际共轨压力是否相等，若出现实际共轨压力大于额定共轨压力时，发动机电子控制装置将通过燃油计量单元加大高压泵供油量，使燃油压力升高冲开限压阀（共轨压力可达 176~180MPa），**发动机进入保护状态。**

（6）燃油控制参数分析

1）喷油脉冲宽度信号分析。喷油脉冲宽度是发动机微机控制喷油器每次喷油的时间长度，是喷油器工作是否正常的最主要指标。该参数所显示的喷油脉冲宽度数值单位为 ms。

该参数显示的数值大，表示喷油器每次打开喷油的时间较长，发动机将获得较浓的混合气；该参数显示的数值小，表示喷油器每次打开喷油的时间较短，发动机将获得较稀的混合气。喷油脉冲宽度没有一个固定的标准，它将随着发动机转速和负荷的不同而变化。

影响喷油脉冲宽度的主要因素有空气温度与密度、蓄电池电压（喷油器打开的快慢）；而喷油量过大的常见原因则是进气计量失准、电子油门控制单元损坏、有额外的负荷、某缸或数缸工作不良等。

2）燃油计量单元分析。**燃油计量单元虽然是一个执行元件，它是一个数值参数，在数据流中有两种表示方法，一种是显示电磁线圈触发脉冲，正常工作期间为 1380~1420mA；另一种显示为百分比，正常工作范围在 18%~20%。**

（7）电子油门分析 电子油门也称加速踏板传感器，主要是通过驾驶人的愿望了解油门转动角度，作为发动机的负荷信号，并将其转变为电信号送给发动机控制单元，负荷越高，电压越大，ECU 据此信息进行相关比较和计算后，发出指令控制相关的执行器。

油门转动角度是一个数值参数，其数值的单位一般有两种：

1）若单位为电压（V），则数值范围电装（DENSO）电子油门最大信号电压为 4.4V；博世（BOSCH）电子油门最大信号电压为 3.8V。

2）若单位为百分比（%），则数值范围为 0~100%，该参数的数值表示发动机控制单元接收到的加速踏板位置传感器信号值，或根据该信号计算出的油门开度的大小。其绝对值小，则表示油门开度小；其绝对值大，则表示油门开度大。在进行数值分析时，应检查在油门全关时参数的数值大小。以电压为单位的，油门全关时的参数的数值一般为 0.7V 左右；以百分比为单位的，油门全关时该参数的数值应为 0%。**此外，还应检查加速踏板转动时油门 1 与油门 2 之间的信号电压是否存在 1/2 的关系。若有异常，则可能是加速踏板位置传感器有故障或调整不当，也可能是线路或控制单元内部有故障。**

线性输出加速踏板位置传感器要输出与加速踏板踩下程度成比例的电压信号，控制系统根据其输入电压信号来判断油门的开度，即负荷的大小，从而决定喷油量的控制。如果传感器的逻辑关系发生了变化，传感器输出的电压信号虽然在规定的范围内，但并不与油门的开度成规定的比例变化，就会出现发动机怠速不稳、加速不良、转矩限制甚至发动机熄火。

（8）起动信号分析 起动信号是一个状态参数，其显示内容为 YES 和 NO。该参数反映由控制单元检测开关的位置或起动机回路起动时是否接通。在点火开关转至起动位置、起动机运转时，该参数应显示为 YES，其他情况下为 NO。**发动机控制单元根据这一信号判断发动机是否处于起动状态**，并由此来控制发动机起动时的燃油喷射、怠速转速。在进行数值分析时，应在发动机起动时检查该参数是否显示为 YES。如果该参数仍显示为 NO，说明起动系统至控制单元的信号电路有故障，这会导致发动机起动困难或无法起动。

第四节　维修常用工具和仪表

在汽车电器设备和电子控制系统的诊断过程中，需要借助一些维修工具和仪器。使用这些工具和仪器前，必须详细掌握其性能及操作方法和步骤，以防止误操作时人为的损坏某些器件，造成本来没有的故障出现。

一、诊断跨接线

跨接线是常规诊断中常用的一种辅助工具，它是在一根导线的两端做成不同的插片或插簧，以满足各种测试的需要，如图 4-14 所示。

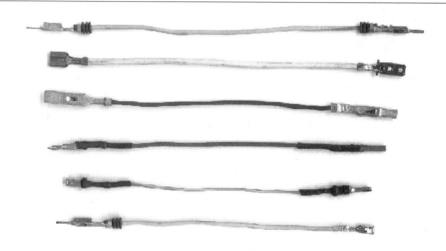

图 4-14　常用诊断跨接线

如怀疑继电器触点有问题时，可采用两端均为片状形的插片作为测试针，分别插入继电器座的常开触点（通常为 30 和 87）。图 4-15 所示为风扇继电器触点的检查方法，将常开触点短接，若问题得到解决，即说明所怀疑的继电器触点有问题。

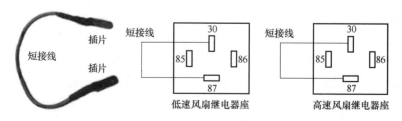

图 4-15　继电器常开触点的检查（继电器座）

　　如怀疑继电器线圈不工作时，可分别借一个正极或负极给电磁线圈，这时可采用一端为片状或尖形的插针插入线圈的（85 或 86）一端（背插），另一端采用鳄鱼夹或其他形式的插针找到一个正极或负极并且触碰，若继电器能正常工作了，说明原来线路有问题。

　　当怀疑某个开关有接触不良或断路的可能时，同样可采取跨接线的方法，并根据实际情况选择合适的测试针的跨接线，将原来开关线束拔下，将所选择的跨接线跨接上去，若问题得到解决，证明该开关或触点有问题。

　　在检修电路故障、查找导线接触不良时，有时因车辆线束较长，例如开关到继电器或用电器之间的线路，驾驶室内到驾驶室外的线路，而万用表的表笔线长度不够，此时可采用较长的跨接线连接在万用表的表笔线上延长测试线的长度，以提高工作效率。

　　在测量某器件的电流时，必要时需断开导线，这样既不方便又破坏了导线，还留下了隐患，所以类似测量器件电流时，需借助过渡导线，这就是特殊的跨接线。使用时将被测器件与线束脱开，把跨接线 A 线的两端分别插入器件与线束对应的插簧和插片之间，带插片的 B 线插入线束侧的另一个插簧，带插簧的 C 线插入器件的另一个插片，将万用表的两根表笔线分别串接于 B 线和 C 线悬空的另一端，设备工作时即可观察电流，如图 4-16 所示。

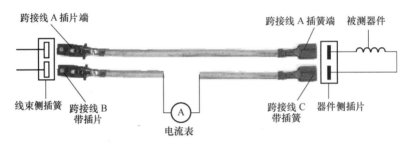

図 4-16　利用跨接线测量工作电流

　　总之，在检修电器和电路故障时，除了万用表外诊断跨接线的用处很广，制作一些方便实用的多种形式的跨接线非常必要，它可避免检修时临时找一些替代方法而造成不必要的接触不良甚至短路的危险。

> 　　跨接线用途非常广泛，但在使用时必须在确认电器元件的工作电压相同、电源极性相同的条件下进行，否则会造成电源与搭铁间的短路。

二、测试灯

　　测试灯一般有两种，一种是灯泡测试灯，另一种是 LED 测试灯，两者的用途不同。

1. 灯泡测试灯

> 　　在常规电器电路的故障检查时，灯泡测试灯是一种非常方便、实用的检测手段，对车辆上任何的电源电压（12V 或 24V）的正极或者负极的确认，灯泡测试灯的效果远比万用表电压档明显，且能提高维修效率。

　　例如检查蓄电池电源，可将灯泡测试灯的两端快速触接到蓄电池的正、负电极上，观察灯泡的亮度，通过灯泡的亮度可粗略判定蓄电池的电量如何；当蓄电池电量严重不足时，灯泡亮度应有明显的变化，而起动机无法起动的蓄电池电压的测量，用万用表电压档测量却仍然能显示电源电压，这是因为万用表内阻大，尽管蓄电池电量所剩无几，但电动势存在，所以能够显示其电压正常，这时候没有经验的技师会给维修带来误诊断。

在检查熔丝、继电器线圈控制端、继电器触点、开关的输入、输出、用电器上是否有电流或电压，最直接、最快速、最方便的测试手段还是灯泡测试灯，只不过有针对性地将基准选择在正极或者负极上。

灯泡测试灯有市售的，也可以自己动手制作，使用起来相当方便。灯泡可以当局部照明、测试针也可用于拆卸插头内的插簧和插片，可谓一物多用。具体制作需要一个弹性较好的小鳄鱼夹，将一个仪表灯泡的小灯口焊接于小鳄鱼夹的一个手柄上，再从灯口内引出一根较软的导线，在导线的另一端焊接一个测试针（尖形或扁形），这个测试针就可用于拆卸插簧和插片，灯泡选用 3~5W 的即可，制作成品如图 4-17 所示。

2. LED 测试灯

二极管测试灯在常规电器电路特别是电控系统故障检修中，同样有它独特的作用，针对低压电源电压（传感器参考电压 5V），**特别是执行器的脉冲控制信号，使用 LED 测试灯既方便又实用**，同时还可以测量系统电压。

参照图 4-18 所示准备红色、绿色发光二极管各一个，330~1000Ω 范围内的电阻器一个，将三个元件按照电路图焊接在一起，封装在一个例如笔杆的透明装置内，分别引出两根导线作为测试灯的电极，一根电极可以焊接一个鳄鱼夹，另一根电极焊接一个测试针，也可以根据需要给测试灯两个电极导线制作不同的测试针，用于测量传感器或执行器的脉冲信号。

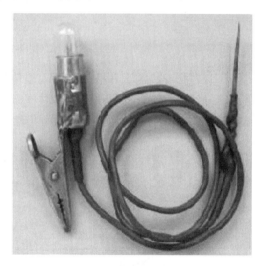

图 4-17　自制灯泡测试灯

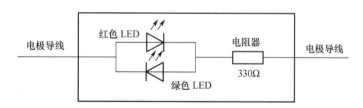

图 4-18　二极管测试灯

这种测试灯除了上述作用外，还可将测试灯跨接到诊断座上，触发 ECU 调取故障码，并且可以通过 LED 灯的闪烁频率，直接读取故障码含义，以便诊断故障。

三、测试针

测试针在检修电气设备、电控装置和电气线路中也是一种不可或缺的方便工具，在动态检测传感器的工作电源、信号电压、开关的输入、输出、执行器的控制电压等时，万用表的测试笔不易触接到被测接线端子或导线，而根据需要制作不同形状的背插式测试针，就可很方便和万用表测试笔连接，较为准确地读取数据而又不破坏导线。而在静态检查线路故障时，利用合适的测试针可很方便地对较小的插针插孔，特别是 ECU 的线束插头进行导通检查，而不会破坏插簧弹性制造隐患，从而能提高工作效率，各种测试针如图 4-19 所示。

图 4-19　测试针

为了规范操作，测试针柄直接插入表笔探针，测试针尖（缝衣服钢针即可）沿插头线束的被测导线接近平行的导线与插头内的插簧（插片）连接部位刺入，这样测试完毕后，拔出测试针，插头线束处的橡胶密封条仍然保留着密封作用，操作方法如图 4-20 所示。

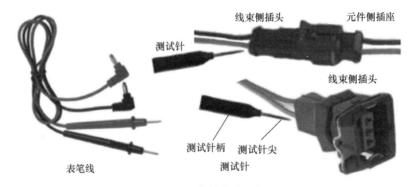

图 4-20　背插方法图解

四、表笔延长线

在检修电路故障、查找导线接触不良时，有时因车辆线束较长，例如开关到继电器或用电器之间的线路，驾驶室内到驾驶室外的线路，而万用表的表笔线长度不够，此时可采用表笔延长线连接在万用表的表笔线上延长测试线的长度，以提高工作效率。

图 4-21 所示为表笔延长线和表笔测试针的连接方法。

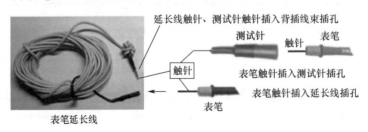

图 4-21　表笔延长线和表笔测试针的连接方法

五、万用表

万用表是一种能测量多种电量参数且多量程的便携式仪表，是对导致故障的电器、电子器件以及导线最终确定的最佳工具。常用的万用表分为指针式和数字式，除此之外还有汽车专用万用表，现在使用最多的是数字万用表。一般的数字万用表都具备电压、电流、电阻、二极管的测试功能，有些万用表还有电容、温度、晶体管测试功能，汽车专用万用表在上述功能的基础上增加了一些如测试转速、频率、闭合角等功能，虽然后者功能增加，但最常用的还是电压、电阻和二极管的测试。

1. 数字式万用表简介

数字式万用表主要由数字电压基本表、测量电路、量程转换开关等组成。其中测量电路能将待测电量和电参量转换为毫伏级的直流电压，供数字电压基本表显示待测量值。当量程转换开关置于不同的位置时，可组成不同的测量电路，图 4-22 所示为 DY2201 数字式万用表的面板。

（1）液晶显示屏　面板顶部的液晶显示屏采用 EF 型大字号 LCD 显示器，最大显示值为 1999（或 -1999），仪表具有自动显示极性功能，当表笔与被测电压或电流的极性相反时，显示值前将带"-"号，对参数没有影响；显示屏上的小数点由量程开关进行同步控制，可使小数点左移或右移；当仪表内装电池的电源电压（一般为 9V 或 15V）低于工作电压，显示屏有提示图形或符号，应尽快更换电池；输入超量程即被测参数值超出所选量程时，显示屏左端出现"1"或"-1"的提示字样，此时应加大量程再试。

（2）电源开关　数字式万用表都设有电源开关，面板左上部按键上标有字母"POWER"（电源），按下开关即打开了仪表电源，再按一下开关复位及关闭仪表电源，使用完毕应将电源开关断开以免消耗电池电量，不过数字式万用表一般都设计有自动保护功能，当停止使用一段时间（保护时间不等），仪表内电源会自动切断。除了设计有独立的电源开关外，有些电源开关与量程转换开关为一整体，关闭时转换开关指向 OFF，转换至任何档位均可打开仪表电源。

（3）量程转换开关　旋转式量程开关有两个作用，一个是档位的选择，例如电阻档（Ω）、直流电压档（V ⎓）、交流电压档（V~）、电流档（A）以及二极管（ ⇥⊦ ）档等；一个是量程选择，当选定工作状态时，还要根据被测参数选择合适的量程。

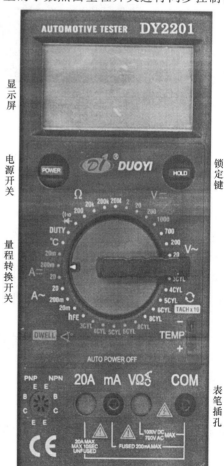

图 4-22　数字式万用表

（4）锁定键　数字式万用表的数值显示无论何种电参数在显示时都会不停地变化，即使是静止的参数也会闪烁，当确认表笔与被测端接触良好状态稳定时，即可按下锁定键，使数值固定在某一参数以便读取。

（5）表笔插孔　表笔插孔即仪表的输入端，根据不同的仪表有不同的插孔，DY2201 有四个插孔，如图 4-23 所示。

使用时黑色表笔应置于"COM"插孔，红色表笔应根据被测量的种类和大小置于相应的插孔。例如在电压档插孔与公共端子"COM"之间输入的直流电压不可以超过 1000V，交流电压（有效值）不可以超过 750V。在毫安级（mA）与"COM"之间不应超过 200mA，在安培级（20A）与"COM"之间输入的交流、直流电流不应超过 20A。

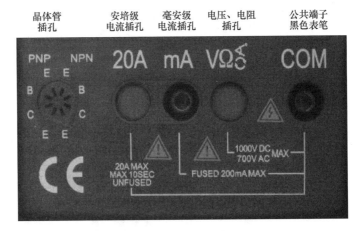

图 4-23　万用表输入插孔

（6）电池盒　电池盒位于后盖下方，在标有"OPEN"（打开）的位置，按箭头指示方向拉出活动抽板，可更换电池。为检修方便，0.5A 快速熔断器管也装在盒内，起过载保护作用。

2. 数字式万用表的使用

（1）直流电压的测量　将量程转换开关的箭头一端拨至"V ⎓"范围内的适当量程，黑表笔插入"COM"插孔，红表笔插入电压档插孔，将电源开关按下，表笔接触测量点，显示屏上出现测量值，如图 4-24 所示。

（2）交流电压的测量　将量程转换开关的箭头一端拨至"V～"范围内的适当量程，表笔接法、测量方法与直流电压方法相同，如图 4-25 所示。

（3）电阻的测量　将量程转换开关的箭头一端拨至"Ω"范围内的适当量程，黑表笔插入"COM"插孔，红表笔插入电阻档插孔，将电源开关按下，两根表笔接触被测器件，显示屏上出现测量值，如图 4-26 所示。

（4）二极管档的测量　将量程转换开关的箭头一端拨至　档，黑表笔插入"COM"插孔，红表笔插入电阻档插孔，将电源开关按下，有两种测量功能，一种是晶体管 P/N 结的测量，另一种是开关、触点、线路导通情况的测量，如图 4-27 所示。

直流电压档工作范围

测量电压等级分为
2V、20V、200V
和 1000V 四个量程。
例如，20V 最高可
测量低于 20V 的电
量参数

图 4-24　直流电压档的测量

交流电压档工作范围
测量电压等级分为
2V、20V、200V
和 700V 四个量程。
例如，200V 最高
可测量低于 200V
的电量参数

图 4-25　交流电压档的测量

电阻档工作范围。测量电阻等级分为200Ω、20kΩ、200kΩ和20MΩ四个量程。例如，200Ω最高可测量低于200Ω的电阻值

图 4-26　电阻档的测量

该档位为两个功能：

二极管档用于晶体管 P/N 结测量

蜂鸣档用于导通测量

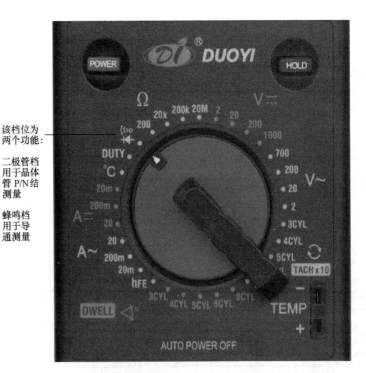

图 4-27　二极管（蜂鸣）档的测量

在常规电气线路故障的检修中，用于开关、触点、线路导通情况的检查主要是通过蜂鸣档来完成，使用时将两个表笔分别触接被测的开关或导线的两端，若开关接触良好或线路导

通正常，显示屏会显示很小的数值甚至为 **0**，同时表内蜂鸣器鸣响；但遇有开关或触点接触不良或线路连接不良时，显示屏显示的数值较大，但有时蜂鸣器还会响，这是由于数字表内部测量电路精准问题造成的，有时数值达到 **70-80** 还会鸣响，如果误将此次测量认为开关或线路正常的话，可能会对故障判断带来不利，特别是电控系统传感器的线路，对电脑获取信号影响很大。

所以在使用蜂鸣档时，首先要将两个表笔短接以观察显示值，如图 **4-28** 所示，应该为 **0** 或数值很小，这与表内电池电量有关，电量越足显示数值越小，把表笔短接后显示的数值作为基准，无论测量开关或线路时的数值越接近基准越正常，偏差越大说明开关或线路有接触不良地方，应继续检查，千万不要只听到蜂鸣声而不看显示数值就认为正常，这是很严重的错误做法。

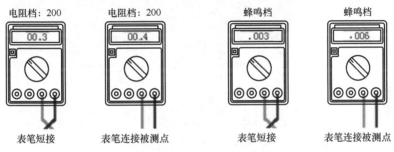

图 4-28　电阻档、蜂鸣档测量前后对比

在对晶体管测量时，利用二极管单向导电的特性，对晶体管或二极管的 P/N 结进行测量，同样选择该档位，测量时将两个表笔分别触接被测元件的两端，若是正向连接时即红表笔接二极管的 "+" 或 P，黑表笔接二极管的 "−" 或 N（红表笔为表内电池正，黑表笔为表内电池负，与指针表相反），显示屏会显示一个数值，若是硅材料二极管其数值在 500～700mv 左右，若是锗材料二极管其数值在 300～500mV 左右，而反向连接时则均没有数值显示，这是正常情况；若正反向连接均没有数值显示，表示该元件断路，若是正反向连接均有蜂鸣声且数值显示为 0 或很小，说明该元件已经短路。

（5）直流电流的测量　将量程转换开关拨至 "A−" 范围内的适当量程档，当被测量电流小于 200mA，红表笔应插入 "mA" 插孔，黑表笔插入 "COM" 插孔，将电源开关按下，接通表内电源，把仪表串接入被测电路，即可显示读数，如图 4-29 所示。

当被测电流大于 200mA，应将量程开关置于 20A 档，红表笔应插入 "20A" 插孔，显示值以 "A" 为单位，若是测量小于 20mA 的电流时，量程开关置于 20mA 档，红表笔应插入 "mA" 插孔。

交流电流的测量方法同直流电流的测量，只是将量程转换开关选择在交流电流档 "A～" 的范围。

六、诊断仪

在检修电子控制系统时，利用诊断仪协助查找故障源或者故障点是十分有效的，它已经成为对电子控制系统故障诊断的必备工具，目前维修中使用最多的是便携式诊断仪，因其携带方便、操作简单，很受欢迎。有专用车型诊断仪、也有综合车型诊断仪，前者是汽车制造

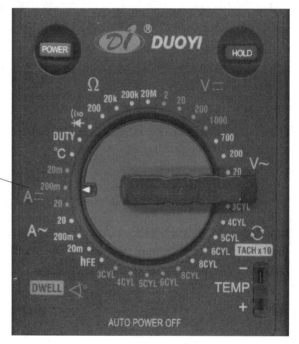

图 4-29 直流电流档的测量

厂针对本厂车型而设计，只适用于单一车系，但它测试功能较强；后者适用车型较广，某些功能略差于专用诊断仪，但很适合非专用车型修理，同样受到欢迎。对于诊断仪的使用可以借助产品说明进行操作，更有针对性且效果更好，不同的诊断仪其功能各不相同，这里就各种诊断仪的一些功能简要介绍。

图 4-30 所示为常见汽车故障诊断仪。

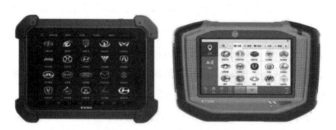

图 4-30 常见汽车故障诊断仪

1. 故障检测功能

1）从发动机 ECU 存储器中读取所存储的故障码。

2）检修后，根据操作者的指令清除发动 ECU 中所存储的故障码。

3）在发动机运转或汽车行驶时，对发动机 ECU 控制系统的参数进行动态测试。

4）中文显示详细的故障内容。

5）国际标准 OBD-Ⅱ故障检测及数值分析。

6）提供各种闪烁码测试方法。

7）通过汽车专家库获得故障维修技术资料。

8）提供各种执行器测试。

9）诊断结果本机打印或联网打印。

2. 传感器测试功能

1）可对车用传感器的电压或频率信号进行采集，并可判断传感器是否有故障。

2）可模拟输出 0～12V 或 0～15kHz 的传感器信号，通过传感器连接线送入电子控制器 ECU，来判断传感器及 ECU 本身的故障。

3. 示波功能

1）存储功能强，128 个屏幕用于运行记录，15 个内部存储器存储设置信息。

2）示波范围宽，从传感器波形到喷油、点火高压波形均能显示。

3）记录能力广，单通道连续 128 个屏幕，双通道连续 64 个屏幕，可及时通过 4 个参数读数绘图。

4. 诊断仪的使用

（1）OBD-Ⅱ车载自诊断插座　自 1994 年以来，世界各主要汽车制造厂生产的汽车逐步开始使用第二代随车诊断系统（OBD-Ⅱ），到目前为止绝大多数汽车特别是汽油车都在使用统一的（OBD-Ⅱ）诊断插座，图 4-31 所示为 OBD-Ⅱ诊断插座，16 针诊断接口针脚定义见表 4-2。

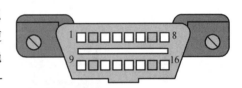

图 4-31　OBD-Ⅱ车载自诊断插座

表 4-2　OBD-Ⅱ诊断座针脚应用规定

针脚	定义	针脚	定义	针脚	定义
1	由制造厂规定	7	ISO-9141 数据传输 K	13	由制造厂规定
2	SAE-J1850 数据传输	8	由制造厂规定	14	CAN-L 通信
3	由制造厂规定	9	由制造厂规定	15	ISO-9141 数据传输 L
4	车身接地	10	SAE-J1850 数据传输	16	蓄电池正极电源
5	信号反馈接地	11	由制造厂规定		
6	CAN-H 通信	12	由制造厂规定		

OBD-Ⅱ诊断插座一般安装在便于操作的地方，大多位于仪表台下，如图 4-32 所示。

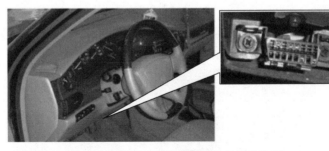

图 4-32　位于仪表台下故障诊断插座位置

（2）诊断仪的连接　诊断仪是通过车辆为其提供电源的，虽然一般的诊断仪大多具有极性保护装置，但在与车辆连接时要注意电源等级与电源极性，只有当测试导线正确连接后，诊断测试仪的输入和输出级才能被可靠地防护。

采用标准 OBD-Ⅱ诊断接口的车辆选择诊断设备随机配套的数据线，标准的数据线如图 4-33 所示，否则，应选择与车辆诊断插座相符的转换插头。

诊断仪侧接口   诊断座侧插头

图 4-33　OBD-Ⅱ标准诊断连接数据线

将诊断仪与车载诊断接口进行连接，如图 4-34 所示。

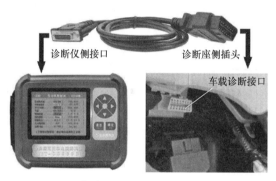

诊断仪侧接口   诊断座侧插头

车载诊断接口

图 4-34　故障诊断仪与车载诊断接口连接

（3）选择车型　根据实际维修车辆选择相应的车型，如图 4-35 所示。

| 康明斯 | 玉柴 | 锡柴 | 潍柴 | 东风 | 重汽 | 云内动力 |

| 大柴 | 全柴 | 雷沃动力 | 上柴 | 北汽 | 大运 | 长城 |

图 4-35　选择对应的车型

（4）选择需要诊断的系统　在对应的车型里选择要诊断的系统，如图 4-36 所示。

（5）选择相应的功能　在对应的车型里选择需要的功能，如图 4-37 所示。

发动机电控系统	尾气后处理系统	车身控制系统
仪表系统	ABS控制系统	空调控制系统
电动助力转向系统	变速器控制系统	

图 4-36　选择需要诊断的系统

读取故障码	删除故障码	读取数据流
执行器测试	获取资料	刷写
打印	远程诊断	万用表
示波器		

图 4-37　选择需要的功能

第五节　故障维修案例

一、起动方面故障

案例 1

车型：潍柴重卡　博世电控系统。

故障现象：起动时起动机无反应。

故障检查：转动起动钥匙，起动机没有任何反应且无故障码显示，初步查看，蓄电池、起动机连线未见异常，用测试灯检查电磁开关起动端子（50），起动时测试灯却没有点亮，采取应急措施，将起动机电磁开关两个螺栓接线柱（B、C）用扳手或螺丝刀短接直接起动，如图 4-38 所示；起动机工作正常，说明起动控制电路有故障。

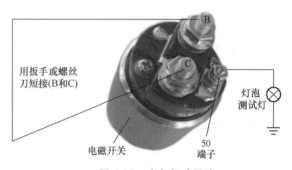

图 4-38　应急起动马达

故障分析：在博世高压共轨电控系统中起动机是由发动机 ECU 最终控制的，所以首先要了解起动机控制电路，参照原车电控电路整理出起动机控制电路，如图 4-39 所示。

分析电路可知，当点火开关旋至起动位置时，发动机 ECU 的 31/4 号端子得到起动信号，发动机 ECU 要根据空档开关、离合器开关的信号，分析判断是否具备起动条件，若已满足起动条件，则由发动机 ECU 的 33/2 号端子输出正极至起动继电器线圈 1 号端子，46/2 号端子输出起动继电器搭铁至线圈 2 号端子，继电器线圈得电产生磁力，吸合触点，将蓄电池正电源送至起动机电磁开关的 50 端子，电磁开关工作后内部触点闭合（B 与 C），将蓄电池正电源送至起动机，起动机才能运转。

上述检查中将电磁开关的 B 与 C 端子短接后起动机能正常工作，说明故障有可能是起动继电器的 30 号触点没有电、继电器损坏，也可能是继电器线圈供电、线圈控制线断路；可能是发动机 ECU 没有得到起动信号，也可能是电脑没有输出信号。

本着先易后难的维修原则，找到起动继电器并拔下继电器，以继电器座为突破口开始检查。

选择灯泡测试灯，分别进行以下检查。

① 如图 4-40a 所示，测试灯的一端搭铁，另一端触接继电器座的 3 号插孔，测试灯没有点亮，说明触点没有供电。

② 如图 4-40a 所示，测试灯的一端搭铁，另一端触接继电器座的 1 号插孔，接通点火开

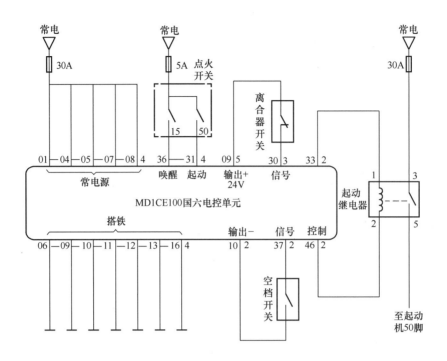

图 4-39 起动机控制电路原理图

关，测试灯点亮，说明继电器线圈 1 号供电正常。

③ 如图 4-40b 所示，将测试灯的两端分别触接继电器座的 1 号和 2 号插孔，起动时测试灯能点亮，说明起动机控制电路正常。

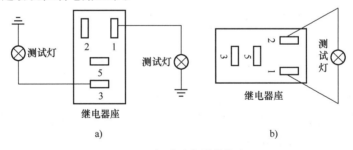

图 4-40 起动继电器的检查

a）继电器触点、线圈供电的检查 b）继电器控制信号的检查

④ 如图 4-41 所示，把蓄电池电源引入继电器线圈（1、2 号），同时给触点的 5 号供电，触点的 3 号连接灯泡的一端，灯泡另一端搭铁，随着线圈通电、断电，灯泡出现亮、灭状态，说明继电器工作正常。

故障排除：通过上述分析和检查，确定故障原因就是继电器触点没电，经过检查，故障原因是继电器盒里熔断器插簧与导线部分烧蚀，造成断路（疑似生产过程没有压紧），重

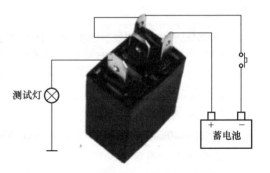

图 4-41 继电器线圈与触点的通电检测

新压紧导线，顺利起动，故障彻底排除。

案例 2

车型：重汽　MC11 发动机　博世电控系统　电脑板 EDC17CV44。

故障现象：发动机无法起动。

故障检查：起动时起动机没有动作，发动机无法起动，用诊断仪读取故障码，有网络故障，故障码为：U0100-CAN 信息接收超时（即信号丢失）。

故障分析：起动机没有转动，导致发动机无法起动，所以有必要了解该车的起动机控制电路，经查阅维修手册，起动机控制电路原理如图 4-42 所示。

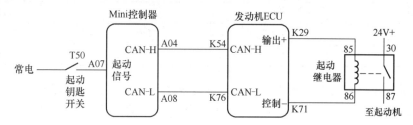

图 4-42　起动机控制电路原理图

分析电路可知，该起动机控制电路，首先由起动钥匙开关把起动信号（正极性）送入 Mini 控制器的 A07 号端子，然后通过总线 CAN 把起动请求信号送入发动机控制电脑，发动机 ECU 得到由总线 CAN 送来的起动请求信号后，综合考虑空档开关、离合器开关是否符合起动要求，然后通过 K29 号端子为起动继电器线圈 85 号端子输出正极性 24V 电源，K71 号端子输出控制起动继电器线圈的搭铁信号，线圈磁化，吸合触点，起动机才能工作。

根据报出的故障码，U0100-CAN 信息接收超时，所以，重点检查总线 CAN。确认关闭点火开关，拔下发动机 ECU 线束插头（因为 ECU 是等待总线信号的），选择万用表直流电压档，接通点火开关，黑表笔搭铁，红表笔分别触接 ECU 线束插头的 K54 和 K76 号插孔，测量结果为 K54 号插孔对地电压 2.7V，K76 号插孔对地为 0V，结合故障码含义，判定 CAN-L 线路断路。

为了找到 CAN-L 断路地方，在关闭点火开关的情况下，又把 Mini 控制器线束插头拔下，选择万用表蜂鸣档或电阻档，表笔一端触接 Mini 控制器线束插头的 A08 号插孔，另一表笔触接发动机 ECU 线束插头的 K76 号插孔，测量结果为该导线断路。

故障排除：断线点就是 Mini 控制器与发动机 ECU 之间，于是对断线的 CAN-L 导线进行飞线处理（即重新从 Mini 控制器线束插头至发动机 ECU 线束插头引一根导线），问题得到解决，发动机可以正常起动。

二、熄火方面故障

案例 3

车型：潍柴重卡　博世电控系统。

故障现象：发动机工作一段时间就会动力不足继而熄火，但停车熄火一段时间后又能正常工作，但再工作一段时间后又会无力而熄火。

故障检查：读取故障码并删除故障码，只有 242 冷却液温度过高故障码存在；通过诊断仪数据流查看，起动后发动机冷却液温度迅速达到 107℃，但实际冷却液温度也只有 50~

60℃，对水路进行检查未见异常，怀疑冷却液温度传感器损坏。

关闭点火开关，拔下冷却液温度传感器线束插头，拆下冷却液温度传感器，进行加温试验，发现温度与电阻值变化不是线性关系，而是跳跃式变化（表4-3），确认该传感器损坏。

表4-3　温度与冷却液温度传感器电阻近似值

温度/℃	电阻值/kΩ	温度/℃	电阻值/kΩ
-40	41	40	1.1
-30	23	60	0.57
-20	14	80	0.31
-10	8.6	100	0.18
0	5.4	120	0.10
20	2.3	140	0.06

故障分析：冷却液温度传感器损坏后，给电控单元（ECU）发送了错误的信号，电控单元（ECU）接收到错误的温度过高信号，启用了自我保护模式，采取了停机策略。

故障排除：更换冷却液温度传感器，发动机工作正常。

案例4

车型：五十铃柴油发动机客货两用车，装配 VE 型单柱塞分配泵。

故障现象：正常起动、运行但不能熄火。

故障诊断：首先验证故障，正常着车后，关闭点火开关至"OFF"，发动机熄不了火（仍然怠速运转），此时，如猛踩加速踏板，随着柴油机转速的升高，柴油机却能熄火。

柴油机熄不了火的原因可能是因高压油泵上的电磁式断油装置有问题。电磁式断油装置由电磁阀、电磁线圈、弹簧等零件组成。当需要停止柴油机转动时，可将点火开关转到"OFF"，此时切断电磁线圈电源，电磁力也就随之消失，弹簧会把电磁阀的针阀推回阀座，关闭进油孔。

由于油路被切断，高压油泵停止供油，柴油机自然也就熄火了。为了查清电磁式断油装置的问题，先将其从高压油泵上拆下来进行测试。用外接电源给电磁式断油装置通电时，针阀能迅速抬起；在切断电源后，针阀能迅速落座。这就说明电磁阀性能良好。接着对针阀和阀座进行认真的观察，发现阀座上有些铁质硬物，这很可能就是故障所在。

由于电磁阀的阀座上有硬物，使针阀在落座时被垫起，致使针阀与阀座之间出现一定的间隙，从而使少量柴油通过此间隙进入高压油泵内，造成柴油机不能熄火。当猛踩加速踏板时，柴油机转速在瞬间迅速提高，这时进入高压油泵的少量柴油就不够用了，柴油机因供油不足而熄火。

故障排除：将高压油泵电磁式断油装置电磁阀阀座上的污物清洗干净后装复，起动柴油机，然后将点火开关转至"OFF"，柴油机立即熄火。

三、动力不足故障

案例5

车型：奥迪 A6 2.5 TDI BND 发动机。

故障现象：发动机动力不足，最高车速只有 120km/h。

故障检查：

1. 进行初步检测并重现故障

首先连接博世 KTS-650 手持式综合分析仪进入故障诊断，读取故障码，显示 023F：进气歧管压力低于控制限制。记录并清除故障码后，重新起动发动机，读取故障码，无故障码出现。

进行路试，在市区内行驶没有明显动力不足，当高速行驶时发动机转速到 3200r/min、车速 120km/h 时，再踩加速踏板，发动机转速没有明显上升，加速踏板踩到底，反而觉得车速要下降，出现发动机输出动力不足的现象。此时读取发动机故障码，上述故障码重新出现而无法清除。

2. 检测进气歧管压力传感器

根据故障码内容，关闭点火开关，拔下进气歧管压力传感器插头，目视检查没有发现针脚腐蚀或损坏。接通点火开关，用万用表直流电压档检测进气压力传感器线束插头 1 号与 4 号插孔，如图 4-43 所示，显示有 5V 电压，说明电脑供电、线路正常。

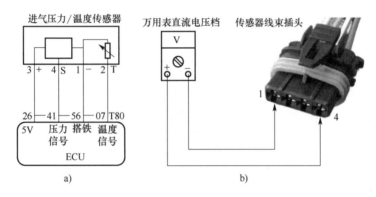

图 4-43　传感器工作电源的检查

a）进气压力/温度传感器电路　b）传感器压力信号开路电压的检查

关闭点火开关，将传感器与线束插头连接，起动发动机怠速运转，用背插方式，万用表红、黑表笔背插在进气压力传感器线束插头的 1 号和 4 号导线，测量信号电压约 1.6V，急加速电压信号无明显变化。

查找影响进气歧管压力信号偏低的原因，通过目测逐一查看涡轮增压器增压口到节气门翻板的管道，没有老化和裂口；中冷器没有腐蚀和裂口。在急加速时没有听到空气泄漏的声音。对真空部分元件逐一目测检查真空泵到增压电磁阀软管、增压电磁阀到增压调节阀软管、真空泵到废气再循环电磁阀软管、废气再循环电磁阀到废气再循环阀软管，均无软管断裂老化。

3. 读取数据流进行分析

通过以上检测没有发现异常，接下来通过 KST-650 读取数据流：

发动机转速 765r/min，踏板位置传感器 0；额定助力压力 795hPa（1hPa＝100Pa）；实际助力压力 999hPa。

踩加速踏板，当发动机转速为 2064r/min 时，踏板位置传感器 14.5%；额定助力压力 1183hPa；实际助力压力 979hPa。

　　通过发动机怠速与2064r/min时实际值的对比，发现当踏板位置发生变化时，额定助力压力发生变化，实际助力压力值却变小而没有增加，验证了进气歧管压力传感器的信号是正确的。实际压力值偏差会不会由于燃油的流动压力而下降呢？实际助力压力值应该是增大的。

　　带着疑点对涡轮增压系统做进一步的检查。将节气门翻版处进气软管拆下，用手堵住来自涡轮增压器增压气流的方向，急加速没有明显压力波动，此时怀疑涡轮增压器的增压调节阀。

　　将增压器调节阀的真空软管取下，用真空枪吸取真空，使增压调节阀的阀杆能自由运动，然后将阀杆吸到顶部。起动发动机怠速运转，明显感觉增压压力增大，急加速时，手的力量堵不住进气软管。

　　将进气软管口固定好，起动发动机，通过KST-650读取实际值：

　　发动机转速765r/min，踏板位置传感器0；额定助力压力795hPa；实际助力压力1030hPa。

　　踩加速踏板，发动机转速为1995r/min时，踏板位置传感器为20.3%；额定助力压力1213hPa；实际助力压力1560hPa。

　　将两组数据对比，实际助力压力有明显改变，增压器起到增压压力的效果。显然涡轮增压器机械部件无故障，怀疑可能是增压调节阀的控制部分存在故障。

　　故障分析：为此，我们先了解一下这款车涡轮增压系统结构原理，图4-44所示为涡轮增压系统结构，A1.1-发动机控制单元，Y10.38-增压电磁阀，J27.2-增压调节阀，J22.5-废气涡轮增压器VTG。

　　发动机控制单元（A1.1）功能：将增压压力实际值与发动机综合特征曲线中储存的额定值进行比较，并依据修正参数冷

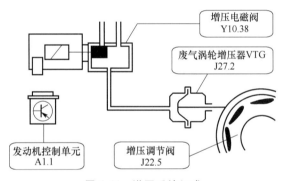

图4-44　增压系统组成

却液温度、进气温度、大气压力和加速踏板位置，以占空比的信号来控制增压电磁阀（Y10.38）。

　　增压电磁阀（Y10.38）功能：由真空泵提供的负压，以发动机控制单元的控制信号向增压调节阀（J27.2）施加负压，通过可调节的涡轮叶片将废气导向涡轮，以改变废气流的流速及涡轮的转速。

　　故障排除：通过上述简单了解，起动发动机，观察增压调节阀的阀杆的运动，怠速时增压调节阀的阀杆在负压的作用下，上行约0.5cm，急加速时增压调节阀的阀杆不动作。

　　关闭点火开关，拔下增压电磁阀线束插头，用KTS-650万用表测试功能检查增压电磁阀供电情况，接通点火开关，测量电压为12V。关闭点火开关，将插头复位。选择示波器功能，起动发动机，示波器功能显示占空比信号的波形，说明增压电磁阀收到发动机控制单元的控制信号，增压电磁阀的故障造成了增压调节阀的调节失败。

　　根据以上检查分析，判断故障是由于增压电磁阀失效所致，需更换增压电磁阀。

　　安装新的增压电磁阀（如图4-45所示），接通点火开关，用KTS-650读取故障码并清除

故障码，起动发动机，观察增压调节阀的阀杆已经被负压吸到了顶部，总行程约 2cm。未储存故障码，读取实际数据值：发动机转速 1969r/min；踏板位置传感器 33.7%；额定助力压力 1601kPa；实际助力压力 2111kPa。进行路试，发动机动力强劲，转速超过 3000 r/min 时，最高车速超过 180km/h，故障彻底排除。

图 4-45　增压电磁阀 J27.2

案例 6

车型：依维柯共轨柴油货车，装配索菲姆 8140.43S 柴油发动机。

故障现象：用户反映：该车在一次空调系统检修后，起动大约 10s，发动机才能着车；车辆行驶过程中，发动机加速无力，且发动机故障灯有时会点亮。

故障检查：接车后，维修人员首先按压柴油输油泵手柄，输油泵手柄硬，排除低压燃油管路进空气的可能。连接故障检测仪读取故障码，读得的故障码为"422 电动燃油泵无信号""100 凸轮轴位置传感器错误信号"。

根据维修经验，认为故障码 422 可能是由故障码 100 引起的，于是决定从故障码 100 着手排查。查看维修资料得知，造成凸轮轴位置传感器信号错误故障的可能原因有：

① 凸轮轴位置传感器故障。

② 凸轮轴位置传感器至发动机控制单元之间的线路故障。

③ 发动机控制单元故障。

④ 其他方面的故障。

本着由简入繁的诊断原则，首先检查凸轮轴位置传感器线束插接器，连接牢靠；断开凸轮轴位置传感器线束插接器，未发现线束插接器插头端子有氧化腐蚀现象。尝试更换凸轮轴位置传感器后试车，故障依旧。

根据相关电路（图 4-46），断开凸轮轴位置传感器线束插接器，接通点火开关，用万用表测量凸轮轴位置传感器线束插接器端子 1 号和 3 号的电压，为 4.9V，正常，说明供电正常。

关闭点火开关，把凸轮轴位置传感器与线束插头连接，采用背插方式，将万用表直流电压档红表笔背插传感器 2 号信号导线，黑表笔搭铁，接通点火开关，显示为 5V 电压，起动发动机瞬间，测得端子 2 号的电压依然为 5V。

关闭点火开关，拔掉发动机控制单元线束插接器和凸轮轴位置传感器线束插接器，用万用表电阻档，测量凸轮轴位置传感器线束插接器端子 2 号与发动机控制单元线束插接器端子 50 之间线路的导通性，导通良好；测量凸轮轴位置传感器线束插接器端子 2 号与车身搭铁之间的电阻，为 ∞，正常。

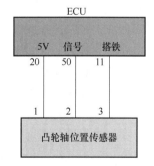

图 4-46　凸轮轴位置传感器与 ECU 连接电路

由于没有示波器，不能进一步测量凸轮轴位置传感器输出信号波形，分析认为造成凸轮轴位置传感器输出信号故障，除了与传感器本身及其线路有关外，还与凸轮轴位置传感器、信号靶轮两者的间隙有关。查看凸轮轴位置传感器安装方式，凸轮轴位置传感器安装在一固定支架上，该固定支架安装在气缸盖上，支架的安装螺栓孔是长型的，可以调整支架在气缸盖上的安装位置，从而调整凸轮轴位置传感器与信号靶轮的间隙。测量凸轮轴位置传感器与靶轮的间隙，为2.0mm，偏大（一般不超过1mm），由此确定固定支架在气缸盖上的安装位置错误。

故障排除： 重新调整固定支架在气缸盖上的安装位置至标准位置，进而将凸轮轴位置传感器与信号靶轮的间隙调整至1mm，清除故障码后试车，发动机难启动的故障排除，进行路试，发动机加速有力，且发动机故障灯也不再点亮，至此，故障彻底排除。

故障总结： 维修完成后，对该故障案例进行分析，推测其他维修人员之前在检修空调系统时，可能拆卸过凸轮轴位置传感器的固定支架，安装时未能调整好凸轮轴位置传感器与信号靶轮的间隙，造成凸轮轴位置传感器输出信号偏弱，属于人为故障。其次凸轮轴位置传感器信号电压高达5V，是个虚假的感应电压，是正常的，反而可以说明凸轮轴位置传感器与发动机控制单元之间的信号线连接正常。利用排除法一步步排除可能的故障原因，最后确定故障部位，收到很好的效果。

四、跛行回家故障

案例7

车型： 潍柴　博世电控系统。

故障现象： 发动机起动基本正常，但最高转速只有1500r/min，空载平路行驶勉强，重载动力严重不足，故障灯点亮。

故障检查： 通过诊断仪读取故障码有两个，一个为231进气压力传感器电压超出上限值，另一个为223进气温度传感器电压超出上限值。

根据故障码的提示，关闭点火开关准备用万用表电压档对进气压力传感器进行检查，结果拔插头时发现该传感器线束插头与传感器插座很轻松就拔下来了，插头与插座的锁片（自锁机构）早已损坏，导致其接触不良。

故障分析： 柴油发动机高压共轨电控系统，发动机ECU检测到发动机温度超出极限范围时，本例故障是通过进气压力传感器检测到发动机温度过高，从而使控制器采取保护模式，使发动机进入跛行回家模式，故障码反映传感器单纯，所以重点考虑进气压力传感器的接触问题。

图4-47所示为进气压力/温度传感器与ECU的连接电路，可以看出，进气压力和进气温度传感器是一个集成件，当线束插头与传感器连接不紧固或者断路时，会造成信号电压超出最高上限。

我们先看进气温度传感器，在与ECU的连接电路中，进气温度传感器（相当于一个可变

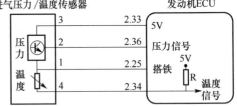

图4-47　进气压力/温度传感器与ECU连接电路

电阻）和ECU内部的R（固定电阻）为串联关系，温度信号则是取自于这两个串联电阻的分压（中间），所以，当传感器线束开路时，ECU实际上得到的温度信号电压是5V，所以超出上限。

而进气压力传感器是一个典型的三端子电子式传感器，在传感器内与进气温度传感器共用一个搭铁，由于ECU内部电路结构的原因，几乎所有车型的进气压力传感器开路时，ECU的压力信号端子得到的都是5V电压，超出了最高上限，所以，我们在对四端子进气压

力/温度传感器开路测量时，总会测得 3 个 5V，1 个搭铁。

故障排除：修复已损坏的进气压力传感器线束插头，保证线束插头与传感器插座接触良好，再次起动发动机，转速能达到设定转速。

案例 8

车型：潍柴　欧曼 336hp　采用博世电控系统。

故障现象：行驶途中突然感觉加不上油，人为熄火后，再次起动转速只有 1000r/min。

故障检查：读取故障码，1709 共轨泄压阀打开，72 油门 1 信号 1/2 不正确，433 排气制动对地短路，电源电压 3 低。

实际测量发现油门 2 传感器上没有 5V 电源，轨压传感器上也没有 5V 电源，后将轨压传感器拔掉，油门 2 上有了 5V 电源。

故障分析：在发动机 ECU 内部油门 2 和轨压传感器共用了一个 5V3 电源，如图 4-48 所示，而轨压传感器内部短路，导致了油门 2 上 5V 电源被拉低，所以有电源电压 3 低的故障码，此时油门 2 不能正常工作，这样造成了油门 1 和油门 2 信号电压的倍数关系破坏，轨压传感器因内部短路，所以报出 1709 共轨泄压阀打开的故障。

ECU 得到上述故障信息后启用了失效保护模式，限制了转速，所以发动机转速只有 1000r/min。

故障排除：更换一根高压共轨管（因无轨压传感器配件）后，发动机正常工作。

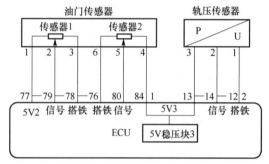

图 4-48　油门/轨压传感器与 ECU 连接电路

五、后处理方面故障

案例 9

车型：云内 4102 发动机　装配威孚力达后处理系统。

故障现象：车辆可以正常行驶，没有限矩，但 OBD 灯常亮。

故障检查：用户称，出现该故障后，服务站检查了后处理的供电系统并更换新的 DCU，故障依旧，请求技术支持。

接修车辆后，连接诊断仪，读取到故障码为：

P3081-系统预注失败或建压失败，当前故障。

P3082-进液管或进气管堵塞或脱落或空气电磁阀卡死。

本着先易后难的维修原则，先检查 P3082，故障码解释为进液管或进气管堵塞或脱落或空气电磁阀卡死，指向性比较明确，所以首先检查空气电磁阀和冷却液电磁阀。

因为是新购车，管路接头处未发现磨损、泄漏等现象，线束接头无端子脱落问题，但发现空气电磁阀线束接头未卡到位，拔下线束插头重新连接，发现线束插头与空气电磁阀座并不十分匹配，同时发现空气电磁阀处线束装配明显偏紧，和冷却液电磁阀线束插头外形相似，如图 4-49 所示，而冷却液电磁阀线束则明显要宽松许多。

一般情况，车辆所有器件与线束的连接均会留有拆装检修足够的松弛度，所以判断二者线束插头可能插反，对照线束安装图，发现冷却液电磁阀和空气电磁阀在同一个分支，只是长度不同，车间装配时插错位置，随将二者线束插头互换连接，各自匹配合适。重新连接诊

空气电磁阀

冷却液电磁阀

图 4-49　空气电磁阀和冷却液电磁阀位置

断仪，发现 P3082 故障码已为历史故障，清码后，OBD 灯熄灭。

故障分析：该故障是因为空气电磁阀和冷却液电磁阀线束插头插反导致。空气电磁阀接收不到计量泵发出的信号，不能正常打开，导致尿素雾化不好，影响催化还原反应，从而使 NO_x 传感器检测到的氮氧化物浓度偏高，当检测到 $NO_x>3.5g/kW \cdot h$ 时，点亮 OBD 灯。因没有空气注入，系统报 P3082-进气管堵塞或脱落或空气电磁阀卡死故障，即建压失败故障。

系统预注失败或建压失败的原因有：

① 没有尿素或尿素液位信号故障。

② 尿素泵故障。

③ 尿素管路不通，如进液管、回液管、喷射管堵塞，喷嘴堵塞故障等。

④ 空气管堵塞。

⑤ 排气温度传感器故障（排气温度低于 200℃，尿素喷射系统不工作）。

⑥ 加热系统故障，包括加热继电器、加热电磁阀、加热丝、尿素箱温度传感器等（此条主要是在寒冷环境下，会引起尿素溶液结冰，尿素管路堵塞）。

⑦ 以上部位线束插头退针、错位等故障。

SCR 后处理系统主要由 SCR 尿素泵、SCR-ECU、SCR 尿素箱、SCR 尿素喷嘴、SCR 后处理器以及发动机电控单元等组成，如图 4-50 所示为 SCR 后处理系统连接示意图。

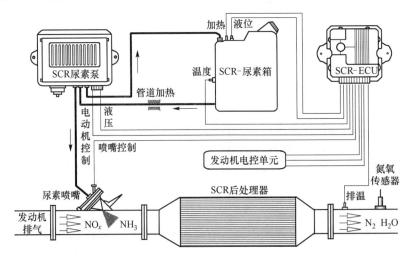

图 4-50　SCR 系统连接示意图

工作原理：SCR后处理系统分为四个工作阶段：待机（初始化）、建压（预注）、喷射和倒抽（排空）。

点火开关接通后，系统上电，发动机不起动，进入待机阶段，系统进行自检，包括SCR系统的传感器、执行器，如果有异常就会报故障码并且点亮MIL灯。

发动机运转超过一定时间，SCR系统进入建压（预注）阶段，当上游温度传感器超过一定温度（不同车型温度值也不同，有的是超过150℃，有的是超过180℃），尿素箱温度>-7℃，环境温度>-7℃，尿素泵温度>5℃，系统首先进行快速排空，当建压条件满足时，系统进行建压。

本案例故障在建压阶段，由于空气电磁阀和冷却液电磁阀线束插头插反，导致空气电磁阀接收不到计量泵发出的信号，无法完成建压。

故障排除：将插反线束插头的空气电磁阀和冷却液电磁阀互换，重新连接，故障得到排除。

案例10

车型：潍柴　博世国六SCR。

故障现象：车辆不烧尿素，限转矩。

故障检查：接车后，首先用诊断仪读取故障码，有以下故障码：

P3024-尿素管（泵到嘴）加热继电器开路。

U0113-下游氮氧传感器CAN信号接收超时（即信号丢失）。

P3025-尿素箱加热部件故障引起的SCR系统停机故障，或者尿素箱加热器错误。

P0704-尿素箱温度传感器电压信号低于下限。

故障分析：上述这几个故障码，使我们很容易就会考虑到尿素泵到尿素喷嘴管路加热部分可能有问题，查阅电路图可知该车相关尿素管路加热电路如图4-51所示。

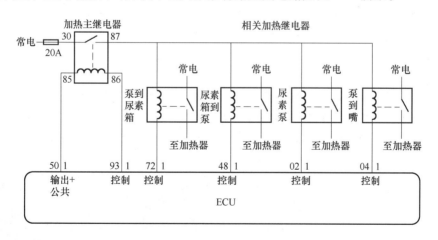

图4-51　尿素系统相关器件、管路加热控制电路原理图

分析电路可知，尿素管路系统加热电路是由加热主继电器和4个相关加热继电器组成的，其中，加热主继电器的输出87要为相关加热继电器的线圈提供工作电源，而各加热继电器的线圈则由发动机ECU根据相关温度信息进行独立加热控制的。故障码P3024-尿素管（泵到嘴）加热继电器开路，实际上是指继电器没有工作，因为，ECU的04/1（72/1、48/

1、02/1）号端子虽然是泵到嘴继电器线圈的控制端子，其实也是泵到嘴继电器是否工作的监测信号，当继电器未工作时，ECU 的 04/1（72/1、48/1、02/1）号端子接收到的是来自加热主继电器的正极信号，当 04/1（72/1、48/1、02/1）号端子接收不到正极信号时，便可判断为开路，所以报出尿素管（泵到嘴）加热继电器开路的故障码。

通过分析可以判定加热主继电器是检查的关键。

考虑到这台车是辆还没到三个月的新车，所以线路大概看了一眼都没有损坏的，这时候就要考虑继电器了。该车的后处理系统加热继电器在蓄电池箱里，打开一看继电器排列整齐，对照说明，在确认关闭点火开关的情况下，拔下加热主继电器，选择灯泡测试灯，一端搭铁，另一端触接加热主继电器座的 30 号插孔，如图 4-52 所示，结果测试灯没有点亮，然后对照说明，检查了 20A 熔断器正常。随后拆下继电器盒总成，检查继电器座连接线束，发现加热主继电器座的 30 号导线不知何故，插簧与导线脱开。

故障排除： 故障原因找到了，然后重新把该导线与插簧连接，恢复继电器盒的安装，起动车辆，读取故障码，上述故障码已经变成历史故障码，清除掉故障码后，再进行读码，系统正常，路试车辆尿素正常喷射，不再限制转矩。

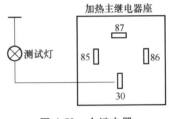

图 4-52　主继电器
触点供电的检查

案例 11

车型：玉柴发动机，博世共轨+SCR，国五。

故障现象： 不烧尿素，车辆限速。

故障诊断： 首先利用诊断仪读取故障码，有以下几个：

U0073-CANA 被动故障，当前故障。

U0113-下游氮氧传感器 CAN 信号接收超时（即信号丢失），当前故障。

U0100-ACKCAN 信号发送超时（即信号丢失），当前故障。

以上几个故障码都是典型的氮氧传感器的故障，明显是后处理氮氧传感器出了问题了。

氮氧传感器是一个智能型传感器，是不可修复件，该车采用的是扁头四针氮氧传感器，四个端子分别是：4 号点火正极，3 号搭铁，2 号总线 CAN-L，1 号总线 CAN-H，电路如图 4-53 所示。

关闭点火开关，拔下氮氧传感器线束插头，选择万用表直流电压档，接通点火开关，分别对 4 个插孔进行了检查，如图 4-54 所示。检测结果为：4 号插孔 0V，3 号插孔 0V，2 号插孔 2.3V，1 号插孔 2.7V，从测量结果分析，4 号插孔的点火供电已经断路。

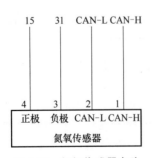

图 4-53　氮氧传感器电路

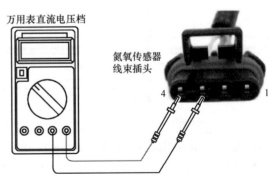

图 4-54　氮氧传感器线束插头的电压检查

根据熔断器盒说明找到氮氧传感器熔断器，发现已经烧断，为何会烧断呢？氮氧传感器本身基本没有什么负荷，正常使用几乎不可能熔断，可能氮氧传感器线路有搭铁短路的地方。顺着线束仔细查找，发现氮氧传感器头部的导线有被磨破的地方（图4-55），且在大梁改装过的地方，可能行驶过程中振动导致金属机件与线束发生摩擦短路烧断熔断器。

故障排除：问题找到了，对受损导线进行包扎，并处理了线束周围异动金属机件，重新安装好熔断器；接通点火开关，再次检查氮氧传感器4号插孔，对地显示为蓄电池电压；关闭点火开关，恢复氮氧传感器线束连接；接通点火开关，用诊断仪删除故障码并再次读取，已经没有故障码了，起动发动机并进行路试，用户感觉动力恢复。

总结：本案例就是简单的线束问题导致氮氧传感器没有供电而不能工作，从而SCR系统不工作，导致车辆限速。

图 4-55　氮氧传感器线束导线破损位置

氮氧传感器因安装位置环境恶劣（大梁处），除了线束问题外，常见失效的情况还有线束防水破坏，导致水进入传感器芯片内部，造成芯片腐蚀，导致传感器失效。

案例 12

车型：解放潍柴　柴油发动机　博世共轨+SCR　国五。

故障现象：不烧尿素，动力不足。

故障诊断：连接诊断仪，接通点火开关，读取到一个故障码，P042D-SCR催化器上游温度传感器输入电压过高，导致信号电压过高的原因可能有：

① 信号线开路，包括传感器侧线束插头2号导线与传感器插针接触不良或开路，ECU侧线束插头1.28号导线与ECU针脚接触不良、退针、开路，或者传感器侧2号导线至ECU的1.28号导线断路。

② 信号线与线束中的正极导线短路（可能5V正极，有可能其他蓄电池正极）。

③ 传感器电阻值变为无穷大。

图4-56所示为催化器上游温度传感器与ECU的连接电路，图中可以清楚看出导致信号电压过高的情况。

从图中可以看出，催化器上游温度传感器（可变电阻）与ECU内部的电阻R（固定电阻）是串联关系，ECU内部真正用于温度信号是取自于这两个串联电阻的中间信号，所以，从ECU的1.28号端子至传感器2号针脚之间任意一处断路，ECU都会得到信号电压过高的信息。

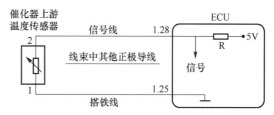

图 4-56　催化器上游温度传感器与 ECU 连接电路

通过上述分析，明确了检查方向，在关闭点火开关的情况下，拔下催化器上游温度传感器，选择万用表电阻档，如图4-57a所示，两个表笔触接传感器（本身带有线束）线束插头的两个针脚，测得2.49kΩ，符合当时环境温度电阻参数。

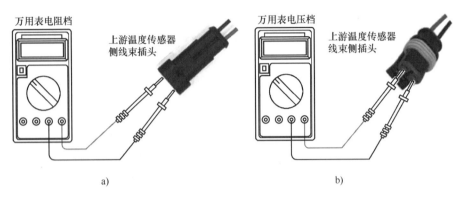

a)　　　　　　　　　　　　　　b)

图 4-57　催化器上游温度传感器的检查

接通点火开关，选择万用表直流电压档，如图 4-57b 所示，两个表笔对应插入传感器线束插座的正、负插孔，结果没有显示参考电源（5V），经过检测，确认传感器线束正极断路。

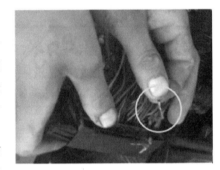

关闭点火开关，准备检查上游温度传感器线束插座 2 号至 ECU 线束插头的导线，不料，拆卸 ECU 侧线束插头时，无意间有根导线从插座内脱出，经检查正是 ECU 的 1.28 号导线，说明传感器没有 5V 是因为这根导线针脚退针了，如图 4-58 所示。

故障排除： 问题找到了，重新把退针导线插入插孔，连接 ECU 线束插头，接通点火开关再次检查催化器上游温度传感器线束插座 2 号对地有了 5V 参考电

图 4-58　ECU 侧线束插头退针导线位置

源，恢复插头连接，接通点火开关，删除故障码，启动发动机运行并进行了路试，用户感觉动力恢复正常。

案例 13

车型：福田 GTL，康明斯 ISGE4-400 发动机，康明斯 Eoofit 后处理。

故障现象： 发动机动力下降，仪表故障灯亮。车主还发现从故障灯亮了以后尿素溶液就不消耗了。

故障诊断： 连接诊断仪，读取到两个故障码：

4239 后处理 1——SCR 喷射空气辅助绝对压力—数据有效但高于正常工作范围—中等严重级别，当前故障码。

4177 后处理 1——SCR 喷射空气辅助阀—电压低于正常值或对低压电源短路，历史故障码。

查看两个故障码的定义全部指向后处理空气电磁阀，故障码 "4239" 字面含义理解为空气压力有效但是超过了最高上限值，此问题多数是空气电磁阀稳压出现了故障。而故障码 "4177" 空气辅助阀电压低于正常值或对低压电源短路是历史故障暂不处理。

首先处理当前故障码 "4239"，使用诊断仪执行超越测试（后处理喷射测试）在测试过程中发现混合室压力达到了 7bar 左右，明显超过最高上限值。

空气辅助阀如图 4-59a 所示，受发动机电控单元控制，有两个功能，调节压力和空气路

的开关，最高进气压力 10bar，调节后的压力为 3.15~3.8bar。

更换空气电磁阀并清洗尿素管路，之后继续使用检测仪执行超越测试，混合室压力恢复正常 3.62bar，反复测试三遍混合室压力一直处于正常范围。

4177——空气辅助阀电压低于正常值或对低压电源短路，虽然是历史故障但是会影响后处理系统，空气辅助电磁阀与 ECU 的连接电路如图 4-59b 所示。

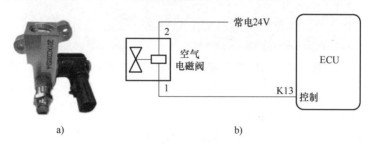

图 4-59 空气辅助电磁阀及与 ECU 连接电路

a) 空气辅助电磁阀 b) 空气辅助电磁阀与 ECU 连接电路

关闭点火开关，拔下空气电磁阀线束插头，选择万用表直流电压档，接通点火开关，黑表笔搭铁，红表笔分别触接空气电磁阀线束插头的 2 号和 1 号插孔，如图 4-60a 所示，测得空气电磁阀线束插头开路电压分别为 24V 和 0V，根据以往经验和对比电路图发现正常控制线（K13）开路电压应该是 12V 左右，说明控制线可能与负极短路。

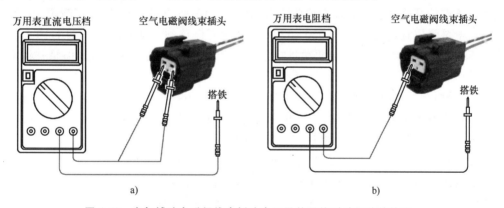

图 4-60 空气辅助电磁阀线束插头电压及信号线对地短路的检查

a) 空气电磁阀线束插头电压检查 b) 空气电磁阀线束插头 1 号导线对地电阻检查

关闭点火开关，把万用表选择在电阻档，黑表笔搭铁，红表笔触接空气电磁阀线束插头 1 号插孔，如图 4-60b 所示，测量结果为零，说明控制线与线束中的某根负极导线短路。

故障排除： 为了快速排除故障，在关闭点火开关的情况下，从 ECM 插头处找到 K13 号引脚线束并剪断，接通点火开关，用万用表直流电压档测量该导线对地为 12V 电压，说明 ECU 的输出还正常，故障点确认，空气电磁阀线束控制线（K13）与负极短路。直接从电脑板线束后的 K13 号导线跨接到后处理空气电磁阀控制端，如图 4-61 所示。

接通点火开关，删除故障码，起动发动机，再次读取故障码，没有任何故障码，仪表故障灯也正常熄灭，经过路试，用户称动力已经恢复正常，故障彻底排除。

故障总结： 诊断故障时要有明确的诊断思路，同时还要了解部件的工作原理以及器件控

图4-61 从ECM线束插头侧跨接到空气辅助电磁阀

制电路。

例如康明斯EcoFit后处理的工作原理：

正常情况下计量泵有以下4个工作阶段：初始化—预注阶段（排空后建压）—计量阶段（预喷和喷射）—排空阶段。

1）初始化阶段。发动机点火开关打开但不启动发动机，系统初始化自检。

2）预注阶段。预注条件：

① 发动机运转超过一定时间CM2150≥300s，CM2220/2880≥120s。

② 排气温度超过一定温度CM2150≥180℃，CM2220/2880≥150℃。

③ 满足加热系统要求：罐内温度超过-7℃，计量泵温度超过7℃。

满足条件后开始排空，过程大约持续十几秒钟，快速排空后关闭空气切断阀。系统开始建压，计量泵将尿素压力提升至560~570kPa之后再保持到500kPa，整个过程约120s，如果建压不成功ECU会命令计量泵再次进行预注（预注重复三次不成功强制停泵并清空尿素系统）。

3）计量阶段。在预注成功后空气阀打开，空气压力被控制在400kPa左右（空气通过喷嘴进入排气系统中来冷却喷嘴），泵电动机进入待机状态，当氮氧化物产生量和排气温度达到设定喷射条件时开启喷射，通过空气来雾化尿素。

4）排空阶段。当点火开关关闭，系统自动进入排空阶段。排空维持30s后，ECM切断计量泵的电源，每一次关闭点火开关都会执行一次排空作业。

案例14

车型：福田轻卡，全柴发动机，博世共轨电控系统。

故障现象：动力不足。

故障诊断：用诊断仪读取故障码，P2001——颗粒捕集器POC阻塞，维修人员疏通了排气管路、清洗了颗粒捕集器，当时试车感觉故障消失，但跑跑又出来这个故障了。

POC是颗粒物催化氧化器，在轻卡上使用较多，一般与DOC共同组成后处理器，如图4-62所示。DOC置于POC的前端，作为系统的前级，POC放置在系统后级，可利用前级产生NO_2对捕集的碳颗粒进行被动再生。

DOC直译就是柴油机氧化催化器。DOC一般以金属或陶瓷作为催化剂的载体。当柴油机尾气通过催化剂时，碳氢化合物、一氧化碳等在较低的温度下可以很快地与尾气中的氧气进行化学反应，生成无污染的H_2O和CO_2。

POC是颗粒物催化氧化器。不同于DPF，其工作原理就是把颗粒物收集起来，然后通

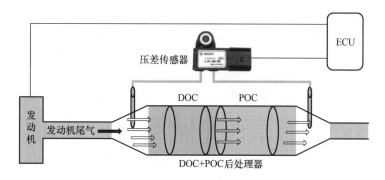

图 4-62　DOC+POC 组成的后处理器

过尾气的高温（250~500℃）燃烧掉，以达到降低颗粒物的目的。POC 可主动再生，DPF 需要人工干预。

在 DOC 的入口和 POC 的出口分别用管路连接至压差传感器，利用压敏电阻单元测量颗粒捕捉器两端的压差，测量的数值用于发动机 ECU 计算颗粒捕捉器的负载情况，从而实现颗粒捕捉器再生的控制以及节能减排。

故障码 P2001——颗粒捕集器 POC 阻塞，会不会与压差传感器有关呢？该车采用三线压差传感器（也有采用四线的），电路如图 4-63 所示。

关闭点火开关，拔下压差传感器线束插头，选择万用表直流电压档，接通点火开关，对照电路图引脚关系，如图 4-64a 所示，黑表笔触接线束插头 1 号插孔，红表笔分别触接线束插头 3 号和 2 号插孔，测得结果为两个 5V，说明 ECU 供电正常。

图 4-63　压差传感器与 ECU 的连接电路

关闭点火开关，把线束插头插入传感器，发动机怠速时，选择万用表直流电压档，如图 4-64b 所示，黑表笔搭铁，红表笔背插在线束插头的 2 号导线，测量结果显示为 4.7V，显然不符合实际情况。

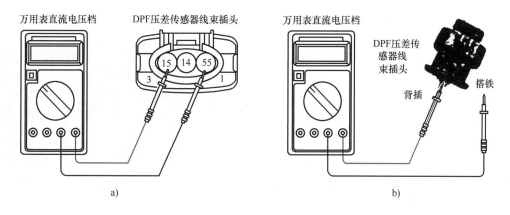

a)　　　　　　　　　　　　　　　　b)

图 4-64　DPF 压差传感器的检查

a）传感器与线束插头断开　b）传感器与线束插头连接

根据以往对该传感器信号电压的检查，怠速时传感器应该输出 0.7V 左右的信号电压，这个 4.7V 的信号电压接近于 5V 电源，可能信号线路与正极短路或者传感器内部损坏。

关闭点火开关，拔下压差传感器线束插头，选择万用表电阻档对传感器信号线（2 号）与电源线（3 号）检查，没有短路，于是判断压差传感器内部损坏。

故障排除：更换一个相同型号的压差传感器，删除故障码，起动发动机并与车主一同进行路试，感觉动力恢复正常，故障彻底排除。

总结：POC 堵塞或移除是如何报出来的，它是 ECU 通过识别压差传感器的信号来判断的。传感器正常的情况下，POC 堵塞了，压差传感器测到的压力就会变大，并反馈信号给 ECU，超出设定值后，就会报出错误；POC 移除原理与之相反，就是监测不到压力差了，ECU 也会报错。

另一方面，我们需要弄清楚部件损坏的可能原因，一般内部电子器件损坏是电流过大导致，有可能是进水导致短路（传感器内部本身并无大电流），也可能是瞬间高压导致，前者发生的概率较大。所以维修结束后，要确保接插件的防水构造不被破坏，还要确保接插件不易触接到水源。

案例 15

车型：大运扬柴发动机，博世共轨+EGR。

故障现象：动力不足。

故障诊断：车主反映，该车出现动力不足故障，曾经找过一家修理厂，修理了喷油器，换过压差传感器，但故障并未排除。

接修车辆后，首先利用发动机故障诊断仪，读取故障码，报 POC 的历史故障。根据所报故障码，先对压差传感器进行检查。关闭点火开关，拔下压差传感器，选择万用表直流电压档，接通点火开关，黑表笔搭铁，红表笔分别触接压差传感器线束插头的三个插孔，测量结果分别是，两个 5V，一个 0V。关闭点火开关，把线束插头插入压差传感器，接通点火开关，黑表笔搭铁，红表笔背插三个导线，测量结果分别是，一个 5V、一个 0.5V、一个是 0V。说明 ECU 供电正常，压差传感器基本正常，所以之前那家修理厂换过压差传感器没有效果。

然后检查 EGR 阀，拆下后，发现整个 EGR 阀的动作部位都被积炭所覆盖，如图 4-65 所示，导致 EGR 阀被卡滞。

故障排除：对严重积炭的 EGR 阀进行了特殊的清洗，重新安装，同车主一同路试，感觉动力已经恢复正常。

总结：为何 EGR 阀卡滞会导致发动机动力不足呢？我们来看看 EGR 阀的安装位置，图 4-66 所示为 EGR 系统工作原理示意图。

从图 4-66 中可以看出，新鲜空气经空气流量传感器计量后作为燃油混合气的主要依据，ECU 据此信息并结合加速踏板、发动机转速等信号最终对喷油器发出驱动

图 4-65 积炭严重的 EGR 阀

控制信号。当 EGR 阀被卡滞在近乎常开位置时，废气便会经 EGR 阀不断进入发动机而不被计量，明显导致空气量的增加，造成发动机动力不足。

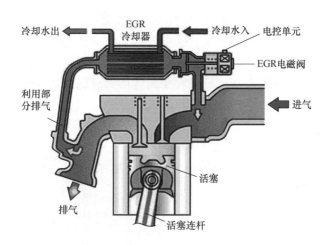

冷却水出 ← EGR冷却器 ← 冷却水入　电控单元

EGR电磁阀

利用部分排气

进气

活塞

排气

活塞连杆

图 4-66　EGR 系统工作原理示意图

六、其他方面故障

案例 16

车型：解放悍威道依茨发动机。

故障现象：下坡使用排气制动时，排气制动无反应，但猛踏加速踏板一下（转速瞬间上升），排气制动指示灯点亮、排气制动起作用。

故障检查：用诊断仪读取故障码，有排气制动阀、油门 1、油门 2 方面的若干故障码，然后均已删除。

故障分析：排气制动的设计主要是在汽车下坡时，利于排气制动作用以减少制动器长时间摩擦受热，降低制动效果或减少制动器摩擦以延长制动器使用寿命，在车辆制动中排气制动已经起到了积极的作用，越来越被人们重视和依赖。

排气制动系统是由手动排气制动开关、排气制动指示灯、离合器踏板开关，加速踏板开关、储气筒、制动管路、排气制动电磁阀、排气制动气动阀组成，其中排气制动气动阀是排气制动系统最终完成排气制动的执行器，安装在排气管的后端位置，如图4-67 所示。

而排气制动阀的工作是有设定条件的，符合条件时才能够工作，首先确保有关排气制动阀控制电路正常，然后，需要驾驶人将排气制动开关接通，除此之外，还有发动机转速必须符合出厂设定，CA6DL2 发动机在2000～2500r/min 的范围内，DEUTZ/6DE3/6DF3 发动机在 2200～2700r/min 范围内工作，而低于 1500r/min 时不明显或者不工作；也就是说，排气制动工作有最低转速和

图 4-67　排气制动阀在排气管上的安装位置

最高转速的限制，例如，CA6DL2 发动机在 2000r/min 以上，排气制动才能起作用，高于2500r/min 时及解除排气制动功能。而离合器踏板开关和加速踏板开关则相当于排气制动系

统的解除信号，在排气制动工作期间，只要踏下离合器踏板或加速踏板均可解除排气制动。

　　排气制动工作时，由 ECU 控制排气制动电磁阀工作，接通储气筒与排气制动气动阀工作缸，推动活塞移动，通过连接叉，推动气动蝶阀关闭，如图 4-68 所示，使排气歧管内的压力达到 4~6bar，发动机活塞在排气行程时受到气体的反压力，阻止发动机运转而产生制动作用，达到降低车速的目的。

　　驾驶人报告的情况可能是在使用了排气制动开关时，发动机转速没有达到工作条件，所以只有急加速一下使发动机转速瞬间升高，排气制动指示灯点亮、排气制动阀才进入工作状态。

　　故障排除：此例故障说明驾驶人不了解排气制动功能的使用条件，并非真正的故障。

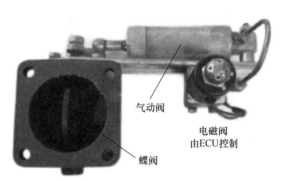

气动阀

电磁阀
由ECU控制

蝶阀

图 4-68　排气制动蝶阀在排气管中的位置

　　案例 17

　　车型：玉柴，电装电控系统。

　　故障现象：使用排气制动时，故障灯点亮，排气制动不起作用。

　　故障检查：用诊断仪读取故障码记录后并删除故障码，唯有 1681 故障码删除不掉，查阅故障码说明得知 1681 反映排气制动输出信号开路或短路到地，于是对排气制动阀及插头、插座进行了检查，未见异常。

　　故障分析：故障码的含义有时表达很清楚，例如某某传感器断路，或某某传感器短路；有些就不好理解，例如故障码 1681 就表达得不很清楚，其实在检修故障时，经常会遇到类似情况，有时需要走许多弯路才能修复，为了彻底搞清楚问题，找来了电路图，试图从电路图中得到启示，图 4-69 所示为排气制动控制电路原理图。

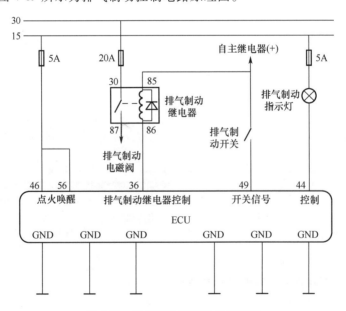

图 4-69　排气制动控制电路原理图

通过对排气制动控制电路原理图分析，发动机电控系统所报告的故障码大多数为传感器、开关信号或对执行器、继电器的输出控制信号，一般都有直接的连接关系，而不直接连接的属于间接控制的报告故障码的较少，所以，本例故障应重点查找排气制动继电器的控制部分。

故障排除： 经过对排气制动继电器控制部分线路的查找，原因是发动机 ECU 的 36 号排气制动继电器控制信号与排气制动继电器的 86 脚之间的线路断路，修复断路导线，故障排除。

案例 18

车型：东风玉柴，博世共轨，国五。

故障现象： 动力不足。

故障诊断： 车主反映上坡无力，没有故障灯点亮，首先用诊断仪读取故障码，没有任何故障码，观察尾气未见异常。

动力不足的常见原因：

① 进气系统故障。

② 进油系统故障。

③ 电控系统的问题。

④ 发动机本身的问题。

综合分析以上原因，结合发动机工作情况以及故障时没有点亮故障灯，也没有故障码，现象上好像与电控系统关系不大，所以决定对进气系统、进油系统进行常规检查，均未发现异常现象。况且车辆刚刚使用两年，发动机各个工况以及燃烧、尾气排放等没有理由怀疑发动机故障。

于是同车主一起进行路试，同时连接诊断仪观察数据流，包括加速踏板、轨压偏差、计量单元、喷油量等均未发现异常。后发现该车有多态开关，并指示在重载档位，因为是空车，所以就把多态开关选择在空载档位，结果发现无论选择什么档位，发动机动力都没有任何变化，说明多态开关或者信号有问题。

多态开关也称多功能省油开关，能根据整车的使用工况通过限制发动机的转矩和转速，从而使发动机运行在指定的转矩、转速区域中，即发动机输出的功率限制在指定的功率范围内，可降低整车燃油消耗。

在整车装载不同时，可以使用多态开关达到节油 1%~2% 的目的，同时还可以提高发动机使用寿命。

多态开关分为三档，即空载、中载和重载，如图 4-70a 所示，发动机输出功率分为最大功率"重载"，中档功率"中载"，最小功率"空载"。

查阅电路图可知，多态开关属于多档位开关（图 4-70b 所示），两根导线均与 ECU 连接，开关电源为负极（K74 号），信号则通过开关改变电阻器数量（阻值）至 ECU（K79 号）。

关闭点火开关，拔下多态开关线束插头，选择万用表直流电压档，接通点火开关，检查 ECU 对多态开关电源（负极）供电正常。应重点检查多态开关，如图 4-71 所示，选择万用表电阻档，红、黑表笔触接多态开关 2 号和 4 号针脚，无论什么档位，均显示 $9.8\text{k}\Omega$，说明开关内部不能改变阻值，可能触点损坏，导致 ECU 始终得到一种信号。

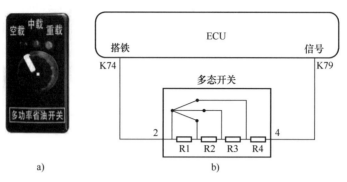

a)

b)

图 4-70 多态开关与 ECU 连接电路

a）多态开关 b）多态开关电路

购买同型号多态开关，按照图 4-71 所示的方法，对各档位分别进行了电阻值的检测，结果是：空载 9.8kΩ，中载 4.2kΩ，重载 1.5kΩ，说明原车多态开关损坏，并且在空载位置，导致 ECU 始终得到空载信号。

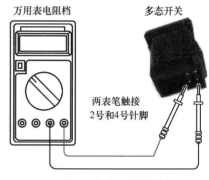

图 4-71 多态开关的检查

把新购多态开关与线束连接正常的情况下，选择万用表直流电压档，采用背插方式，红表笔触接任意正极，黑表笔触接开关 4 号导线，测得各档位信号电压如下：空载时 2.9V，中载时 1.9V，重载时 0.9V。

故障排除：把多态开关安装好，起动车辆，再次进行路试，并通过改变多态开关档位，车主称明显有变化，说明故障已经排除。

案例 19

车型：东风天龙，DC11 发动机，博世共轨系统。

故障现象：加速踏板无反应，怠速 1000r/min，报出 CAN 网路故障。

故障诊断：使用诊断仪读取故障码：U0029-CAN 总线 A 错误。

该车电控系统的加速踏板位置传感器信号与其他车辆有所不同，它是连接在 VECU（整车控制单元）上，然后通过总线 CAN 再传输给发动机 ECU，电路如图 4-72 所示，ECU 通过加速踏板的信号来控制喷油量。

图 4-72 加速踏板位置传感器电路

加速踏板无反应，判定为油门故障或者加速踏板信号线路有问题，或者总线 CAN 线路有问题，既然报出 CAN 网路故障，那么发动机 ECU 可能接收不到来自 VECU 的油门信号。

结合故障码，整车存在 CAN 网路故障，首先应该检查 VECU 的 CAN 输出电压。关闭点火开关，拔掉发动机线束插头，选择万用表直流电压档，接通点火开关，黑表笔搭铁，红表笔分别触接 ECU 线束插头的 1.25 号和 1.34 号插孔，测量结果 1.25 号 CAN-H 为 0V，1.34 号 CAN-L 为 2.3V，说明 CAN-H 存在断路故障。

关闭点火开关，拔下 VECU 线束插头，选择万用表蜂鸣档，表笔一端触接 VECU 线束插头 SL3/4 号插孔，表笔另一端触接 ECU 线束插头 1.25 号插孔，显示该导线已经断路。

故障排除： 为了尽快验证故障原因，采用飞线方法，将 VECU 线束插头约 10cm 处把 CAN-H 导线剪断，再把发动机 ECU 线束侧约 10cm 处的 CAN-H 导线剪断，重新连接一根导线，然后把 VECU 线束插头插好，选择万用表直流电压档，黑表笔搭铁，红表笔触接发动机 ECU 线束插头的 1.25 号插孔，接通点火开关，1.25 号 CAN-H 导线对地电压为 2.7V，属于正常情况。

关闭点火开关，把发动机 ECU 线束插头插好，接通点火开关，起动发动机，怠速正常，故障码也能删除了，加速踏板也能正常使用了，故障彻底排除。

总结： 这次 CAN 故障是因为 CAN-H 导线断路所致，但是在实际中 VECU 整车控制器的供电、搭铁和 VECU 自身故障都有可能导致报出 CAN 网路故障，在排查故障时也要注意。

案例 20

车型：江淮，博世共轨电控系统。

故障现象： 车速到 100 就限矩。

故障诊断： 车主反映，车辆正常行驶的时候，车速到 100km/h 之后，在不松加速踏板的情况下，会突然降到 80km/h。

连接诊断仪读取到故障码为 P0234——增压压力调节控制器偏差值（增压压力设定值减去实际值）低于下限（负偏差过大）。这个故障码的出现，基本上可以判断问题点应该在气路方面。

柴油发动机的增压是采用涡轮增压技术实现的。涡轮增压器主要由壳体（包括涡轮壳体和压气叶轮壳体）、转子（包括涡轮和叶轮）、中间体（内部有润滑油道和轴承，负责散热和降低摩擦）、密封环（负责密封）、泄压阀（在收油瞬间，因为不需要发动机产生那么大的动力了，所以也就不需要大量的空气进入气缸而此时增压器因为惯性旋转仍然产生压力，此时就需要泄压阀放掉压力，防止部件因为压力过大损坏）等组成。

图 4-73 所示为涡轮增压系统示意图。

涡轮增压器的原理很简单，通过发动机排出的废气冲击废气涡轮运转，以带动同轴的压气叶轮高速转动，叶轮将空气压缩后会使空气温度升高，过高的进气温度会降低发动机的效率，所以还需经过中冷器冷却空气的温度，然后送入燃烧室内参与燃烧。

整个过程不从发动机取力，利用发动机工作产生的废气推动，几乎不使发动机产生额外的负载。

为了验证故障码 P0234——增压压力调节控制器偏差值低于下限，决定跟车监测实际增压压力和设定增压压力的数值，

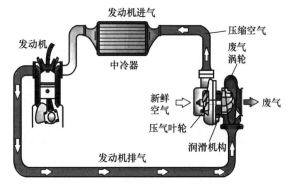

图 4-73　涡轮增压系统示意图

观察车速到 100km/h 的时候，数值怎么变化。

　　路试中，连接诊断仪，通过数据流观察到实际增压压力随着速度的增加而增加，到车速 100km/h 时压力可以达到 180kPa，但出现故障时只有 130kPa，一直上不去，遗憾的是使用的诊断仪看不到增压压力目标值。不过到这里基本上可以锁定增压压力这块是存在问题的。

　　由于看不到增压压力目标值，不好判断是电脑板内部限制的，还是气路相关部件存在异常导致的。若是电脑内部限制的，就不会报出故障码。通过这样的分析，还应该仔细检查气路相关部件。

　　故障排除：经过对气路相关部件、连接管路认真检查，未发现问题，怀疑增压器本身因故达不到增压要求，决定更换一台增压器试试，结果问题得到了解决。

参 考 文 献

［1］ 王丰元，宋年秀．电喷发动机［M］．2 版．北京：人民交通出版社，2010．

［2］ 宋福昌．电子控制高压共轨柴油机故障检修［M］．北京：国防工业出版社，2007．

［3］ 彭高宏．汽车故障诊断设备使用一书通［M］．广州：广东科技出版社，2008．

［4］ 邯郸北方学校．怎样维修电控发动机［M］．北京：机械工业出版社，2003．

［5］ 黄靖雄，赖瑞海．电控柴油机结构与原理［M］．北京：人民交通出版社，2008．

［6］ 高宗英，朱剑明．柴油机燃料供给与调节［M］．北京：机械工业出版社，2010．

［7］ 邓东密，邓萍．柴油机喷油系统［M］．北京：机械工业出版社，2009．